W0085410

INGRID LÖBNER
GELASSENE ELTERN – GLÜCKLICHE KINDER

fischer **&** *gann*

GELASSENE ELTERN –
GLÜCKLICHE KINDER

INGRID LÖBNER

Mit mehr Leichtigkeit und Entspanntheit
durch die ersten Lebensjahre

fischer **&** gann

FÜR FILIPPA UND DAMIA, POLLY UND JOHANNA
UND ALLE KINDER MIT IHREN ELTERN IN UNSERER FAMILIE

Bibliografische Information der Deutschen Nationalbibliothek:
Die Deutsche Nationalbibliothek verzeichnet diese Publikation
in der Deutschen Nationalbibliografie; detaillierte bibliografische Daten
sind im Internet über http://dnb.d-nb.de abrufbar.

Dieses Werk einschließlich aller seiner Teile ist urheberrechtlich geschützt.
Jede Verwertung außerhalb der engen Grenzen des Urheberrechtsgesetzes
ist unzulässig und strafbar.
2. Auflage 2016
© Verlag Fischer & Gann, Munderfing 2016
Umschlaggestaltung | Layout: Gesine Beran, Turin | Hamburg
Umschlagmotiv: © Shutterstock/Velaguez77
Gesamtherstellung | Druck: Aumayer Druck + Verlag Ges.m.b.H. & Co KG, Munderfing
Printed in The European Union

ISBN 978-3-903072-20-6
ISBN E-Book 978-3-903072-27-5

www.fischerundgann.com

INHALT

EINLEITUNG

ALS ELTERN HABEN SIE ES HEUTE GLEICHERMASSEN schwer und leicht. Leicht, weil Sie in einem Land leben, in dem viele Wege offen sind und man selbst planen und gestalten kann. Schwer, weil so vieles von Ihnen als Eltern gleichzeitig erwartet wird: ins Berufsleben möglichst zügig einzusteigen, aber auch Kinder zu bekommen; Karriere zu machen und doch den Nachwuchs auf die richtige Spur zu bringen. Sie möchten ein, vielleicht zwei oder mehr Kinder mit allem Wichtigen versorgen, zuallererst mit einer sicheren Bindung, anschließend mit altersgemäßer Förderung. Sie fühlen sich dafür zuständig und verantwortlich, dass Ihrem Kind eines Tages viele Wege offenstehen. Gleichzeitig erfüllen Sie selbst alle Anforderungen im Beruf, denn es wird heute ja davon ausgegangen, dass jeder selbst seines Glückes Schmied ist und – Kinder hin oder her – die eigene Existenz sichert. Sie geben sich die größte Mühe, wirklich alle Erwartungen zu erfüllen und alles gut zu machen. Damit alles gleichzeitig klappt, geht es nicht anders: Man muss für sich selbst – und als Familie erst recht – das Leben planen. Manchmal gelingt es, manchmal läuft es anders als geplant; Kinder sind z. B. plötzlich aufwändiger als gedacht oder irgendwie anstrengender. Es gibt eine Menge Ratgeber, die man lesen kann und die mal mehr, mal weniger helfen. Und nun gibt es mit diesem hier noch einen. Ist das gut?

Ich gehöre zu jenen, die die Situation von Familien mit Kindern jeden Tag hautnah erleben, weil ich an einem Ort arbeite, an dem man Fragen dazu stellen kann: zu Schwangerschaften, zu finanziellen Hilfen für Familien, aber auch zu allem, was mit Kindern zeitweise anstrengend sein kann. Dabei sehe ich, wie Sie als Eltern sich größte Mühe geben, alles »richtig« zu machen, auch durch vielfältige und gute Informationen den Kindern möglichst gerecht zu werden. Oft schon war mein Rat: »Weniger lesen, weniger machen – es mehr laufen lassen.« Aber ich sehe natürlich, dass dies leichter gesagt ist als getan, denn Sie als Eltern wollen allem gerecht werden, und damit gehört das Hin und Her des Nachdenkens zu Ihrem Alltag. Ich kann das nur zu gut nachfühlen.

Mit manchen Dingen ist es wie mit Kindern – sie kommen überraschend. Lange überlegt man: Soll man oder soll man besser nicht? So ging es mir mit der Frage, ob ausgerechnet ich für Sie als Eltern noch ein Buch schreiben muss, wo es doch schon so viele Eltern-Ratgeber gibt. Dann aber kam es, wie es im Leben so kommt: Ohne Planung war die Schwangerschaft da, die Geburtshelferin auch (es war tatsächlich eine Hebamme, die mir sagte, ich müsse dieses Buch »auf die Welt bringen«). Sie führte mich – Hebammen sind sehr tatkräftige Menschen – sofort zu einer »Geburtsklinik«, und, wie es mit Geburten so ist, gab es kein Zurück.

Wie immer bei ungeplanten Kindern ist es aufregend und ziemlich überraschend, was dann alles kommt. Als sich ankündigte, dass das Kind (sprich Buch) schnell auf die Welt kommen sollte, habe ich notdürftig wenige Sachen gepackt – in diesem Fall Bücher, leider keine Jäckchen und Mützchen –, dachte, dass ich jetzt ausreichend viel erlebt und genug gelesen und gehört habe, um mich auf dieses Kind einlassen zu können und ihm, manchmal etwas überanstrengt und genervt, aber möglichst freundlich, täglich zur Seite zu stehen.

So wie Sie zweifeln und denken, andere Leute brächten das mit der Kindererziehung, mit Beruf und Kind besser auf die Reihe als Sie, so zweifelte ich auch zwischendurch. Es gibt Leute, die viel besser vorbereitet und organisiert sind und gute Bücher schreiben. Manchmal hätte ich das ungeplante Projekt fast hingeworfen und gesagt: »Kann ich bitte aufhören?« Aber Sie kennen das ja: Es gibt kein Zurück, man muss es von Geburt an nehmen, wie es kommt.

Warum ich das erzähle? Weil ich beschlossen habe, ohne lange Planung etwas laufen zu lassen und damit in der Hoffnung zu leben, dass andere mitgehen und sich daran freuen werden. Und weil ich – das empfehle ich Ihnen auf den nächsten Seiten, also musste ich mich selbst daran halten – an eine von Astrid Lindgrens Hauptfiguren dachte und zu dem Schluss kam, dass man sich tatsächlich auch im ordentlichen, erwachsenen Leben an Pippi

Langstrumpf ein Beispiel nehmen kann: sich den Ideen überlassen, die kommen, und jeden Tag das Naheliegende tun.

Ich möchte Sie dazu ermutigen, sich im Leben mit Kindern nicht so sehr den Plänen, dem Fördern und den vielen Vorgaben anzuvertrauen, sondern Ihren eigenen Einfällen. Spüren Sie nach, wie sich Ihr Leben mit diesem Kind, das Sie bekommen haben, anfühlt und auf welche Ideen Sie dann kommen. Es ist nämlich so – selbst bei Planung und allem »Richtigmachen« –, dass der Alltag mit Kind ganz anders aussieht, als man angenommen hat, dass viel Neues passiert und einen vor manches Unerwartete stellt. Das geht ja schon damit los, dass das kleine Wesen, das man plötzlich als das eigene Kind im Arm hält, zwar entzückend, aber eben nicht nur entzückend ist, sondern manchmal unruhiger, als man dachte; dass es einen ratlos macht und nicht schlafen lässt. Trotzdem hat man es weiter gern. Und das ist Ihre große Chance.

Man muss gar nicht so viel machen, es ist zwischen Eltern und Kind oft einfacher, als man denkt. Denn es geht vor allem darum, dass Sie ein gutes Gespür dafür bekommen, wie sich für Ihr Baby, dann Ihr Kleinkind und etwas später für Ihr vier- bis sechsjähriges Kind das Leben anfühlt, und dass Sie Ihrem Gefühl auch trauen. Wenn man das Lebensgefühl von Kindern versteht, nachempfinden kann und aus elterlicher Zuneigung ernst nimmt, was man spürt, dann wird es leicht. Wenn man das stärker umsetzt und Tage und Nächte entsprechend einrichtet, dann wird schon die Baby-Zeit ruhiger; auch Ihr Kleinkind wird zufriedener, es wird mit weniger Hilfe ruhiger spielen; und ich wage es zu versprechen: Ab einem Alter von vier, fünf Jahren haben Sie mit Kindern viel weniger »Beschäftigungs-Arbeit«, wenn Kinder so ins Spielen finden, wie es ihnen ihre ganze Kindheit über eigentlich zusteht.

Um Sie dabei zu unterstützen, diese »leichteren Wege« zu finden, habe ich das alles jetzt doch aufgeschrieben.

Ich wünsche Ihnen, dass Sie genug – auch konkrete – Anregungen bekommen, wie Sie mit Kind vieles so arrangieren können, dass es Ihnen gemeinsam auf einfache Weise gut geht.

Übrigens: Sie können es hier gerne weniger ordentlich und organisiert halten. Lesen Sie ruhig durcheinander. Für manche kann es interessanter sein, im letzten Kapitel anzufangen.

Ingrid Löbner, 1.11.2015

GRUNDLAGEN FÜR EIN LEBEN MIT KINDERN

DIE WÜRDE DES MENSCHEN IST UNANTASTBAR – GLEICH ZU BEGINN

SCHON WENN MAN NOCH GANZ KLEINE BABYS ERLEBT, spürt man deutlich: Die Würde des Menschen ist unantastbar. Respekt gegenüber Menschen ist unabdingbar, von Anfang an.

Auch kleine Säuglinge reagieren mit feinen Reaktionen und Signalen, wenn etwas mit ihnen gemacht wird, ohne dass sie mit ihrem Empfinden und Erleben einbezogen werden. Alles, was mit einem Baby geschehen muss, geht besser, wenn wir einen Dialog mittels Wahrnehmen, Verstehen und Sich-Einstellen zulassen können. Erstaunlicherweise reagieren auch ganz kleine Menschen bereits auf Worte.[1] Wenn wir ihnen sagen, was los ist, was wir gleich tun werden, gehen sie weniger in »Hab-Acht-Stellung«, fühlen sich weniger überwältigt, können sich uns, unseren Handlungen eher überlassen. Oftmals machen sie dann regelrecht mit. Wenn wir »Großen« »gut sind« in unserer Wahrnehmung und Einfühlung, wird das Zusammenleben mit kleinen Kindern einfacher und das hilft oft aus Unruhe und einem Zuviel an Durcheinander heraus.

ZUNEIGUNG UND FÜRSORGE – MEHR ALS ALLTAGS-MANAGEMENT

AKTUELL WIRD ELTERN EHER VERMITTELT, sie bekämen ein Kind, das am Anfang klein und ruhig sei, für dessen erste Babyzeit man etwas Elternzeit brauche, und danach sei es mehr eine Frage geschickter Organisation, so dass der Alltag mit Kind samt bisheriger Berufs-arbeit gut zu managen sei. Das ist nur die halbe Wahrheit im Leben mit Kindern. Für alle, die ihr erstes Kind bekommen, die nüchterne Nachricht zuerst: Ihr Kind wird mehr Zeit in Anspruch nehmen, als in den offiziellen Broschüren zu Elternzeit etc. gesagt wird. Kinder sind eben sehr lebendig und brauchen, wenn sie klein sind, ziemlich viel Zeit und Fürsorge. Die gute Nachricht sofort hinterher: Die Natur hat einen Trick eingebaut. Als Eltern verlieben wir uns in den Winzling, meist gleich nach der Geburt, manchmal auch etwas später. Von diesem Moment an haben wir als Eltern eine hohe Bereitschaft, das Kind zu beschützen und zu versorgen. Und zwar für viele Jahre.

Bereits Schwangerschaft und Geburt machen Eltern dünn-häutiger und weicher, die ersten Wochen mit einem Baby tun ein Übriges. Man ist den ganzen Tag über mit einem Wesen beschäf-tigt, das sich oft meldet, das häufig gehalten, gepflegt, gefüttert und liebkost werden will und uns als Erwachsene derart in Anspruch nimmt, wie das in unserer modernen Lebensart noch nie jemand von uns gefordert hat.

Kinder sind in den ersten Jahren stark von der Fürsorge ihrer Eltern abhängig. In Zeiten des modernen Credos, jeder sei unabhängig und sorge für sich selbst, ist das eine ziemlich neue Erfahrung, zeitweise anscheinend für viele auch starker Tobak. Fürsorge steht, genauer betrachtet, in unserer Gesellschaft nicht hoch im Kurs. Ob Eltern, ob professionelle Erzieher/Erzieherinnen, ob Pflegekräfte – alle, die für andere sorgen, haben entweder gar kein oder ein eher kleines Einkommen, verbunden mit einem geringen Status. Aber alle, ob als Kind, als alternder Mensch oder in Zeiten von Krankheit und Schwäche, sehnen sich danach, dass jemand sich für unsere damit verbundene Hilfsbedürftigkeit Zeit nimmt. Am besten jemand, den wir lieben.[2]

Wenn die erste Zeit zu dritt Sie mehr beansprucht, als Sie dachten, dann zweifeln Sie nicht an sich oder Ihrem kleinen Baby. Zweifeln Sie eher an jenen, die sagen, es sei alles nur eine Frage der Organisation. Die Jahre, die Kinder uns stark beanspruchen, sind, bezogen auf die Gesamt-Lebensarbeitszeit, relativ kurz. Kinder zu versorgen, bringt uns mit Erfahrungen in Berührung, die wir viel eher genießen als entwerten sollten. Auch die Arbeit, die damit verbunden ist, sollten wir nicht entwerten. Fürsorge ist echte Arbeit.

Wir lieben es alle, wenn uns beim Heimkommen leckere Gerüche in die Nase steigen, weil jemand kocht; wenn jemand da ist, der fragt, wie der Tag war. Erwachsene lieben es, Kinder lieben es. Warum also ist unsere Gesellschaft dazu übergegangen, genau diese Arbeit, die allen guttut, als wenig bedeutend abzutun? Anstatt sie in Status und Gehalt als niedrig einzustufen, könnten wir dafür eintreten, dass jegliche Arbeit, die das Zusammenleben von Menschen pflegt, einen angemessen guten Status und Wertschätzung, auch materielle, bekommt. Egal, wer sie macht.

Es ist menschlich, bedürftig zu sein. Für kleine Menschen ist es wichtig, zu erleben, dass sie mit diesem »Noch-Schwachsein« gemocht werden. Wenn man mit Warmherzigkeit versorgt wird, ist das eine Erfahrung, die man ein Leben lang in sich spürt und leichter weitergeben kann, wenn andere Hilfe brauchen.

Dass Kinder mehr Zeit brauchen, als man selbst zunächst annimmt und allgemein behauptet wird, soll Sie nicht ängstigen. Sie können die Zeit mit kleinen Kindern oft genießen, wenn die existenzielle Basis ausreicht und Sie ein paar »Kniffe« kennen, wie es mit kleineren Kindern gut gehen kann. Sie sollen es gut mit Ihrem Kind haben und gute Kompromisse für eine freundliche Balance zwischen dem Leben mit Kind(ern) und dem Leben in der erwachsenen Welt finden.

DIE MISCHUNG MACHT'S – ERWERBSARBEIT UND FAMILIENARBEIT

NICHT NUR HILFSBEDÜRFTIGE MENSCHEN sind auf Versorgung angewiesen. Nein, auch topfitte Erwachsene, die ein Kind haben, brauchen mindestens den Partner oder/und andere Personen. Lassen Sie sich nicht von dem Motto »Jeder ist unabhängig – zu jeder Zeit« irritieren; das ist nur eine Seite der Medaille. Mit Kind brauchen Sie sich gegenseitig – die nächsten Jahre. Nicht nur Alleinerziehende – alle, die ein Kind versorgen, brauchen Hilfe.

Der viel zitierte Satz aus Afrika stimmt: »Es braucht ein ganzes Dorf, um ein Kind großzuziehen.«

Als Paar geraten Sie am besten nicht in die Falle, Diskussionen anzufangen, welche Art Arbeit wichtiger ist. Berufsarbeit und Familienarbeit, beides ist für Frauen und Männer, für Familien als Ganzes wichtig. Am leichtesten wird es, wenn Sie ein gutes Team werden und nach Ihren Modellen zur Aufteilung aller Arbeit suchen: derjenigen, die Ihre materielle Existenz sichert, und derjenigen, welche die Existenz unserer Gesellschaft sichert, die Versorgung der nächsten Generation. Ehe Sie sich als Paar streiten, wer wie schnell in den Beruf zurückkehrt, streiten Sie lieber mit Ihrer/m Bundestags-Abgeordneten darüber, neue Gesetze zu verabschieden, die Frauen und Männern ausreichend Ruhe und Zeit für das Zusammenleben und den Alltag mit Kindern lassen, die mehr Teilzeitstellen schaffen, die Menschen Lebensarbeitszeit-Konten gewähren, die sie während der Jahre der Kinderversorgung entlasten, die dafür sorgen, dass längere Pausen in der Erwerbsarbeit für Eltern möglich und Rückkehrgarantien in den Beruf eingeführt werden. Für Beamte gibt es viele dieser Optionen – warum nicht für alle?

Streiten Sie also nicht als Paar, sondern in unserer Gesellschaft darüber, dass von Eltern derzeit alles gleichzeitig gefordert wird: die Existenz zu sichern, eine feste Arbeitsstelle zu ergattern, Karriere zu machen, nebenbei Babys zu bekommen und sie in sicheren Bindungen großzuziehen. Damit ist unter den heutigen Bedingungen der befristeten Arbeitsverträge,[3] der kurzen gegenseitigen Unterhaltsverpflichtungen als Paar und des Rentenaufbaus durch eigenes Einkommen sehr viel verlangt. Wenn beide Elternteile aus besagten Gründen trotz kleinem Kind schnell viel außer Haus sein müssen, dann wird das familiäre Zusammenleben zu Stress. Keine Sorge, Sie sind nicht allein; auch andere wehren sich und wollen andere Regelungen.[4] Gerade das Leben mit Kindern zeigt uns, wie es geht, Gegenseitigkeit zuzulassen. Man kann die damit einhergehende Abhängigkeit von- und Verantwortung und Zuständigkeit füreinander akzeptieren; man könnte infolgedessen ein Stück weit das Credo »Jeder sorgt für sich selbst« aufgeben. Kinder-Versorgen klappt nur in Gemeinschaft. Je mehr man das auch ausleben kann, umso leichter werden die Tage mit Kind, mit Partner und sonstigen großen wie kleinen Leuten.

ELTERN UND KINDER – DIE GENERATIONEN SORGEN VON ANFANG AN FÜREINANDER

ELTERN SORGEN FÜR IHR KIND. Dass Kinder sich von klein an auch um die Eltern, um die Familie »sorgen« und sich dabei unter Umständen früh anstrengen, ist uns Erwachsenen nicht unmittelbar bewusst. Im Zusammensein mit Eltern und ihren kleinen, aber auch größeren Kindern kann man manchmal regelrecht zuschauen, wie Kinder sich bemühen, dass das Zusammenleben mit ihren Eltern klappt. Man kann sagen: Kinder, auch kleine, haben feine Antennen für das Befinden ihrer Eltern und reagieren entsprechend darauf. Warum? Weil sie mit ihren Eltern emotional stark verbunden und darauf aus sind, dass diese Verbundenheit immer weiter besteht. Kinder lieben ihre Eltern sehr. Selbst in Momenten von Missverständnissen oder Streit. Starke Gefühle von Liebe und Verbundenheit sind ständig mit von der Partie. Und wie immer bei »großen Lieben«: Auch kleine Menschen geben alles, damit die

Liebe gelingt. Auch sie können angestrengt sein oder dazu neigen, zu »funktionieren«, wenn entspanntes Zusammenleben sich sonst nicht recht einstellen will. Damit Kinder sich nicht zu früh zu sehr anstrengen, nicht zu sehr »funktionieren«, sollte es ihren Eltern gut genug gehen, sollten Eltern ein Recht darauf haben, emotional und existenziell ausreichend unterstützt zu werden.

KINDER BRAUCHEN GESELLSCHAFT, BESONDERS DIE ANDERER KINDER

FÜR BABYS UND KLEINKINDER VERANSCHAULICHT DIES wunderbar ein Satz, den die Mutter eines Babys zu mir sagte: »Mein Kind braucht Salon-Atmosphäre, dann geht es uns gut.« Genau. Es ist zu ermüdend, als Mutter oder Vater viele Stunden mit einem kleinen Kind allein zu sein. Wenn Eltern von Säuglingen unter anderen Erwachsenen und Kindern sind, dann entspinnt sich häufig eine wohlige Atmosphäre, in der die Erwachsenen plaudern und die Babys einfach dabei sind, Anteil nehmen, tagträumen und plötzlich einschlafen. »Dann schlief es auch noch nebenbei ein! Allein mit ihm ist jedes Schlafen eine große Anstrengung!« – Solche Sätze hört man oft von Eltern, die gesellige Runden gemeinsam mit ihrem Baby genossen haben. Geselligkeit mit Erwachsenen und Kindern ist ein guter Grund, dafür einzutreten, dass es in Dörfern und Stadtteilen offene Treffs für Eltern mit kleinen und größeren Kindern geben sollte.

Die Aufgabe der Erwachsenen besteht nicht so sehr darin, *mit* den Kindern zu spielen. Die meisten Erwachsenen erleben das Spielen mit Kindern als eher anstrengend. Kinder auch. Ich erinnere mich deutlich daran, dass jegliches Spiel mit Kindern weitaus vergnüglicher war als mit Erwachsenen. Mir schien es, als wären Erwachsene zu echtem Spielen gar nicht fähig. Rollenspiele oder die wirklich guten Einfälle, die man unter Kindern hatte – Erwachsene stellten sich dabei gekünstelt an. Leidenschaftlich versonnen und stundenlang zu spielen, klappt auch heute noch bei Kindern unter sich unwillkürlicher, besser als zwischen Kindern und Erwachsenen.

Fühlen Sie sich nicht verpflichtet, mit Ihren Kindern viel zu spielen, wenn es Sie anstrengt. Leichter und für alle Beteiligten leidenschaftlicher ist es, wenn Erwachsene dafür sorgen, dass Kinder andere Kinder zum Spielen finden. Die Aufgabe der Erwachsenen ist es, für einen guten Rahmen zu sorgen, damit Kinder ins Spiel finden können.

Es reicht, wenn die Großen vielleicht mal Friedensrichter sind, ansonsten aber nur für Kakao und Butterbrote sorgen. Wenn Kinder Kinder zum Spielen haben, haben Erwachsene nebenher Zeit für ihre Aufgaben, ihre Interessen, ihr Zusammensein.

BEIDE, ELTERN WIE KINDER, SOLLTEN LEIDENSCHAFTLICH LEBEN KÖNNEN

VIELES WIRD LEICHTER, wenn Erwachsene und Kinder ihre Sehnsucht nach leidenschaftlichem Leben ernst nehmen können.

Kinder sind bei dem allermeisten, was sie tun, leidenschaftlich. Das Dasein mit ihnen wird viel leichter, wenn wir ihren Wunsch nach Leidenschaft verstehen. Je mehr sich Kinder in etwas versenken dürfen, umso besser ist ihre Laune, umso weniger quengeln sie. Verständnis hilft, sich auf das meiste einzulassen, was ein

Kind gerne tut und die Tage mit ihm möglichst oft so einzurichten, dass es sein leidenschaftliches Spielen und Handeln lange ausleben kann.

Da es auch uns Erwachsenen besser geht, wenn wir Zeit finden, unseren Sehnsüchten und Interessen nachzugehen, liegt hier eines der Geheimnisse für ein ruhiges Zusammenleben mit Kindern: Geben wir den Kindern, was sie für ihr leidenschaftliches Spiel und Werkeln brauchen, dann bekommen wir Erwachsene auch in ihrem Beisein den Raum für unsere eigenen Leidenschaften und Interessen. Bei gelungenen Arrangements fühlen sich beide Seiten glücklich und zufrieden.

KINDER MÜSSEN KIND SEIN DÜRFEN – SIE LASSEN UNS DIE WELT MIT ANDEREN AUGEN SEHEN

ERWACHSENE HABEN HEUTZUTAGE SORGE, ihre Kinder kämen nicht schnell genug mit bei allem, was inzwischen an Fortkommen und Chancen möglich ist. Manchmal scheint es, als dürften Kinder nicht mehr verträumt sein, nicht mehr kindlich denken. Sie werden um ihrer Zukunft willen in allen Bereichen früh gefördert. Auch kleine Menschen haben heute volle Terminkalender, ihre Woche ist belegt mit Kursen wie »English for Babies«, Baby-Schwimmen, Musikgarten, Kinderturnen etc.

Auch erlebt man gar nicht selten Erwachsene, die von kleinen Kindern konsequent und früh Vernunft erwarten, als müsste ein Kind nach entsprechender Erklärung in der Lage sein, sein weiteres Handeln nach Erkenntnisvermögen und Einsicht auszurichten. Erwachsene vergessen dabei, dass Kinder die Welt anders erleben und ihr Handeln einer anderen, einer kindlichen Art zu denken folgt.

Selbst wenn wir sehen, dass Kinder früh neugierig sind und logisch denken, bedeutet das nicht, dass sie früh ihre Welt vor allem über den Intellekt begreifen oder ihr Handeln dauerhaft nach erwachsener Vernunft steuern. Es sollte ihnen weiterhin erlaubt sein, Kind zu sein, sonst haben sie keine Kindheit. Zur Kindheit gehören Privilegien: dass man nicht dauernd denkt, sondern häufig träumt; dass man zwar neugierig ist, auch intellektuell begreift, aber das Leben dennoch mehr über Fantasie und Spiel wahrnimmt, inszeniert und lebt; dass man zwar vieles versteht, auch erinnert, aber neue, unmittelbare Aspekte den Moment plötzlich neu bestimmen; dass sich dadurch mit kindlicher »Logik« manches auf einmal verändern kann.

Eines der berühmtesten Beispiele für die Andersartigkeit kindlicher Denkweise ist Astrid Lindgrens Michel[5]. Michels Mutter spürt und versteht, wie ihr Sohn in seiner Fantasie und seinen Gedanken die Welt in Lönneberga erlebt und interpretiert. Wenn wir uns so in Kinder einfühlen können wie Michels Mutter, dann werden tägliche Arrangements leichter – für alle.

KINDER BRAUCHEN LANGSAMKEIT – UND ERWACHSENE MIT IHNEN WENIGER EILE UND HEKTIK

MANCHES SCHWIERIGE MIT KINDERN ENTSTEHT, weil wir davon ausgehen, dass kindliches Zeiterleben mit erwachsenem Tempo übereinstimmt. Das stimmt aber nicht. Für das langsamere, kindliche Tempo sind unsere Tagesabläufe zu angefüllt mit eilig zu erledigenden Verpflichtungen und damit einhergehender Hektik.

Ein typischer Rat, wenn Erwachsene mit einem Kind außer Haus sind, lautet: »Spiel doch einfach. Schau mal, dort sind genug Sachen für dich.« Es dauert länger, als wir Erwachsenen meinen, bis ein Kind in einer neuen Umgebung so angekommen ist, dass es den Raum und alle Personen ausgiebig wahrgenommen hat. Erst nach diesem Prozess kann es ins Spielen finden. Wenn für Erwachsene die Zeit dann um ist, hört es schnell wieder die Aufforderung: »Wir müssen gehen, schnell, räum auf!« Ein Kind kann aber nicht so schnell alles beenden, sondern will weiterspielen.

Wenn wir Kinder sich mehr in alles hineinträumen lassen und ihnen mehr Zeit geben, dann wird es leichter. Das gilt für die kleinen Dinge des Alltags vom Aufwachen bis zum Zu-Bett-Gehen, aber auch für die größeren Dinge. Ruhe für alle Arten von Veränderungen, für kleine wie große Wege, die anstehen, entlastet das Leben mit Kindern von viel Gezänk und Geschrei.

Das ist sicher nicht immer einfach, zumal Eltern heute vielfältig unter Druck stehen. Aber jedes Kind wächst eben in seinem Tempo und kann sich keinem standardisierten Rhythmus anpassen. Kinder sind gegenüber unserer modernen Schnelllebigkeit in ihrem Tempo einfach »altmodisch«. Sie anzutreiben nützt nichts, vielmehr werden sie zappeliger, nervöser, schlafloser.

Für alle Planung daher eine kleine Empfehlung.[6] Verlangsamen Sie Ihr Tempo auch deshalb, weil nicht jedes Kind das Tempo der heutigen Arbeitswelt samt notwendiger Organisation mitmacht. Wenn Sie große Ausgaben vermeiden können, vermeiden Sie sie und strecken Sie erstmal Ihre Finanzen so weit wie möglich, damit

Sie Zeit gewinnen. Nutzen Sie eher mehr als weniger Elternzeit und wagen Sie auszusprechen, dass Sie die Zeit mit kleinem Kind nur einmal erleben und noch nicht durchplanen können. Alle Eltern brauchen erst Erfahrung mit ihrem Kind, ehe sie wissen, wie sie sich mit Kind und Job arrangieren können.[7] Die Sensibilität der Wirtschaft für die Bedürfnisse von Arbeitskräften mit Kindern nimmt ganz langsam etwas zu. Wenn zahlreiche Mütter wie Väter aussprechen, dass sie Zeit für ihre Kinder brauchen, dann steigen die Chancen, dass sich etwas bewegt.[8] Manchmal bedauert man es, nicht mehr Zeit für die Familie zu haben. Nicht wenigen männlichen wie weiblichen Chefs tut es leid, dass sie selbst kaum Zeit mit ihren Kindern verbringen, weil sie ständig weg müssen. Eine Kultur der Langsamkeit für Kinder träte für eine menschlichere Arbeitswelt ein, was uns allen gut täte.[9]

KINDER BRAUCHEN FREIRAUM UND FREILAUF

KINDER SIND FREI GEBOREN UND HABEN EIN RECHT auf Freiheit. Um es mit Janusz Korczak zu sagen: »Kinder werden nicht erst Menschen, sie sind schon welche.«[10] Ihre menschliche Sehnsucht bringt mit sich, dass sie schon als Kinder darauf aus sind, frei zu sein, frei zu spielen und sich auch frei bewegen zu können. Am besten draußen. Die angeborene Freude von Kindern an Bewegung und Spiel kann sich im Freien entfalten und gibt ihnen vielfältige Voraussetzungen, um gesund zu bleiben und ganz altersgemäß diejenigen Entwicklungsschritte zu machen, die sie fantasievoll, kreativ und sogar noch klug werden und bleiben lassen. Wir müssen ihnen die Rahmenbedingungen ermöglichen – ganz vieles machen sie dann aus eigenem Antrieb heraus selbst und richtig. Wir Erwachsenen müssen das nur besser verstehen und mehr zulassen.[11]

DIE TATSACHE, DASS WIR MEHR ÜBER KINDLICHE ENTWICKLUNG wissen als früher führt dazu, dass Kindern – bei gleichzeitigem Drang, sie früh zu fördern – in alltäglichen Dingen ein Schonraum eingerichtet wird. Aus dem Englischen kommt ein Wort, das die regressive Seite dieses Handelns schön ausdrückt: Eltern »pampern« ihre Kinder. Es ist, als könnte man von Kindern nicht erwarten, dass sie selbst ihr Leben mit seinen kleinen Aufgaben bewältigen.

Kindern altersgemäße Aufgaben zu übertragen hilft, dass Eltern Entlastung spüren und ihre Kräfte für die Versorgung von Kindern länger ausreichen. Das Zusammenleben mit Kindern wird sofort leichter, wenn man ein gutes Maß findet und spürt, woran Kinder wachsen und bei wie viel sie oft schon mithelfen können. Wenn Eltern ihrem Kind zu viel abnehmen, kostet das nicht nur ihre Energie, sondern womöglich auch ihre Freude am Leben mit Kind(ern) – was schade wäre.

Kindern etwas zuzutrauen, das geht schon bei Babys und später natürlich sowieso. Eigentlich ist es die Kunst von Erziehung, herauszufinden, wie viel Versorgung für ein Kind altersgemäß ist und wann elterliches »Richtung-Vorgeben« dran ist, damit das Kind eine altersgemäße Herausforderung bewältigen kann.

Mit gutem Respekt füreinander das Wohl aller im Auge zu haben, ist eine gute Grundeinstellung. Sie hilft Eltern zu entscheiden, wer was übernehmen kann. »Keiner soll den anderen überbeanspruchen«, wäre ein guter Leitsatz, um im Alltag mit Kind (wenn die ganz frühe Zeit vorbei ist) eine Balance von »Wunscherfüllung und Mithilfe« zu finden.

DAS PRINZIP DER GEGENSEITIGKEIT HILFT IM ZUSAMMENLEBEN MIT KINDERN BEI FAST ALLEM

DA MENSCHEN VON ANFANG AN SOZIALE WESEN SIND, haben Kinder große Bereitschaft zur Kooperation. Mit jedem Lebensjahr kann man diese kooperative Seite zunehmend in den gemeinsamen Alltag mit einbeziehen.

Kinder sind beste Verhandlungspartner. Wenn man als Mutter oder Vater das kindliche Erleben versteht, kann man mit Kindern wunderbare Vereinbarungen treffen. Kinder sind verlässliche »Vertragspartner«. Altersgemäße Absprachen, die das Lebensgefühl kleiner Menschen berücksichtigen, verhelfen zu einem leichteren Alltag.

NEUES UND ALTES WISSEN – IMMER WIEDER STIMMT BEIDES

HEUTE WIRD VIELES MIT KINDERN ANDERS GEMACHT ALS FRÜHER, und eine gute Errungenschaft ist, dass wir Kinder mehr achten und mehr bereit sind, ihre Ängste ernst zu nehmen. Das Wissen der älteren Generation könnte man als »Erfahrungswissen« bezeichnen, denn es besteht aus vielfältigen Beobachtungen und langjähriger Übung. Nicht alles, was ältere Menschen empfehlen, stimmt, aber es ist auch nicht alles verkehrt. Eine gute Verbindung zwischen neuem und altem Wissen kann manchmal ganz gut weiterhelfen. So lässt man z. B. Babys heute nicht mehr schreien wie früher, aber man empfiehlt durchaus wieder, sie fest zu wickeln – gutes Wissen aus vergangenen Zeiten, das wiederentdeckt wurde.

Ein anderes Beispiel: Größere Kinder müssen heute nicht so früh arbeiten wie früher – aber wenn sie gar nicht mitarbeiten im familiären Zusammenleben, dann fördert das keinesfalls ihre Entwicklung zu fähigen Erwachsenen.

DAS BUCH IST DER WANDERFÜHRER, IHR INDIVIDUELLES ERLEBEN DER TRAMPELPFAD

WAS ICH ALS FACHFRAU BESCHREIBEN KANN, ist eine Art Wanderführer. Meine Äußerungen sind quasi Markierungen, die die Laufrichtung vorschlagen; Wegbeschreibungen, die etwas darüber aussagen, was einem beim Laufen so alles begegnen kann; Hinweise, um Wegbeschaffenheiten, Holprigkeiten, Stolpersteine, Weggabelungen, auch mögliche Abhänge, an denen man zeitweise entlangkommt, möglichst gut zu bewältigen. Der/die Wandernde sind Sie als Eltern mit Kind. Ihr Erleben und Ihre Wahrnehmungen auf dem Weg sind wichtig. Um im Bild zu bleiben: Ihre Wanderkleidung, Ihre Ausstattung, die Art, wie Sie die Füße setzen, wie viel Kraft Sie haben, wann Sie Pausen machen möchten, was Sie alles im Gehen beobachten, wie es Ihnen beim Wandern geht und was das Kind, das neben Ihnen geht, von seinen Anlagen und seinem Wesen her mitbringt, das entscheidet darüber, wie Sie die Wege gehen, welchen »Trampelpfad« Sie nehmen.

Am besten ist, wenn Sie beim »Wandern durchs Leben mit Kind(ern)« oft genug gute Laune behalten. Wichtiger als alle

Wegbeschreibungen ist, dass Ihnen zusammen der Spaß am Unterwegssein nicht verloren geht.

Vieles erklärt sich ganz gut, wenn man sich die Gegend anschaut und dies oder das im Wanderführer dazu liest; manchmal bleibt offen, wo der Weg verläuft, dann fragt man nach. Das kann der Punkt sein, an dem Sie sich ruhig Hilfe gönnen sollten. Gespräche mit freundlichen Fachmenschen sind quasi eine Art Schutzhütte, um sich nach der Richtung zu erkundigen oder um Herberge zu bekommen, wenn es gerade zu stark stürmt und schneit. Sie sind immer dann in der richtigen Hütte, wenn Ihr Gegenüber Ihre Fragen gut versteht, wenn Sie zu Ihrem Gespür passende Hinweise bekommen und Sie sich respektvoll und richtig gut versorgt fühlen.

DIE GRÜNDE FÜR PROBLEME IM ZUSAMMENLEBEN SIND WIE EINE ART GEWEBE

BEI ALLEN MENSCHEN TAUCHEN IM ZUSAMMENLEBEN, im Alltag mit Kindern auch Probleme auf.

Nach Jahren des Gesprächs mit Menschen gibt es für mich nicht mehr *die eine* Ursache für Schwierigkeiten. Hintergründe und Gründe für menschliche Schwierigkeiten sind vielschichtig. Menschen sind komplexe Wesen und entsprechend sind die Ursachen von Schwierigkeiten ebenfalls komplex.

Wenn man sich die Komplexität menschlichen Seins und Erlebens wie eine Art Gewebe vorstellt, könnte man sagen: Die einzelnen Fäden des Gewebes sind die möglichen Gründe für das Geschehen, mal ist dieser, mal jener Faden stärker sichtbar. Und Schwierigkeiten könnte man als Knoten beschreiben. Mal ist dieser, mal jener Faden verknotet bzw. haben unterschiedliche Fäden untereinander Knoten gebildet. Damit Eltern und Kinder angemessen Hilfe bekommen, ist es gut, das individuelle Gewebe zu verstehen – welche Fäden besonders sichtbar sind, welche Knoten es gibt und wie man sie so »entknoten« kann, dass das Gewebe weich und geschmeidig wird und möglichst wenig kratzt; man also unbeschwert und gerne in ihm unterwegs ist.

ES SOLL MEHR LUST ALS LAST MACHEN, MIT KINDERN ZU LEBEN

ELTERN ZU WERDEN, BERÜHRT ALLE MENSCHEN. Man wird dünnhäutiger, gefühlvoller, in einer Welt, die nicht unbedingt nach Gefühlen fragt.

In der Regel helfen Gefühle, weil wir dann näher dran sind am Erleben von Kindern. Man fühlt wieder »das Kind in sich«, was es generell erleichtert, mit seinem Kind empathischer zu leben. Kinder zu versorgen hilft, sich zu erinnern – an Schönes, manchmal auch an Schwieriges. Wenn Ihre Erinnerungen mehr Schönes bergen, lassen Sie so viel wie möglich davon zu. Sich an das Kind, das man war, zu erinnern, bewahrt einen sehr gut vor Rigorosität gegenüber Kindern und bringt einen auf wunderbare Ideen. Es wird Ihnen vieles einfallen – und oft spüren Sie wieder, wie schön es war, Kind zu sein und was Ihre Sehnsüchte waren. Nehmen Sie sie ernst und setzen Sie sie um.

Dass Kinder uns nicht nur liebevoll anrühren, sondern durch ihre Vehemenz und Ausdauer zwischendurch auch unsere Nerven strapazieren und Aggressionen in uns auslösen, ist übrigens menschlich. Eigentlich erleben alle Eltern Momente, in denen sie mit ihren Kindern an den Rand ihrer Belastbarkeit kommen. Wichtig ist, dass die Aggressionen nicht die Oberhand gewinnen. Wenn verstärkt Ängste, Trauriges oder Wut in Ihnen auftauchen, dann scheuen Sie sich nicht, in einer der »Schutzhütten« um Verständnis, »Unterstand« und Unterstützung zu bitten.

Im Übrigen überlassen Sie sich möglichst Ihren guten Einfällen und Erinnerungen und nehmen Sie sich die Zeit, Ihre Ideen, Ihr Vergnügen am Leben mit Kind und an der Versorgung von Kindern entsprechend umzusetzen.

Am Ende des Lebens bereuen Menschen eher nicht, dass sie zu wenig Zeit mit Arbeit und Karriere verbracht haben, aber schon, dass sie zu wenig Zeit für ihre Lieben, auch für ihre Kinder hatten. Lassen Sie sich ungeniert anstecken und verführen vom Charme, den Ihr Kind versprüht. Ich bin sicher, dass Sie es nicht bedauern, sondern meistens genießen werden. Kleine Kinder sind froh, wenn genug Zeit für sie da ist, größere Kinder, wenn generell die Familienatmosphäre stimmt. Und Kinder »bedanken« sich dafür, indem das Leben mit ihnen witziger und leichtfüßiger wird.

DAS BABY IN DEN
ERSTEN VIER MONATEN

ENTWICKLUNG UND ERLEBEN
DES KINDES

WENN WIR UNS IN DAS ERLEBEN EINES NEUGEBORENEN KINDES
hineinfühlen, dann könnten wir sein Lebensgefühl außerhalb des
Bauches als »eine unendliche Weite in einer riesigen, grenzenlosen
Welt« beschreiben. Aus großer Enge, verbunden mit ständigem
Erleben der Mutter, führt die Geburt in die Erfahrung eines grenzenlosen Raumes, in dem das Baby immer wieder einmal plötzlich
niemanden spürt, weil niemand in unmittelbarer Nähe ist – so ist
es jedenfalls gemäß der Art, wie wir in der industrialisierten Welt
mit Säuglingen leben. Nach der Erfahrung von Nähe und Gebor-

genheit im Bauch kann es nicht verwundern, dass ein Baby nach Nähe zu einem Menschen schreit; danach, im Arm von jemandem Zuwendung und Begrenzung zu spüren.

Manche Babys schreien deutlich und anhaltend. Andere tun es weniger. Warum ist das so verschieden? Auch hier sind die Ursachen wie ein Gewebe mit verschiedenen »Fäden«, die mehr oder weniger verknotet sind. Übrigens: keine Angst vor Knoten, die entstehen. Sie sind auch gut wieder zu entknoten. Zu wissen, wo manche Schwierigkeiten herkommen, hilft, sie zügig wieder loszuwerden.

Die unterschiedlichen Fäden bei der Unruhe eines Babys sind:

▶ Angeborene Wesenszüge, angeborenes Temperament; Menschen sind in Wesen und Art, die Welt zu erleben, von Anfang an sehr unterschiedlich, auch im »Reifegrad«, mit dem sie auf die Welt kommen. Das Bedürfnis nach Schutz wie auch das Maß an »Dünnhäutigkeit« sind bei Menschen von Anfang an verschieden.[12]

▶ Die Umstände, die als Belastungen erlebt werden, der äußere, alltägliche Stress während der Schwangerschaft wie auch der innere Stress bzw. die Ängste, die da sein können.[13]

▶ Der Verlauf der Geburt. Wie gut ging das Auf-die-Welt-Kommen? Wie sehr spürten Mutter und Kind sich gegenseitig? Gab es die Erfahrung, die Geburt in gewisser Weise aus eigener Kraft zu erleben? Oder war sie eher kompliziert?

▶ Gab es nach der Geburt oder bald danach kürzere oder längere Zeiten der Trennung des Babys von der Mutter?

▶ Wie geht es den versorgenden Eltern als Paar? Sind sie sich zusammen sicher oder brauchen sie noch etwas Zeit, um zu einem Team zu werden?

▶ Wie viel Erfahrung konnten die Eltern vor ihrem ersten Kind mit Säuglingen sammeln? Sind sie schon geübt oder ist alles das »erste Mal« jetzt mit dem eigenem Kind?

▶ Gibt es eine ihnen zugewandte Familie oder Freunde, die den Eltern helfen?

▶ Waren die Eltern als Kinder einst selbst ganz freundlich versorgt?

Diese Fäden sind in das Gewebe »Zusammenleben mit dem Baby« eingewoben und bestimmen manchmal mehr, manchmal weniger, wie gut sich alles anfühlt.

Eines nicht zu vergessen: Auch der Umgang mit Erfahrungen ist bei Menschen von Anfang an verschieden. Wenn während Schwangerschaft oder Geburt manche der genannten, teils »verknoteten« Erfahrungen stattfanden, so nehmen sie beileibe nicht alle Babys schwer.

Viele Babys gehen ganz gelassen in ihr Leben, obwohl manches bei ihrem Start etwas holperte. Keine Sorge, Menschen stecken einiges ein und weg – auch als ganz kleine Menschen. Manche Babys aber erleben die Dinge tiefgreifender. Etwa jedes fünfte Baby erschrickt eher, weint mehr, ist schneller außer sich und schwerer zu trösten. Es gibt ein paar Dinge, die helfen können, damit der Anfang leichter gelingt.

SO KÖNNEN SIE SICH VORBEREITEN

HIER EINIGE HINWEISE, die Sie schon als werdende Eltern beachten können, um mögliche Ursachen von Unruhe für sich und Ihr Kind von Anfang an gering zu halten. Gegen angeborene Sensibilität, angeborene Dünnhäutigkeit von Kindern kann man nichts tun – aber es gibt einige Wege, mehr Ruhe zu finden und Entlastung:

▶ Werdende Eltern sollten sich besonnene Hebammen und Ärzte suchen, die erfahren und ruhig einschätzen, welche der heutigen Vorsorge-Untersuchungen in der Schwangerschaft notwendig sind und welche man auch lassen kann. Bevor pränatale Diagnostik beginnt, ist es gut, wenn Sie als Eltern sich Hilfe durch Beratung holen.[14] Überlegen Sie sich vor genaueren Untersuchungen, was Sie wissen möchten und vor welche Entscheidungen Sie überhaupt gestellt werden wollen. Man ist nicht verpflichtet, sein Kind bereits vor der Geburt durch Tests zu schicken; man darf es auch nehmen, wie es ist. Ärzte sind zur Aufklärung verpflichtet, aber parallel steht Eltern weiterhin ein Recht auf Nichtwissen zu, und Kinder dürfen weiter mit sogenannten »Mängeln« und Einschränkungen auf die Welt kommen. Um alles, worüber aufgeklärt wird, gut für sich abzuwägen und zu eigenen Entscheidungen zu finden, braucht man erfahrene, kompetente menschenfreundliche Fachleute, die einen durch die Schwangerschaft lotsen: Menschen, mit denen man Ängste aller Art offen und ehrlich besprechen kann und die bei allen heutzutage anstehenden Fragen helfen.[15]

▶ Geburtsvorbereitung tut gut und stärkt eine Frau in dem Gefühl: »Ich kann gebären.« Frauen und Männer können außerdem durch Wissen, also ganz logisch verstehen, wie ein weiblicher Körper funktioniert, wie er ein Kind aus sich heraus lässt. Männer mögen diese Seite oft gerne, weil es dabei nicht ausschließlich um Gefühlsthemen geht. Logisches Verstehen hilft Frauen genauso, zusätzlich werden sie durch solche Kurse gestärkt, das alles so gut in ihr Gespür zu bekommen, dass sie mental und körperlich stabil mit Zuversicht in die Geburt gehen können.

Um Sie neugierig zu machen, wie faszinierend klug Prozesse im weiblichen Körper vonstatten gehen, ein kleiner Blick in die »Körper-Logik« des Gebärens:

▶ Das Hin und Her zwischen Wehe und Wehenpause ist zentral wichtig, denn das Bedürfnis einer Gebärenden während der Eröffnungswehen in den Wehen-Pausen nach Ungestörtheit, nach Schlaf, nach einer Art »Wegtreten« bewirkt, dass der Körper in optimaler Weise eigene Schmerzmittel ausschüttet und durch sie sind die Wehen wesentlich besser zu verkraften und effektiver. Unter ruhigen Bedingungen, verbunden mit einer Atmosphäre der Intimität während der Eröffnungswehen kommen die Hormonprozesse für körpereigene Schmerzmittel voll zur Wirkung. Sie stärken die Frau und ermöglichen ihr das klassische Gebären aus eigener Kraft.[16] Man kann diese Prozesse die »Chemie der Geburt« nennen.

▶ Das Bedürfnis einer gebärenden Frau (im späteren Stadium der Geburt) nach Bewegung einerseits und nach Greifen und Hängen an einem Tuch, Seilen oder einer Person andererseits fördert elementar, dass das Kind den Weg in den Geburtskanal hinein und durch ihn hindurch findet. Daher ist es geburtsfördernd, dass eine Frau weiterhin alles spürt. Durch die Wehen fühlt die Frau, wie sie sich »drehen und wenden« muss, welche Körperposition und Bewegung ihr und dem Kind helfen, damit es sich optimal in ihr Becken eindreht.[17] Kräftig haltende Arme sind oft hilfreich, das ist dann die konkret körperliche Hilfe des Mannes bei einer Geburt. Diese Vorgänge kann man als die »Physik der Geburt« bezeichnen.

▶ Im komplizierteren Fall ist es das Fachpersonal, das Mutter und Kind voneinander entbindet. Im ruhiger verlaufenden Fall jedoch sind es Mutter und Kind, die sich beim Gebären durch chemische und physikalische Prozesse auseinander herauswinden. Wenn eine Frau durch eine erfahrene, emotional zugewandte Hebamme die meiste Zeit des Gebärens in Ruhe begleitet wird, verbessert das die Chancen erheblich, dass Mutter und Kind den Prozess gemeinsam, ganz aus eigener Kraft, bewältigen[18] – was eine Geburt für beide Seiten zügig »verheilen« lässt. Die Mutter ist schnell wieder auf den Beinen und mögliche Wunden schließen sich gut. Für das Kind ist es eine körperlich und psychisch kräftigende Erfahrung.

Es mag verblüffend klingen, aber es ist so: Die Erfahrung »aus eigener Kraft« stärkt das Kind, sie lässt es seine Selbstkompetenz erleben.[19] Bei Frauen bewirkt es Stolz. Dazu schüttet unter einer physiologischen, an Eingriffen armen Geburt der mütterliche Körper zum Ende hin noch einmal einen »Hormoncocktail« über Mutter und Kind aus, der die Chance, dass die beiden in tiefe Verbundenheit finden, entscheidend erhöht. Auch der miterlebende Vater wird davon emotional erreicht. Man könnte dies als einen starken Vorschuss an Kraft, Euphorie und Gefühlen der Zuneigung bezeichnen, der sich in weiser Voraussicht vollzieht, so dass Mutter und Kind (und bei Anwesenheit auch der Vater) gestärkt und gut gerüstet sind für eventuell schwächere Momente in den folgenden Wochen, Monaten, Jahren.

▶ **Wo entbinden?** Fragen Sie bei der Wahl des Geburtsortes danach, wie stetig, aber auch wie zurückhaltend und ruhig Sie während der Geburt fachlich und menschlich betreut sein werden. »Wehmutter« nannte man Hebammen in alten Zeiten. Der Begriff beschreibt bestens, worum es – neben medizinischem Können – elementar geht: um menschlich warmherzigen Beistand, damit man sich als Frau während der Wehen anlehnen kann, sich gehalten fühlt, sich fallen lässt. Ruhe und Rückzug sind zentral. Dabei hilft, wenn Sie durch Belegsysteme in einer Klinik die Hebamme oder vielleicht auch die Ärztin/den Arzt Ihres Vertrauens während der Geburt um sich herum haben können. Das schafft Vertrautheit und ermöglicht leichter die beschriebene, ruhige Atmosphäre samt »Fallenlassen«. Beides hilft Ihrem Gebären entscheidend.

Das heißt: Wenn Sie sich Kliniken anschauen, fragen Sie nach der Möglichkeit von Beleghebammen/-ärzten. Wenn Belegsysteme nicht bestehen, dann fragen Sie nach dem Personalschlüssel in der Geburtshilfe, so dass Mutter und Kind während der Geburt gemäß ihrem Bedarf durch fachlich-menschliche Nähe begleitet sind, damit sie Zuständen von Angst und Anspannung möglichst wenig, aber besonders nicht allein ausgesetzt sind.

Angst und Anspannung bringen Hormonprozesse (zuallererst die Ausschüttung von Adrenalin) zu einem zu frühen Zeitpunkt der Geburt in Gang, was die Öffnung des Muttermundes und somit das Gebären erschwert. Zustände von Angst und Stress während der Geburt führen mit dazu, dass der Körper die Geburt stoppt – eine

Art Notfall-Mechanismus des Körpers, denn bei jeder Art Gefahr soll das Kind ja keinesfalls auf die Welt kommen. Der Körper reagiert auf Angst- und Stress-Signale mit einem »Festhalten« des Kindes. Logisch! Eine Frau muss sich sicher fühlen, damit sie ihr Neugeborenes in die Welt hinauslassen kann.

Sollte ein Kaiserschnitt notwendig sein, ist es für Kinder in der Regel besser, wenn er nach Einsetzen der Wehen ausgeführt wird. Das Kind spürt durch die Wehen deutlich, dass der »Weg hinaus« jetzt beginnt und es ist besser darauf gefasst, dass die Welt auf es zukommt und seine Zeit im Bauch zu Ende ist. Normale Geburten sind der leichtere Start, aber gut zu wissen: Auch Kaiserschnitte heilen wieder aus. Sollte es Ihnen oder dem Baby nicht gut damit gehen, suchen Sie sich etwas Hilfe.[20]

Das hier Gesagte sind prophylaktische Hinweise, denn ich will Sie bestärken, sich normales Gebären ruhig zuzutrauen. Daher: Stärken Sie in sich das Gefühl: »Ich kann gebären«, bei gleichzeitigem Wissen: Die Geburt ist eine große Kraft und »Urgewalt« – alles kommt, wie es kommt. Man muss sich dem Verlauf einer Geburt schlussendlich überlassen. Machen Sie sich vorab nicht zu viele Gedanken. Besser, Sie stimmen sich durch Geburtsvorbereitung gut ein und denken: »Alles wird gut.«

▶ Auch im Beruf, Familienleben und Alltag aller Art ist es gut, wenn Frauen, die ein Kind erwarten, von extremen Belastungen verschont bleiben. Wenn es ihnen körperlich und psychisch gut geht, können Schwangere das meiste weiterhin tun. Aber Umstände, die sie schwerer belasten oder dauerhaft in Stress versetzen, sind besser zu reduzieren. Sollte, weil es nicht zu ändern ist, etwas sehr Belastendes auszuhalten sein, dann können Sie als werdende Eltern sich Beistand suchen, entweder durch Familie und Freunde, oder aber ungeniert und zügig durch dafür geschulte Fachleute in den Schwangerenberatungsstellen.[21] Stress in der Schwangerschaft kann sich auf das Ungeborene auswirken.[22] Ängste und Stress werden unter emotional einfühlsamer, auch fachlicher Begleitung erträglicher, manches kann ganz abgebaut werden, Unabänderliches kann für Sie und das werdende Kind entschärft werden. Vergessen Sie nicht: Auch dabei kommt Ihr Kind mit manchem Schwierigen zurecht.

Bei Existenzsorgen, auch bei Fragen rund um Arbeitsschutz und Arbeitnehmerrechte für Schwangere, gilt: Holen Sie sich kompetente Unterstützung in Schwangerenberatungsstellen und bei Gewerbeaufsichtsämtern. Ein geringes Maß an Sorgen lässt Sie die Schwangerschaft mehr genießen und erhöht die Wahrscheinlichkeit, dass das Kind die Umstellung auf seine Welt »draußen« nervlich kräftiger bewältigen kann.

▶ Noch eine Anmerkung zur Schwangerschaft im Hinblick darauf, dass an diesem Punkt in heutigen Zeiten von Planung und vielfältiger Information für werdende Mütter und Väter neuer Stress entsteht: Sorgen tun zwar nicht gut – das heißt aber nicht, dass Sie dauernd glücklich sein müssen. Denn Hadern und Zagen gehören dazu und sind normal. Bei der Fülle an Informationen ist es wichtig, dass Schwangere und werdende Väter etwas von den »Schattenseiten« des Elternwerdens wissen: Zeitweise Zweifel, manches Gefühl der Überforderung, auch Ängste angesichts all dessen, was kommt, wenn Sie demnächst Tage und Nächte für ein Kind zuständig sein sollen, sind Teil des Ganzen, sind menschlich. Wenn man eine vollkommen neue Lebenssituation erwartet, hat man oft »zwei Seelen in seiner Brust«. Diese Ambivalenz kann immer dann besser verdaut werden, wenn man sie haben, sie spüren, sie aussprechen darf. Alle, die selbst schwanger waren oder es sind, kennen es, dass sie in der Schwangerschaft ängstliche, auch dem Kind abgewandte Gefühle haben können. Schämen Sie sich dafür nicht. Es ist keinesfalls so, dass Ungeborene sofort und an allem Schaden nehmen. Das Leben mit Kindern hat immer Schatten und Licht, Leichtes und Schwieriges. Es kommt darauf an, mit beidem in Kontakt zu sein. Die Liebe zwischen Menschen wird eher besser und stabiler, wenn sie auch die Zweifel, das weniger Schöne aushält. Dieses Phänomen beginnt schon in der Schwangerschaft.[23]

▶ Da wir schon bei der Prophylaxe sind: Um Unruhe aller Art vorzubeugen, ist es hilfreich, wenn Sie einige Weichen schon vor der Geburt stellen. Kleine Kinder brauchen nur wenig von alldem, was es in Babymärkten und Spielzeugläden für sie zu kaufen gibt. Man bekommt zur Geburt heute zu viel an Kuscheltieren, Babyspielzeug und Bilderbüchern geschenkt. Schon die meisten Auto-Kindersitze werden mit Dingen ausgestattet, die dem Kind Anregung fürs Spielen geben sollen.

Doch Kinder spielen anders und brauchen wenig dafür, daher hier die Anregung: Lassen Sie Familie und Freunde wissen, dass Sie fast kein Spielzeug zur Geburt möchten. Besser wünschen Sie sich zur Geburt von Großeltern, Familie und Freunden vielfältige Gutscheine für Hilfe im Haushalt, für Kochen von Mahlzeiten, für Unterstützung bei allem, wozu man anfangs keine Zeit findet im Leben mit Baby; dazu Aus-Zeiten, also Gutscheine für Babysitting, damit Sie als Paar oder auch allein mal wieder einen Abend für sich haben.

Wenn Sie von manchen Menschen gerne eher Konkretes hätten, dann lassen Sie sich am besten ein gutes Baby-Tragesystem schenken[24], des weiteren sind Gutscheine für spätere Kleidung gut, oder etwas Geld für ein »Kinder-Guthaben-Konto«, das Sie einrichten; kleine Überweisungen für spätere Kindersehnsüchte oder noch spätere Hobbys (Sport/Musik), für jene Jahre also, wenn Ihr Kind vielleicht mit allem, was es braucht, schneller wächst als Ihr Einkommen; für Jahre, in denen Sie sich wahrscheinlich immer noch eher Zeit wünschen für Kinder und Partnerschaft, als jeden Moment für die Existenzsicherung der Familie nutzen zu müssen.

Die Erfahrung zeigt: Viele Menschen erfüllen gern solche »notwendigen« Wünsche zur Geburt eines Kindes, weil ihre Geschenke ankommen und langfristig kostbar sind.

DIE TAGE UND NÄCHTE MIT IHREM BABY IN DEN ERSTEN WOCHEN

ES GIBT BABYS, DIE IN KLEINEN ZEITEINHEITEN gut allein im Babybett oder an sonst einem Plätzchen liegen können, die dabei ruhig sind und ganz interessiert in ihre Umgebung schauen oder sogar einschlafen. Diese Kinder sind nicht auf ständigen Körperkontakt und Getragenwerden angewiesen. Sie können in kleinen Zeiteinheiten für sich sein.

Es gibt andere Babys, die ausschließlich Traglinge sind. Das heißt sie suchen anhaltend Nähe zu jemandem, manchmal auch ausschließlich Nähe zur Mutter, denn Mama ist ihnen ganz sicher vertraut. (Babys können ihre Mutter sofort nach der Geburt von allen anderen Menschen unterscheiden.)

Zu Hause angekommen ist da jetzt ein Kind, mit dem Sie sich als Eltern im Zusammenleben vertraut machen und im Alltag zurechtfinden sollen. Das Baby zeigt direkt, wie es sein Auf-der-Welt-Sein erlebt, wie es alles wahrnimmt und von welcher »Sorte« Mensch es nun einmal ist. Es kann gar nicht anders, es ist, wie es ist. Es hat noch keine Möglichkeit, sich selbst zu helfen, und ist in den ersten Wochen ohne Wenn und Aber darauf angewiesen, mit seinen Bedürfnissen verstanden, gehört und versorgt zu werden.

Damit dies gelingt, hat die Natur Babys mit der Fähigkeit ausgestattet, ihre Bedürfnisse zu zeigen und im Zweifelsfall laut zu schreien – und uns Erwachsene damit, dass wir einerseits ein Baby gut beobachten, dass wir andererseits – genau weil dieses Schreien uns so unter die Haut geht –, ein Baby zügig versorgen.

Erwachsene sind schnell bereit, alles dafür zu tun, dass ein Baby sich wohl fühlt und aufhört zu schreien.

Eltern sind sehr sensibel für ihr neugeborenes Kind, sind selbst dünnhäutig und auf gute Weise feinsinniger in aller Wahrnehmung als zu anderen Zeiten des Lebens. Nicht zuletzt haben sie ein Gespür dafür, welche »Art« Kind sie bekommen haben. Sie stellen sich genau darauf ein. Alle Erwachsenen, ganz besonders »neu geborene« Eltern – insoweit sie selbst als Kind ziemlich gut versorgt wurden – haben ein intuitives Potenzial, die Bedürfnisse eines Babys zu erspüren.[25]

»TANZ DER GEGENSEITIGKEIT«

DIESES INTUITIVE POTENZIAL HILFT ELTERN, ZU WISSEN – ohne Bücher, ohne Anleitungen, ohne Kurse –, wie sie ihr Kind versorgen müssen – und sie machen das meiste aus ihrem Erleben und Gefühl heraus richtig. Wenn es Eltern und Kind ausreichend gut geht, dann entspinnt sich in dieser Fürsorge ein »Tanz der Gegenseitigkeit«: Das Kind reagiert auf alle Versorgung mit Wohlgefühl und Ruhe, es trinkt gut, schläft häufig und leicht ein, meckert etwas, aber schreit eher wenig. Soweit ausgeschlafen und wohlig versorgt, ist es in aufmerksamem Kontakt mit seinen Eltern, lässt »Zwiegespräche« zu, »beantwortet« das Schauen, Babbeln und Lachen der Eltern mit seinen Blicken, mit genauer Mimik und bald auch mit Lächeln. Eltern macht es Freude, ihr Kind so zu erleben, es spornt sie bei aller Versorgung an und – obwohl dauernd für das Baby bereit – *sie werden nicht müde, nicht erschöpft!* Das Baby fühlt sich gut versorgt und drückt dies meistens in Wonne und Wohlbefinden aus. Durch diesen »Tanz« an gemeinsamen, schönen Erfahrungen fühlen sich Eltern und Baby gegenseitig »gut genug«, gestärkt und entspannt.

Babys, denen es ausreichend gut geht,
▶ schreien eher selten, meist nur bei Hunger oder Müdigkeit;
▶ schalten gut ab, regulieren sich gut, wenn ihnen alles zu viel wird;
▶ gehen ins »Tagträumen«, finden darüber in den Schlaf, nicht selten auch alleine;
▶ haben rosige Haut, warme und trockene Hände und Füße;
▶ haben körperliche Elastizität und machen sich eher rund;
▶ nehmen ihre Hände in die Mitte, übereinander oder aber zum Saugen in den Mund.

Und: Ihre Eltern werden gestärkt in dem Gefühl, »richtig gute Eltern« zu sein.

WENN DIE NEUE SITUATION VERUNSICHERT

AUCH WENN ELTERN DIESES INTUITIVE POTENZIAL HABEN und das allermeiste aus ihrem Gespür heraus richtig erfassen und beantworten, kann es zu »Verknotungen« kommen, weil man manchmal unsicher wird, ob man die »Sprache« seines Babys ausreichend gut versteht, besonders, wenn es häufig schreit oder lange Zeit am Tag quengelt oder selten schläft.

Ein schreiendes oder auch nur quengelndes Baby geht allen Erwachsenen, erst recht aber seinen Eltern unter die Haut und sehr bald an die Nieren. Die Eltern werden dann ratlos und mit der

Zeit erschöpft. Zusätzlich kämpfen sie, kaum nach der Entbindung zu Hause angekommen, mit allen möglichen Veränderungen, Neuerungen und Unsicherheiten. Eine relativ »banale«, aber folgenreiche Tatsache, mit der viele Eltern heutzutage kämpfen – seit die Herkunftsfamilien kleiner geworden sind –, ist, dass ihr erstes Kind das erste Baby ist, das sie länger auf dem Arm haben und das sie Tag und Nacht umsorgen sollen.

Manchmal müssen für die Eltern, zuallererst für die Mutter, auch die Folgen einer komplizierteren Geburt noch verheilen und verdaut werden. Zu alledem kommt die heutige Gleichzeitigkeit von Verpflichtungen in Familie und Beruf, bezüglich Arbeit und Dasein für ein Kind. Die Pausen für die Umstellung auf das Leben mit Kind werden derzeit wieder kurz. Die schnelle Rückkehr zur Arbeit wird finanziell gefördert, damit wird aber auch mehr gefordert. Vieles soll parallel möglich gemacht werden.[26]

Oft stecken Eltern durch ihr Elternwerden auch in eigenen, mehr oder weniger großen emotionalen Veränderungen, so dass sie mal mehr, mal weniger mit persönlichen Unsicherheiten zu kämpfen haben. Unsicherheiten, die sich aus den neuen Anforderungen, manchmal aber auch aus ihren eigenen Erfahrungen als Kind erklären.

Wenn sich das alles anstrengend anfühlt, tritt Ernüchterung ein – als Eltern hatten Sie sich das Leben mit Baby ganz anders, sonniger, leichter vorgestellt. Womöglich schreit Ihr Kind häufig, beantwortet alles Umsorgtwerden nicht mit Ruhe und Wonnegefühl – sondern bleibt unruhig und unwohl. Unruhe und Unsicherheit sind da, bestimmen Tag und Nacht, keiner der Beteiligten fühlt sich entspannt und wohl in seiner Haut.

Babys, denen es nicht richtig gut geht,

▶ schreien eher mehr und/oder
▶ tun sich mit dem Abschalten schwer, zeigen kaum Müdigkeit;
▶ haben häufig kalte, auch leicht feuchte Hände und Füße;
▶ winden und krümmen sich, haben zeitweise Bauchschmerzen;
▶ machen sich nicht rund, haben eine sehr hohe oder eher schlaffe Körperspannung und überstrecken sich oft nach hinten;
▶ zappeln eher viel, mit den Armen nach außen, nehmen ihre Hände nicht in die Mitte;
▶ haben wache, offene Augen, machen sie kaum zu oder nur unter hohem Aufwand des Beruhigens, mit sehr langen Zeremonien für wenige Minuten Schlaf;
▶ schlafen nicht tief und sind schnell, bei kleinsten Störungen wieder wach.

Wenn ein Baby trotz aller Sorge nicht zur Ruhe kommt, bekommen Eltern Zweifel, ob sie das ganze Versorgen überhaupt richtig machen. Dann entsteht manchmal ein Teufelskreis …

EINE ANGESPANNTE BEZIEHUNG

WENN KLEINE BABYS QUENGELN, SCHREIEN, sehr wenig schlafen, sagen viele Eltern trotz aller Erschöpfung allen zum Trost: »Unser Kind ist eben sehr neugierig; wahrscheinlich will es deshalb nicht schlafen.«

Ja, jedes Kind ist neugierig, zum Glück! Aber »Neugierde« ist bei unruhigen Babys eine zu einseitige Interpretation ihres immer wachen Blicks, ihrer ständig offenen Augen. Ein noch kleines Baby, das ausreichend im Lot ist, hat – nach kurzen Zeiten der

Neugierde für seine Welt und seine Mitmenschen – von sich aus das Bedürfnis abzuschalten, mit seinem Blick ins »Tagträumen«, in seine eigene Welt und damit wieder von allen Eindrücken weg zu gehen. Es bekommt schwere Augenlider und fällt im nächsten Augenblick in den Schlaf.

Wenn ein Baby nicht abschaltet, hat das manchmal mit angeborener Dünnhäutigkeit zu tun. Ein solches Baby hat noch nicht die Fähigkeit, sich zu schützen, sich rechtzeitig abzugrenzen gegenüber allen Eindrücken.

Man sieht dieses Nicht-Abschalten aber ebenfalls häufig bei Babys, deren Schwangerschaftsverläufe oder Geburten schwierig waren, sowie bei jenen, deren Eltern und Familien zu viel an Belastung gleichzeitig stemmen müssen. Wenn ein Baby dann nicht abschaltet, so drückt es über die offenen Augen ein »Kontrollbedürfnis« aus, wie wir es auch von Erwachsenen mit zu schweren Belastungen kennen, es zeigt seine kindliche, frühe »Mithilfe«. Mit offenen Augen sieht das Kind, was geschieht, und es wagt im Grunde nicht, sich auszuklinken. Es versucht durch den immer wachen Blick alles im Auge zu haben, um nicht unvermittelt in überfordernde Erfahrungen hineinzurutschen und um bereits mitzuhelfen.

Je jünger Babys sind, umso mehr sind Körper und Psyche eine Einheit. Mal geht Unwohlsein mehr von körperlichen Erfahrungen (z. B. körperlich mangelnden Reifezuständen und damit verbundenen Schmerzen), mal mehr von psychischen Erfahrungen aus. Immer gilt für das noch junge Baby: Körperlicher Schmerz ist psychischer Schmerz und umgekehrt. Das ganze Kind ist sensibel, überwach, strengt sich bei allem an und spürt das Ganze schmerzlich. Typischer Ort für kindliches Unwohlsein ist der Bauch. Bauchweh ist Ausdruck aller Anstrengung, weniger die Ursache. Man kann es so beschreiben: Der Darm des noch jungen Babys ist einer seiner empfindlichsten Körperbereiche und reagiert, wenn alles noch neu ist oder auch zu viel wird, mit Schmerz.

Nun geht es hin und her – auf anstrengende Weise, denn: Es entwickeln sich große Anspannung und schließlich ein Teufelskreis aus Schreien des Babys und Beruhigen durch Laufen, Tragen, Füttern, dauerndes Kümmern. Die Eltern tun viel, um das schreiende oder zu oft quengelnde, wache Kind zu beruhigen und sind angespannt. Das Baby spürt die ganze Anspannung und versucht durch Mit-Anspannen mitzumachen. Ein Baby hat unzählige feine Antennen dafür, was seine Eltern machen, und übernimmt ihren Modus. Es schaltet nicht ab, schläft nicht, bleibt bei allem, was geschieht, präsent, länger und intensiver, als ihm guttut. Beide Seiten, Eltern und Baby, bleiben dauernd aufeinander bezogen, werden irgendwann mürbe – und übernehmen sich.

Das Kind zappelt eher viel, schläft nicht tief und nur kurz, schreit wieder, hat wieder Bauchweh – die Eltern sind unsicher und wissen nicht, was sie noch machen sollen. Zusätzlich bekommen sie alle möglichen Kommentare von Familie und Freunden, was zu tun sei; was sie anders machen, versuchen oder niemals erst anfangen sollten. Tragen z. B. – das verwöhne das Baby. »Macht das bloß nicht, lasst es einfach schreien«, heißt es, und dazu kommen weitere Vorschläge wie: »Fahr es mit dem Auto umher«, »Blase ihm mit einem Fön auf den Bauch«, »Mach alles immer gleich, zur selben Zeit«, »Stille unbedingt nur alle drei Stunden« und so weiter und so fort.

Angesichts des mangelnden Erfolgs, das heißt ohne die gute, stärkende Erfahrung, dass ihr Baby sich durch ihre Fürsorge beruhigt, verlieren Eltern manchmal die Freude an ihrem Kind. Wenn man Eltern mit einem Blick, der deutlich macht, dass man es nicht wörtlich meint, vorsichtig fragt: »Würden Sie es am liebsten zurückgeben?«, antworten viele erschöpfte Eltern, ebenfalls wissend, dass man ihre Antwort nicht wörtlich nimmt: »Wenn Sie so fragen – ehrlich gesagt: Ja.« Eltern und Baby können Hilfe gebrauchen. Auch wenn sich das alles sehr anstrengend anhört, lassen sich derartige Situationen wieder »sichern«: Frühe Überforderungen und belastende Erfahrungen haben beste Chancen, früh zu verheilen, wenn Eltern und Babys zu mehr Ruhe kommen. Auch jene Kinder, die von Geburt an dünnhäutiger und »unreifer« sind, können ebenfalls früh lernen, besser abzuschalten und zügiger mehr Entspannung zuzulassen.

Bevor wir zu konkreten Schritten kommen, wie Sie aus dem Teufelskreis der Unruhe hinausfinden, hier ein paar Beispiele für typische »Verknotungen«, die Eltern bei der Sorge für ihr Baby und sonstigen Belastungen und Erfahrungen erleben. Diese Beispiele könnten Sie trösten, wenn es Ihnen ähnlich geht; also nicht nur bei Ihnen kann es zeitweise schwierig sein.[27]

Eine Mutter klagt darüber, dass sie ihr Baby eher als fremd erlebt. Sie berichtet: Zum einen war die Geburt des Kindes schwer und endete mit Kaiserschnitt; sie war wenig euphorisch. (Die »Glücks«-Hormone der normalen Geburt hatten sie also nicht automatisch überschwemmt.) Im Gespräch streifen wir auch ihre eigene frühe Kindheit. Sie selbst war sehr kompliziert geboren

worden und danach war ihre Mutter lange gesundheitlich an-
geschlagen gewesen, so dass sie selbst als Baby in den ersten
Monaten kaum eine vergnügte gemeinsame Zeit mit ihrer Mutter
hatte. Schwierige Geburt jetzt und schwieriger Start damals –
zwei Fäden mit Knoten und beide sind Teil ihrer Unsicherheit
im spontanen Kontakt zu ihrem Baby heute. Die erlebte Leere
damals ist heute in ihr aktuelles Gewebe eingewoben, kann sich
aber – als sie alles erzählen und fühlen kann[28] – gut auflösen.

Ein Elternpaar, das sein noch kleines, schreiendes Kind als zu
fordernd erlebt, erzählt beiläufig, dass sie beide – laut Erzählungen
ihrer Mütter – als Baby kurzerhand in ein anderes Zimmer ge-
schoben wurden, da sie früher auch viel geschrien hätten. Niemand
habe in früheren Zeiten diesen Aufwand getrieben, sich so lang-
mütig um ein schreiendes Baby zu kümmern. Sie erzählen das alles
nüchtern, kühl. Nur ganz langsam taucht auf, wie sich Kindsein
so anfühlt, einst und jetzt; langsam erinnern beide Eltern, wie oft
Überforderung in ihren Herkunftsfamilien an der Tagesordnung
war und dass ihnen aktuell, mit ihrer kleinen Familie auch alles
zu viel ist. Wenn Erschöpfung sich zeigen darf, jemand hört und
nachempfindet, dass es anstrengend und überfordernd ist, wenn
zu viele Dinge gleichzeitig erledigt werden müssen, dann kommt
Empfindsamkeit zurück, auch Gefühl für die Situation des eigenen
Kindes, eine andere Sicht auf seine Versorgung wird dauerhaft
möglich, aber auch der Wunsch nach Entlastung wird spürbar.
Zum Glück ist Verständnis in der Außenwelt da und die Familie
kann konkrete Hilfe im Haushalt beantragen.

Ein Vater bittet um Hilfe, weil er seine Frau ablösen wolle, aber
das noch sehr kleine Baby müsse dauernd bei jemandem sein und

sei extrem unruhig. Er halte das für übertrieben und wolle das gar nicht erst »bedienen«, nicht zuletzt wolle er das dauernde Herumtragen, die dauernde Nähe gar nicht anfangen, denn dann würde das Kind auch so an seinen Eltern hängen, wie er es von sich in Erinnerung habe. Dann würde sein Sohn womöglich später auch Heimweh haben, wie er es als Kind hatte. Er wolle von Anfang an alles mit mehr Distanz einrichten, weil man seinem Kind solche Gefühle ja besser erspare. Im Gespräch darüber, dass kleine Kinder einfach nach Nähe und Versorgung schreien, kommt Wehmut hoch darüber, dass aus diversen Gründen beide Eltern für ihn als Kind wenig erreichbar waren und er sie beide vermisste. Als schließlich die schönen, aber auch weniger schönen eigenen Kindheits-Gefühle spürbar und erträglich werden, kann der Vater das Tragen und die Rundum-Versorgung seines Babys ganz anders vertreten und genießen.

Um aus der Anspannung in die Ruhe zu finden, erinnern Sie sich immer wieder an das stärkende Prinzip: Es geht darum, dass es allen Beteiligten, also Eltern und Babys, die überwiegende Zeit des Tages und der Nacht gut geht. Keiner sollte zu viel in »Hab-Acht-Stellung« bleiben und nicht mehr abschalten können. Man ist immer dann auf dem richtigen »Trampelpfad«, wenn ein gutes Lebensgefühl für alle sich ausbreiten kann, niemand sich opfert und alle zu ihrer Erholung kommen. Entsprechend den vielfältigen, untereinander verknoteten Gründen für Unruhe und Schreien sind auch die Wege vielfältig, die daraus herausführen.

Menschen sind individuell so verschieden, dass ein Buch zwar Hinweise geben kann, das Befolgen der Ratschläge jedoch nicht automatisch bedeutet, alles sei sofort gelöst. Menschen funktionieren nicht nach »Gebrauchsanweisung« – daher kann es unter Umständen hilfreich sein, wenn Sie sich zum hier Beschriebenen persönlichen Rat gönnen. Aber ich bin zuversichtlich, dass eine Mischung aus Ihrem Gespür und den Vorschlägen hier gute »Trampelpfade« entstehen lässt, die Sie zu mehr Ruhe führen.

Damit es allen wieder gut geht, ist zuallererst die Stärkung von Ressourcen wichtig, also all dessen, was den Lebensmut stärkt, was alltägliche Freude und Lebensenergie zurückholt. Eltern brauchen Halt, manchmal durch konkrete Hilfe von außen, aber immer auch in sich selbst ausreichend Sicherheit, innere Gewissheit. Sie brauchen das Gefühl, festen Boden unter den Füßen zu haben, damit sie ihrem Kind Geborgenheit vermitteln können.

Mit einem weinenden Baby gerät man schnell in Versuchung, zuerst das schreiende, weinende Kind beruhigen und trösten zu wollen, in der Annahme, dass dann für alle Entspannung und Ruhe möglich wird. Aber verblüffenderweise ist es umgekehrt.[29] Wenn Sie sich wieder sicher fühlen, können Sie Ihrem Kind eine Art Anker sein. Ihrem Baby hilft es, wenn Sie als seine Eltern der Fels in der Brandung sind, an dem es sich in den »Stürmen der Unruhe«, trotz Schreien wieder orientieren kann. Diese Sicherheit geben Sie durch Ihre Arme, die das Baby gut halten, und durch Ihr Mitgefühl – mehr kann man einem Kind nicht bieten. Sie als Eltern sind die Besten – Ihr Kind hat in Ihnen seine Mama, seinen Papa! Wenn Ihr Baby auf Ihrem Arm weint, wenn Sie sein Weinen und Schreien mit-tragen, helfen Sie Ihrem Baby.[30] Es erlebt Sie dann immer mehr als sicheren »Fels«, lässt sich fallen, wird ruhiger, schreit weniger – und schläft ein.

STILLEN – NACH BEDARF ODER NACH PLAN?

AUS DER KÖRPERARBEIT[31] **WISSEN WIR,** dass es bei allen anstrengenden Gefühlen hilfreich ist, wohlige Körpergefühle zu stärken, zu »unterfüttern«. Aus der therapeutischen Arbeit mit traumatisierten Menschen kommt ein ähnlicher Hinweis: dass es zuallererst wichtig ist, durch Wohlgefühle Betroffene auf allen Ebenen mit Gutem zu stärken.[32]

Wenn wir kleine Babys beobachten, denen es im Moment nicht richtig gut geht, dann zeigen sie uns, was sie für ihr körperliches Wohl brauchen: Nähe, dazu etwas, woran sie saugen können. Wir kommen alle intuitiv auf die Idee, wenn wir Babys schreien hören, ihnen genau das anzubieten. Wir nehmen sie auf den Arm und überlegen, was wir ihnen geben können, um ihrem Saugbedürfnis gerecht zu werden.

Wenn wir ernst nehmen, wonach ein Baby sich sehnt, dann ist Stillen einer der besten Wege für die Sicherheit und Stabilisierung aller. Im Deutschen sprechen wir von »Säug-lingen« und von »un-still-barem« Schreien. Das Wort »Stillen« bringt wunderbar anschaulich zum Ausdruck, dass es um »körperliche und psychische Nahrung«, um Beruhigung von Bedürfnissen auf beiden Ebenen geht. Säuglinge in die Arme, an die Brust ihrer Mutter zu legen, sie saugen zu lassen, ist schlicht naheliegend.

Wie beim Gebären ist alles Wesentliche durch die körperlichen Prozesse selbst klug eingerichtet, denn hormonelle Ausschüttungen lassen beide, Mutter und Kind, beim Stillen müde werden. Das Stillen eröffnet damit in den meisten Fällen einen wohltuenden

Weg für Mutter und Kind, um aus bisheriger Anspannung, aus Anstrengung, aus Nervosität herauszukommen. An der Brust schließt ein kleines Baby (auch die, die zuvor so »wach« waren) immer zügig die Augen – und geht endlich in seine innere Welt, in Trance, schaltet ab. Auch die Mutter muss nichts mehr machen, kann sich fallen lassen und alles den Körperprozessen überlassen. Stillen holt Mütter und kleine Babys akut aus den Stress-Kreisläufen.[33]

Eine Mutter, die stillt, sollte es gut haben, sollte eigentlich die ersten Wochen immer liebevoll umsorgt werden. Aber da das in unserer Gesellschaft nicht der Fall ist und Mütter und ihre Babys häufig längere Zeit am Tag alleine sind, hilft auf alle Fälle, dass Mütter sich selbst gut versorgen.

Damit Mutter und Kind sich zügig besser und getragen fühlen, helfen folgende Schritte:

▶ Sie sollten sich als Mutter bei jedem Stillen so wohl wie möglich fühlen. Machen Sie es sich zuallererst sehr bequem. Unterstützen Sie sich durch ausreichend Kissen unter den Armen, im Rücken, im Nacken, unter dem Kopf. Stützen Sie die Füße (die Füße etwas höher, z. B. auf ein Bänkchen zu stellen, verbessert für viele Frauen die Bequemlichkeit beim Stillen), so dass Sie in die Kissen und Polster Gewicht abgeben können und selbst durch Bequemlichkeit beim Sitzen oder Liegen gehalten werden. So können Sie Schwere loslassen (körperlich und seelisch), alles Beschwerende ins Sofa, den Sessel, Ihr Bett fallen lassen und dabei ganz bewusst ausatmen – das Ganze an einem Ort in Ihrer Wohnung, an dem Sie sich richtig wohl fühlen, z. B. in einem bequemen Sessel am Fenster, an dem Sie gerne den Blick nach draußen ins

Grüne schweifen lassen, oder, wenn Liegen schöner ist, ganz bequem und wohlig in Ihrem Bett.

▶ Versorgen Sie sich als Mutter mit Essen und Trinken, also nähren Sie sich selbst gut; wenn Sie tagsüber allein sind, holen Sie sich alles, was Sie mögen (!), an den Platz des Stillens und stellen es bereit, um sich zu stärken, bevor oder während Sie Ihr Kind stillen.

▶ Denken Sie zumindest einen Moment lang – auch wenn Ihr Baby schreit – für sich an Bad oder Toilette, damit diese körperlichen Bedürfnisse gut bedacht sind und Sie nicht etwa aufstehen müssen, wenn Ihr Kind gerade eingeschlafen ist und endlich Ruhe einkehrt.

▶ Das Baby, sollte es zunächst eher unruhig und zappelig sein und sich noch schwertun, die Brust zu nehmen, darf alles langsam machen. Das kann bedeuten, dass es zunächst immer wieder noch schreit, mit dem Kopf weiterhin unruhig ist und hin und her pendelt. Dennoch können Sie ihm wiederholt, mit Bedacht und Behutsamkeit und beruhigenden Worten die Brust anbieten. Sprechen Sie ruhig, Ihr Kind hört Sie. Sie könnten sagen: »Mach ruhig langsam, du kannst auch erst noch weinen; lass dir Zeit.« Ihr Baby hört und versteht Sie. Nehmen Sie den Kopf des Babys in Ihre Hand und geben Sie ihm durch die Hand behutsam Orientierung, indem Sie dem Kind immer wieder ganz vorsichtig helfen, in die Nähe der Brustwarze zu kommen. Langsam, Zeit lassen, ein, zwei Minuten, erst noch warten. Ihr nächster Satz könnte sein: »Versuch es noch mal – vielleicht hilft dir die Brust jetzt.« Wenn ein Baby spürt, dass wir es nicht drängen, auch sein Bedürfnis respektieren, durch Schreien etwas loszuwerden und ihm dennoch behutsam die Hilfe des Saugens anbieten – dann ist es häufig so, dass es die Brust langsam, in seinem Tempo schlussendlich nimmt und erlebt, dass es die Augen endlich zumachen und sich tief entspannen kann. Sehr hilfreich ist immer, wenn Sie als Mutter beim Stillen die Hand Ihres Kindes in Ihre Hand nehmen, denn Handhalten sorgt für starken Kontakt zum Kind; Sie können spüren, dass das Kind seinerseits den Kontakt zu Ihnen als Mutter über seine Hand »sucht«, Ihre Hand auf keinen Fall wieder loslässt. Dieses An-der-Hand-Halten gibt basalen Halt, dazu Orientierung. Fassen Sie Ihr Kind richtig »habhaft« an der Hand, dass es Sie deutlich spürt. Es ist entlastend zu spüren, wie Ihr Baby durch seine Hände antwortet und Sie ebenfalls halten will (siehe Abbildung 1 im Anhang).

▶ Wenn Sie als Vater da sind, ist es meist zusätzlich wohltuend, wenn Sie nah bei Ihrer Partnerin und Ihrem Kind sitzen oder liegen. Wenn Sie beide es genießen können, nehmen Sie Ihre Partnerin ruhig liebevoll in die Arme. Holen Sie sich beide bzw. alle drei schlicht Entspannung durch Nähe und bequemstes Sitzen oder Liegen. Und: Fragen Sie Ihre Partnerin, was sie sich wünscht, was Sie ihr Gutes tun könnten – das hilft ihr sehr beim Loslassen aller Anspannung. Sie nähren dadurch Ihre Partnerin, die wiederum Ihr gemeinsames Baby nährt.

▶ Wenn der Moment da ist, in dem das Kind sich an der Brust beruhigt, decken Sie es zu – in den kühlen und mäßig warmen Monaten mit einer leichten Wolldecke,[34] in den heißen Monaten mit einer Baumwolldecke. Immer gilt: Wenn wir Menschen anfangen zu entspannen und müde werden, dann senkt sich die Körpertemperatur und wir frieren leicht.[35] Wenn wir das Kind, auch seinen Kopf, etwas zudecken, fühlt es sich warm und – wie unter einem kleinen Zeltdach – geschützt.

▶ Dünne Wolle, soweit Eltern und Kind sie gut vertragen, kann nicht überhitzen; sie ist ein ausgleichendes Naturmaterial, das Wärme und Kälte harmonisch reguliert. Selbst in der Wüste tragen Menschen oft Wollstoffe.

▶ Wenn Mutter und Kind auf die beschriebene Weise zur Ruhe finden und das Kind unter einer Decke (das Gesicht bleibt frei) geschützt daliegt, dann wirkt es, als ob Sie beide ein Stück »Schwangerschaft außerhalb des Bauches« nachholen. Gerade wenn es während der Schwangerschaft oder Geburt große Zeiten der Unruhe gab, dann wirkt die beschriebene Methode wie eine körperlich-intuitive Möglichkeit für Sie beide (oder Sie drei), die damals erlebte Unruhe ausheilen zu lassen. Manchmal wirkt es so, als stelle das Baby über die Brustwarze in seinem Mund noch einmal die starke Verbindung zu seiner Mutter her, die früher über die Nabelschnur bestand, die aber unter Umständen zu früh oder zu abrupt getrennt wurde.

▶ Wenn das Baby auf die beschriebene Weise genug Ruhe tankt, dann lässt es schließlich meistens von selbst die Brust los, liegt sehr zufrieden da und schläft; sein Körper ist weich und macht sich rund; seine Haut wird rosig; die Gesichtszüge werden weich und deutlich entspannt, die Babybacken werden sichtlich runder; die Hände und Füße des Kindes sind dann immer warm geworden!

▶ Verzichten Sie in dieser Ruhe getrost darauf, das Baby hoch zu nehmen, um es aufstoßen zu lassen. Tiefenentspannung und Schlaf »entsorgen« jetzt ganz nebenbei alle eventuelle Luft im Bauch weitaus besser als jegliches Hochnehmen. Das Aufstoßen würde Ihr Kind wieder wecken, Sie beide neu anstrengen und aus der Tiefenentspannung reißen.

▶ Wenn es Ihnen und Ihrem Kind guttut, können Sie auch nach kurzer Zeit Ihr Baby wieder stillen. Sie dürfen ausdrücklich nach Bedarf stillen – also so oft es Ihrem Baby und auch Ihnen guttut, bei Hunger sowieso, aber gerade auch, wenn es ein zügiger Weg in Ihre tiefe, gemeinsame Ruhe ist. Wichtig ist lediglich, dass das Baby immer wieder stark und kräftig an der Brust trinkt. Aber so lange das Kind zwischendurch kräftiges Trinken zeigt, stillen Sie – so oft Sie und Ihr Kind es mögen!

▶ Wenn das Stillen zur Beruhigung und Stabilisierung in der beschriebenen Weise vom Baby nicht angenommen wird, dann kann es sein, dass Stillen für dieses Kind in diesem Moment nicht geht. Manche Kinder möchten anders zur Ruhe kommen, manche müssen erst noch alle Anstrengung durch ihr Schreien, Weinen loswerden, manche beruhigen sich jetzt, in diesem Moment, nicht durch die Nähe zu ihrer Mutter. Das Stillen kann ein sehr hilfreicher Weg des Tiefenkontakts zwischen Mutter und Kind sein, aber es kann auch sein, dass ein Baby andere Wege geht, um in seine Ruhe zu finden. Ebenfalls kann es sein, dass das Stillen für die Mutter nicht beruhigend ist. Manchmal ist es besser, ein Baby nur zu halten und ruhig zu tragen (hierzu im Kapitel Schlafen mehr). Ja, Menschen sind verschieden. Gutes Gespür und der Dialog zwischen Mutter, Vater und Kind führen letztlich sicher zu mehr Ruhe.

▶ Es ist natürlich auch möglich, die beschriebene Nähe und Bezogenheit zwischen Mutter und Kind mit der Baby-Flasche zu stärken, es muss keinesfalls ausschließlich das Stillen sein. Guter Körperkontakt zueinander und Ihre besagte Körperentspannung helfen auch, wenn Sie Ihrem Kind die Flasche geben.

▶ Wenn Ihr Baby im Moment auf keinen Fall Milch möchte, kann Ihre gemeinsame Nähe und Wohligkeit für das Baby auch durch das Saugen an einem Schnuller unterstützt werden (siehe Kapitel Schnuller).

▶ Wenn Mutter und Kind zur Ruhe kommen, fließen bei vielen Müttern (manchmal auch Vätern) die Tränen. Lassen Sie sie getrost laufen – Weinen kann richtig guttun, Tränen »schwemmen« Schwieriges aus uns Menschen heraus und helfen beim Verheilen von Wunden aller Art. Lassen Sie also die Tränen fließen, es hilft.

▶ Wenn Sie spüren, dass Gefühle und Gedanken in Ihnen hochkommen, die Sie nicht gerne alleine aushalten, dann überlegen Sie, wer Ihnen aus der Familie oder aus dem Freundeskreis guttut, also emotional hilfreich wäre, und holen Sie sich diese Menschen an Ihre Seite, natürlich auch den Vater Ihres Kindes. Lehnen Sie sich bei jemandem an. Oder aber Sie holen sich Hilfe bei Fachleuten, vielleicht der Hebamme Ihres Vertrauens, oder Sie gehen zur Beratung.[36] Es kann hilfreich sein, eventuell schwierige Erfahrungen, die Sie als Mutter (als Eltern) haben und die sich bei mehr Ruhe melden, wie auch ein zu hohes Maß an Anforderungen, mit Unterstützung eines guten Umfeldes loszuwerden.

Keine Sorge, alles wird oft schneller besser, als Sie dachten, wenn Sie Unterstützung bekommen.

SCHNULLER – JA ODER NEIN?

DA GERADE DEN UNRUHIGEREN BABYS DAS SAUGEN HILFT, ist es zu anstrengend, die Frage nach dem Schnuller prinzipiell zu verhandeln. Stillexpertinnen empfehlen bestimmte kirschkernrunde Schnuller, um Irritationen beim Saugen vorzubeugen. Wenn das Stillen gut klappt, braucht man oft keinen Schnuller und manche Babys nehmen ihn nie als Ersatz für die Brust ihrer Mutter.

Vielen Babys hilft aber beides – die Brust und der Schnuller. Wenn Babys ein hohes Saugbedürfnis haben und Sie als Mutter einfach nicht so oft stillen wollen, dann ist es entlastend zu versuchen, ob Ihr Baby nicht doch den Schnuller zwischendurch akzeptiert.

Wichtig ist dabei, den Schnuller nicht im Mund festzuhalten, denn beim Schnuller-Geben kann man deutlich sehen, wie Babys mitbestimmen wollen, was mit ihnen gemacht wird. Wenn Sie den Schnuller ohne »Mitbestimmung« in den kleinen Mund stecken und dort festhalten, können Sie sehen, wie Ihr Baby sich wehrt. Babys mögen einen Schnuller eher, wenn sie ihn selbst nehmen. Dazu hilft, den Schnuller behutsam anzubieten, ihn an die Unterlippe des Kindes zu halten und zu warten, bis das Kind ihn einsaugt. Man kann zum Baby sagen: »Probier mal, vielleicht hilft er dir zwischendurch.« Auch hier gilt: Ihr Baby versteht Sie. Wenn das Baby mitbestimmt, hat es nicht das Gefühl – um es hart auszudrücken –, dass ihm der Mund gestopft wird; im für das Kind richtigen Moment kann es den Schnuller dann als Hilfe akzeptieren. Manche Babys mögen ihn trotzdem nicht. Kinder lassen sich von Anfang an nicht zu allem überreden. Respekt!

Den Schnuller wieder los zu werden, ist ein späteres Thema. Wenn die psychische Reife da ist, kann Ihr Kind ganz leicht, manchmal mit etwas Hilfe, auf den Schnuller wieder verzichten. (Mehr dazu im Kapitel »Kinder zwischen vier und sechs Jahren«.)

Wenn Ihr Kind es bevorzugt, an seinen Händen und vielleicht schon bald am Daumen zu saugen, lassen Sie es ruhig machen. Die eigenen Hände zu entdecken und einzusetzen, ist ein gutes Gefühl für ein Kind. Wenn Ihr Baby es mag, sind seine Hände der bessere Ersatz für Ihre Brust als der leblose Schnuller. Hände sind lebendig, eben »echt«. Besser schmecken sie außerdem. Und ganz praktisch: Die Hände findet Ihr Kind immer selbst, den Schnuller kann es verlieren; ein Aspekt, der für das Baby immer wichtig ist – und für Sie als Eltern, nachts, wenn Sie froh sind, dass Ihr Kind sich selbst helfen kann.

Auch das Saugen an Händen bzw. Daumen geben Kinder wieder auf, wenn sie die psychische Reife haben, meist irgendwann gegen Ende der Kleinkindzeit, manchmal später, wenn sie »groß und stark« sind, so dass kein Trost durch Saugen mehr nötig ist.[37]

Also keine Angst, keine Sorge: Jetzt ist Ihr Kind ein Säugling und es hat das Bedürfnis, viel zu saugen.

GUT GETRAGEN – ABER WIE UND WANN?

FÜR BABYS, DIE VIEL NÄHE UND KÖRPERKONTAKT MÖCHTEN, ist es wichtig, dass die Eltern (oder andere versorgende Personen) sie möglichst anhaltend tragen können.

Dabei helfen Tragesysteme, so dass Sie als Eltern ohne zu große Körperbelastung lange Zeit Ihr Baby am Körper halten können.

Keine Sorge – Sie verwöhnen Ihr kleines Kind auf diese Weise keinesfalls. Sehr viele Babys wollen viel Nähe. Durch das Tragen sorgen Sie dafür, dass das Grundvertrauen Ihres Kindes gestärkt wird und sein seelisches Fundament keine »Risse« bekommt. Keine Angst: Kein Kind will auf Dauer auf dem elterlichen Arm bleiben. Aber zunächst tut das Getragen-Werden Ihrem Baby ohne Wenn und Aber gut. In den ersten Wochen machen Sie damit alles richtig.

Da das Phänomen, dass Babys sehr viel weinen und schreien, ausschließlich in den hochindustrialisierten Ländern zu beobachten ist, hilft es, auf die Gepflogenheiten in Ländern bzw. Kontinenten zu schauen, in denen Babys von Anfang an tagsüber und nachts ruhig und zufrieden sind und man kaum je Babys weinen hört.

Am besten wäre es, wenn wir kleine Babys so tragen könnten wie die Afrikaner oder Menschen anderer Länder, in denen das Tragen von Babys nie abgeschafft wurde: Das Baby ist dort auf den Rücken der Mutter gebunden, ist bei allem dabei, hat Nähe und Geborgenheit, ist durch das Rücken-Tragen aber nicht ständig im Mittelpunkt allen Geschehens; es kann im Beisein seiner Mutter für sich sein, schaltet ab und hat neben dauernder Geborgenheit seine Ruhe. Die erwachsene Person hat ihre Aufmerksamkeit weniger beim Kind, eher bei ihren sonstigen Aufgaben. So kommen beide Seiten – neben viel Kontakt – zu sich und zu Eigenem: der Erwachsene zu erwachsenen Aufgaben, das Kind neben Neugierde zum Tagträumen und Schlafen.

Wir in Europa tragen erst seit kurzem unsere Babys wieder und sind vor allem daran gewöhnt, sie vorne zu tragen. Doch auch hier geht es darum, dass das Kind Nähe und Körperkontakt hat, dabei aber ebenfalls für sich sein und abschalten kann. Wichtig ist, dass Mutter oder Vater (oder wer es sonst trägt) die Aufmerksamkeit nicht dauernd beim Kind haben, sondern auch zu eigenen Aufgaben und damit in ihre Welt gehen können. Die elterliche Aufmerksamkeit und Sorge vom Kind abzuwenden, hilft beiden, zur Ruhe zu kommen.

Mit oder ohne Tragesystem

Um gut tragen zu können, ist es hilfreich, sich ein hochwertiges Tragesystem zu besorgen, das einfach anzulegen ist, das die Körperanspannung der Eltern entlastet und in dem das Kind orthopädisch gesehen richtig »sitzt«. Man kann mit guter Tragehilfe nicht nur draußen alle Wege gehen, sondern drinnen auch alle Arbeiten erledigen.[38]

Wenn Sie Ihr Baby zwischendurch ohne Tragesystem zur Ruhe bringen möchten, machen Sie es wie folgt:

Halten Sie das Kind so auf dem Arm (siehe Abbildung 2 im Anhang), dass es sich fest gehalten fühlt und über die Hände (wieder gegenseitiges Händehalten mit dem Kind) und am Bauch Kontakt zu Ihnen fühlt. Bauch zu Bauch – das ermöglicht gegenseitiges Spüren und deutlichen Halt. Helfen Sie Ihrem Kind, dass es sich eher rund macht und nicht in die Überstreckung geht; manchmal hilft es, auch die Füße des Babys zu halten. Gut, wenn das Baby nicht über der Schulter, sondern an der Schulter getragen wird, so dass es seinen Kopf an Ihrer Schulter ablegen kann und sein Blick begrenzt ist. Sehr wache Babys schalten eher ab, wenn ihr Blick keine neuen Eindrücke mehr bekommt.

Wiegen statt Schaukeln

Vermeiden Sie generell bei allem Tragen, stark zu schuckeln und zu schaukeln, denn obwohl es zunächst zu helfen scheint, schafft alles stärkere Schaukeln keine echte, tiefe Ruhe. Wenn Sie Bewegung möchten, dann wiegen Sie lediglich ganz sanft. Starkes Schaukeln setzt starke Reize und hält Ihr Kind in den tieferen Schichten doch in Anspannung. Diese Art der Bewegung ist auch für Sie als Eltern körperlich langfristig zu anstrengend; sie führt durch Anstrengung wieder zu Anspannung, für Sie beide.

Es ist Ihre eigene Ruhe, die Ihr Baby beruhigt. Es »fällt« gewissermaßen auf Ihren Körper und wird still.

Wenn manche Menschen in Ihrem Umkreis sagen, man dürfe dieses Tragen gar nicht anfangen, sonst würde es das Baby ewig wollen und man bekomme es nicht wieder los, hören Sie nicht hin. Wir stehen in einer Tradition, in der Babys früh abgehärtet wurden.[39] Heute wissen wir aber eindeutig: Viel getragen und berührt zu werden hilft, dass das psychische Fundament eines Menschen stabil wird bzw. bestehende Ängste, sozusagen »Risse« in diesem Fundament, sich schließen und gut verheilen.[40] Die fundamentale Erfahrung, getragen worden zu sein, nährt und stärkt folgendes lebenslanges Gefühl im Kind, das sich auf alles überträgt: »Das Leben trägt mich – auch in schwierigen Momenten.« Eltern, die viel tragen, berichten, dass mit der Zeit ihre Babys im Vergleich zu anderen Kindern die ruhigeren sind. Getragene Kinder weinen langfristig weniger, sind gut im Lot und liegen schließlich gerne und zufrieden da. Sie tragen dauerhaft Sicherheit in sich.

Eins steht fest: Tragen bleibt kein Dauerzustand. Die kindliche Fähigkeit, ohne ständigen Körperkontakt und in kleinen

Zeiteinheiten für sich zu sein, kommt, wenn die körperliche und psychische Kraft beim Baby da ist.

MANCHE KINDER MÖGEN IHN GERNE, andere akzeptieren ihn gar nicht. So hübsch die Modelle sind – aus Babysicht ist ein Kinderwagen nur ein Hilfsmittel, mehr nicht. Er hilft, wenn wir Mitteleuropäer das Baby nicht mehr tragen können oder den Kinderwagen als Einschlafhilfe und Entlastung bei schönen Spaziergängen einsetzen wollen. Geben Sie kein Vermögen für ihn aus – dafür ist er zu kurz, bei manchen Babys zu Anfang auch gar nicht, im Einsatz. Manche Kinder weigern sich, in ihm zu liegen. Daran können Sie nichts ändern. Wenn Sie einen Wagen anschaffen, gibt es für seine Alltagstauglichkeit einige Aspekte, die Ruhe und auch Leichtigkeit beim Fahren fördern:

▶ Wählen Sie einen Wagen, in dem Ihr Baby (später Ihr Kleinkind) mit dem Blick zu Ihnen liegt bzw. sitzt. Häufig sind gerade die unruhigeren Kinder von zu vielen Eindrücken, auch Lärm, Verkehr etc. überfordert. Der Kinderwagen, in dem das Kind eine Person als Gegenüber hat, ist die bessere Wahl. Der/die Fahrende ist für das Kind automatisch ein vertrauter »Fixpunkt« im Trubel des Geschehens. Mama und Papa zu sehen, lässt beim Gehen manches Erzählen, später auch Zeigen zu und wirkt beruhigend, wenn alles drum herum zu viel wird.

▶ Um ihn auf allen Arten von Wegen leicht einsetzen zu können, ist es besser, einen Wagen mit großen, schmalen Rädern zu wählen.

Damit kommen Sie bestens über unebenen Untergrund – Sie können auf jedem Feldweg mühelos spazieren gehen. Die Natur hat magisch beruhigende Wirkung auf Menschen, von Anfang an, auf alle. Zusätzlich kommen Sie bei schmalen Rädern um enge Kurven; hilfreich, wenn Sie in Gebäuden, engen Zimmern, auf schmalen Fluren oder in öffentlichen Verkehrsmitteln unterwegs sind. Oft sieht man Eltern mit ihren recht unpraktischen Kinderwagen kämpfen, daher hier diese Hinweise. Ihr Geld können Sie für anderes besser gebrauchen (schöne Abende als Paar?), wählen Sie klug.

PUCKEN – WENN JA, WIE?

PUCKEN, DAS SEHR FESTE EINBINDEN DES BABYS in entsprechende Bandagen oder eine geeignete Decke, wird viel empfohlen. Die Hände des Kindes werden dabei an seinen Körperseiten entlang mit eingebunden. Es ist eine traditionelle Art, ein Baby einzupacken. Manche Eltern machen damit gute Erfahrungen und schildern, ihr Baby komme mit Pucken endlich zu Ruhe und Schlaf.

Einleuchtend dabei ist, dass Pucken ein Baby begrenzt und das Baby diese Begrenzung mag, weil sie beruhigt. Weniger einleuchtend ist, dass das Baby seine Hände auf diese Weise nicht in die Mitte und zum Mund nehmen kann. Eigene Möglichkeiten, sich zu beruhigen, kann es so nicht leben. Das traditionelle Pucken hat also nur begrenzt Vorteile. Besser, einem Baby Halt zu geben, indem man es fest in eine Decke einpackt, ihm dabei aber seine Hände frei lässt, so dass es sie in die Mitte und zum Mund nehmen kann. Auf diese Weise respektiert man das Saugbedürfnis des Babys und seine Möglichkeit, sich selbst zu helfen.

Bei allem Eintreten für starken Halt bei kleinen Kindern: Sie werden es spüren, wie wichtig es ist, dass das Gehaltenwerden für Kinder gleichzeitig etwas Dialogisches behält. Wenn Halten und Begrenzung zu einer Art »Maßnahme« werden, bekommen sie etwas Starres, Stures – auch später noch. Kinder erleben Halt dann als hilfreich, wenn sie sich darin irgendwie »zurechtruckeln«, also sich beteiligen können; man könnte sagen, wenn eine Art Dialog des freundlichen gemeinsamen Suchens nach Halt und Ruhe entstehen kann.

GUT ANGEZOGEN – DIE PASSENDE KLEIDUNG FÜR IHR BABY

JEDER, DER KLEINE BABYS IN DEN ERSTEN WOCHEN VERSORGT, weiß, dass sie eigentlich immer weinen, oft auch ziemlich heftig, wenn sie an- und ausgezogen werden. Alle Ruhe ist dahin.

In unserer Kultur ist Babykleidung oft eine Miniatur-Ausgabe von Erwachsenen-Kleidung. Das sieht hübsch und niedlich aus, für das An- und Ausziehen der noch sehr kleinen Kinder bedeutet es leider oft eher Anstrengung, vielleicht auch Schmerzen. Was könnten Sie also beim Anziehen Ihres Babys in den ersten Wochen beachten?

Als ich vor fast dreißig Jahren in der Beratung von Schwangeren und Müttern anfing, begegneten sie einem noch: Frauen aus den südlichen Ländern Europas, die ihre ganz jungen Babys, gut in eine Decke eingepackt, auf dem Arm trugen; irgendwo angekommen, wurde das Kind zunächst nicht ausgepackt – sondern durfte ein »Bündel« bleiben und wurde so auch weiter von A nach B getragen. Die Babys schliefen immer fest und bekamen nicht so genau mit, was um sie herum passierte. Sie waren in ihrem »Reich« gut geschützt; so hatten sie ihre Ruhe.

Inzwischen werden Eltern angehalten, Babys nicht zu warm anzuziehen. Wenn heute Eltern, egal welcher Herkunft, irgendwo ankommen, dann liegt das Kind im Auto-Kindersitz und alle Eltern bemühen sich schnell, das Baby aus der Kleidung zu schälen, die Arme aus den Jacken, die Mütze vom Kopf, oft muss auch etwas über den Kopf gezogen werden. Das Baby fängt an, zu quengeln oder zu weinen. Wie könnte es anders gehen?

Noch vor etwa vierzig bis fünfzig Jahren war unsere Neugeborenen-Kleidung so gemacht, dass ein Anziehen über den Kopf des Babys vermieden wurde. Alles konnte man von unten oder seitlich anziehen; Babykleidung, ob aus Baumwolle oder Wolle, war aus Strickstoff (oder selbst gestrickt), so dass sie sich gut dehnen ließ. Das Baby musste sich weniger der Kleidung anpassen, die Kleidung passte sich vielmehr dem Kind an. Neugeborenen zog man keine Hosen an, sie wurden in Molltücher gewickelt. Man kam auch in Mitteleuropa mit dieser Art Säuglingskleidung weitgehend der Empfindlichkeit des Kopfes und der ja wörtlichen Dünnhäutigkeit des neugeborenen Kindes entgegen, das An- und Ausziehen passte man mehr als heute dem kindlichen Schmerz- und Körperempfinden an. Man »wickelte« kleine Babys mehr ein, als dass man sie anzog.

Babys lieben es in den ersten Wochen, wenn man sie mit dem An- und Ausziehen schlicht in Ruhe lässt; wenn man sie einwickelt (es gibt gute Decken oder »Schlafsäckchen« für den Auto-Kindersitz), man ihnen möglichst wenig über den Kopf anzieht und man sie generell nicht zu oft aus- und umpackt. Auf mich wirkt es, als bevorzugten sie es, in einer Art »Kokon« zu leben. So lange Sie die Haut- und Körperpflege ausreichend im Blick haben, können Sie Ihrem Baby getrost diese Ruhe gönnen.

Hier einige Hinweise, welche Babykleidung die Ruhe stärkt:

▶ Besorgen Sie für die ersten Wochen besser Kleidung, die nicht über den Kopf gezogen werden muss. Der empfindliche Kopf des neugeborenen Kindes dankt Ihnen diesen Respekt. Nehmen Sie natürlich ein Mützchen, es ist Schutz vor Hitze oder Kälte für den empfindlichen Kopf; am besten eines, das weich und sehr dehnbar ist, damit man es eher auf den Kopf »heben« kann.[41]

▶ Bevorzugen Sie am besten generell weiche Kleidung, die sich beim An- und Ausziehen sehr gut dehnen lässt.

▶ Wenn Sie Ihr Baby in Naturmaterialien oder Kleidung mit ganz geringem Synthetik-Anteil kleiden, reguliert die Kleidung automatisch gewisse Unterschiede in Wärme und Kälte der Temperaturen, draußen wie drinnen. Dann kann es Ihrem Baby nicht zu heiß werden, ohne Synthetik schwitzt es weniger unangenehm. Direkt auf der Haut sind Sachen aus Baumwolle angenehm, darüber ist eine weitere Schicht aus dünner Wolle perfekt, außer in den heißen Monaten. Sie als Eltern bekommen heute gesagt, es sei normal, dass Babys kalte Hände und/ oder Füße haben. Dem widerspreche ich energisch: Ein Baby, das sich wirklich wohl fühlt, hat keine kalten Hände oder Füße – ich habe es kein einziges Mal anders erlebt. Beides ist auch bei Säuglingen entweder Ausdruck von Stress und Anspannung oder dafür, dass ein Kind zu kühl angezogen oder zu kühl zugedeckt ist; manchmal ist es beides.

Wohlige Anziehsachen, dazu viel im »Kokon« bleiben zu dürfen – beides entlastet die noch kleinen Babys.

Übrigens: Noch lange lieben Kinder Ruhe in Sachen Anziehen. Wir Erwachsenen kennen es ja auch, dass wir angenehme Kleidungsstücke am liebsten gar nicht ausziehen möchten, weil auch sie uns Ruhe bringen.

SPIEL UND SPASS – WAS KLEINE BABYS GENIESSEN

KLEINE BABYS SIND IN IHREN WACHEN ZEITEN vor allem an ihren Mitmenschen, an Spiel und Späßen mit Mimik und gegenseitigem Anschauen interessiert.

Genießen Sie es ausgiebig, gönnen Sie sich Witz und Späße, haben Sie in den wachen Momenten einfach Freude am »Erzählen« mit Ihrem Baby. Gemeinsam wird Ihnen ständig etwas Neues einfallen. Wenn das Baby den Kopf wegdreht, ist das seine Art, Ihnen zu zeigen, dass es eine Pause braucht.

Apropos Pause: Wenn es einen Garten gibt und das Wetter es zulässt, lieben auch Babys die Natur und z. B. einen Platz unterm Baum, an dem die Blätter sich bewegen. Auch im Haus beobachten Babys gerne Dinge, die sich bewegen, wie z. B. ein Mobile.

Lassen Sie diese Gegenstände jedoch nicht zu nah vor dem Auge des Kindes baumeln. Auch wenn es hübsch aussieht, hängen Sie wirklich nichts an den Bügel des Auto-Kindersitzes über den Kopf des Kindes – der Abstand zum Auge ist zu kurz. Etwas, das sich nah am Auge befindet, strengt Menschen an, auch Babys. Unsere Augen brauchen Weite, um das Beobachten genießen zu können.

Zwiegespräche machen großes Vergnügen. Reden Sie mit Wiederholungen und der typischen intuitiven Sprachmelodie, Ihr Baby liebt es. Schon nach kleinen Einheiten des aktiven Babbelns und gemeinsamen Erzählens (etwa eine Viertelstunde, manchmal auch weniger) hat Ihr Kind in den ersten Wochen genug. Wahrscheinlich wird sein baldiges Quengeln oder plötzliches Schreien zeigen, dass es gerade müde wird und sich danach sehnt, abzuschalten.

Manche Kinder zeigen ihre Müdigkeit weniger deutlich, übergehen sie, blicken neugierig, winden sich körperlich. Es wirkt, als überdrehten sie bei Anzeichen von Müdigkeit ihre Feder des Wachseins. Ihnen hilft der Blick in die Weite verbunden mit Tagträumen, um danach besser in den Schlaf zu finden.

SCHLAFEN — WIE FINDET EIN KLEINES BABY IN DIESEN WOHLTUENDEN ZUSTAND?

ZU ANFANG einige allgemeine Anmerkungen:

▶ Beim Einschlafen fallen Menschen in einen Zustand des Alleinseins. Man verliert sein Bewusstsein und ist für sich. Genau das finden viele Kinder unerträglich — ein wesentlicher Grund, warum es ihnen schwerfällt, den Schlaf kommen zu lassen und sie Schlaf regelrecht meiden. Manche Vorerfahrungen wirken sich für manche Babys erschwerend aus: wenn sie tatsächlich erlebt haben, dass sie plötzlich allein waren, z. B. wenn sie unmittelbar nach der Geburt plötzlich ganz woanders, von ihrer Mutter getrennt waren; wenn sie ohne ihren eigenen Impuls (der Impuls zur »normalen« Geburt wird vom Kind ausgelöst) in ihrer Ruhe und ihrem schlafähnlichen Zustand im

Bauch ihrer Mutter durch die Einleitung der Geburt gestört wurden; wenn sie durch einen Primären Kaiserschnitt (d. h. ohne Wehen) aus ihrem Zustand der Geborgenheit sehr plötzlich herausgeholt wurden. Auch hier gilt, dass viele Kinder robust sind, und somit hinterlassen solche Vorerfahrungen nicht bei allen Kindern Spuren, aber manche Kinder behalten eine Art »Hab-Acht-Stellung«; sie vermeiden Schlaf nicht zuletzt aus Angst, ganz plötzlich könnten sie so etwas wieder erleben. Erfahrungen prägen sich individuell unterschiedlich stark ins Gedächtnis des Körpers ein.[42]

▶ Wenn man Zeuge ist, wie heftig ein Baby sich gegen Schlaf wehren kann, wirkt es, als fürchte ein Kind den Schlaf wie eine Art »Dschungel«, einen dunklen, dichten Wald, in den es nicht hineingeraten will. Dennoch müssen kleine Babys sich in den Dschungel wagen, denn sonst geht allen, Eltern und Baby, die Kraft aus. Noch dazu braucht das Gehirn des Babys ausreichend Schlaf (auch davon wird es klug).

▶·Alle Menschen sollten Übermüdung vermeiden.[43] Babys sind in den ersten Monaten nach einer, höchstens zwei Stunden Wachsein wieder müde und müssen zügig schlafen. Viele Babys sind quengelig, weil sie zu wenig schlafen. Müdigkeit tut weh. Ihrem Quengeln, Jammern, Schreien, Sich-Winden und Zappeln nach zu urteilen kann man es sich so vorstellen: Wenn Babys nur eine halbe Stunde zu lang (manchmal auch noch weniger) wach sind, sind sie so gerädert wie wir Erwachsene, wenn wir etwa 48 Stunden nicht geschlafen haben.

▶ Sobald ein Baby typische Müdigkeitsanzeichen zeigt, es sich am Kopf, an den Ohren oder den Augen reibt, sich körperlich windet und überstreckt, braucht es Schlaf. Um beim Zusammenleben mit einem Baby auf Müdigkeit schnell zu reagieren, ist es hilfreich, den Tag so zu gestalten, dass das Kind ohne Verzögerung Hilfe beim Einschlafen bekommt.

▶ Einschlafen einerseits und Stress und Anstrengung andererseits kann man als Gegenspieler bezeichnen. Wer unter Stress und Anspannung steht, schläft schlecht und schon gar nicht erst ein. Wir »fallen in den Schlaf«, werden von ihm »übermannt« – in diesen Worten drückt sich aus, dass Schlaf ein passiver Zustand ist, der über uns kommt, dem wir uns überlassen müssen, den man nicht erzwingen kann. Das heißt: Wenn Kinder angespannt sind oder wenn wir Erwachsenen mit Anspannung und Stress ein Kind partout zum Schlafen bringen wollen, ist das ein widersprüchlicher Zustand. Um sich dem Schlaf überlassen zu können, ist zuallererst wichtig, dass statt Anstrengung und Anspannung Wohligkeit und Entspannung sich ausbreiten. Manchmal ist das leichter gesagt als getan ...

IHRE EIGENE RUHE IST DAS FUNDAMENT

MIT KLEINEN BABYS IST DAS STILLEN oft der gute, einfache Weg; wenn Stillen derzeit nicht der hilfreiche Weg ist, dann gehen Sie mit Ihrem Baby im Arm etwas umher. Dabei wäre es gut, wenn Sie selbst in Ihre Tagträume finden, sich als Eltern ganz ruhig auf den Weg machen, um das Schlupfloch zu finden, das in den Dschungel des Schlafs führt. Sie gehen quasi voraus, ins kleine »Gebüsch« des Tagträumens, das dem Dschungel vorgelagert ist.

Gut ist, sich daran zu erinnern, was Ihnen während der Geburt half: Eine Hebamme, eine Ärztin/ein Arzt wird dann als unterstützend erlebt, wenn sie/er ruhig bleibt. Gerade wenn Frauen bei den Wehen vor Schmerz schreien müssen, wäre es für sie fatal, wenn Hebammen und Ärzte deshalb nervöse Betriebsamkeit zeigten. Eine Frau in Wehen erlebt sie dann als unterstützend, wenn sie beruhigend, tröstend, haltend bei ihr sind.

Jetzt ist es das Baby, das schreit. Auch aus Schmerzerleben, entweder, weil sein Bauch weh tut oder weil seine ganze Anspannung und Müdigkeit ihm weh tun. In gewisser Weise hat jetzt Ihr Kind Müdigkeits-Wehen und braucht Sie als Mutter, als Vater wie eine Art Schlaf-Hebamme, die tröstend, haltend durch den Müdigkeitsschmerz in den Schlaf begleitet, mit ruhigem, körperlichem Halt (siehe Abbildung 2 im Anhang).

Gehen Sie schläfrig auf und ab, ganz meditativ, also so ruhig, dass Sie selbst dabei fast einschlafen. Gehen Sie entweder gleich nach draußen in die Natur, denn sie hat auf Menschen beruhigende Wirkung;[44] oder wandern Sie in Ihren Gedanken über Wege und in Landschaften, die Sie beruhigen, z. B. Ihren Lieblingsstrand entlang oder über Waldwege. Oder Sie begeben sich in der Fantasie in einen Raum, dessen Atmosphäre Sie beruhigt, den Sie entweder real kennen oder den Sie sich vorstellen und sich in angenehm beruhigender Atmosphäre einrichten.[45] Ihr Wohlgefühl, Ihre eigene Ruhe und Ihr meditatives Gehen helfen dabei, dass Spannung von Ihnen abfällt und Ihr Baby seine Anspannung aufgibt und sich schließlich auf Ihnen »fallen lässt« – in den Schlaf.

Auch wenn das Baby sich zunächst noch wehrt, bleiben Sie dabei, dass es zuallererst um Ihre Ruhe geht.

Wenn das Baby zunächst weiter schreit, wird daraus angesichts Ihrer Ruhe, Ihres Fels-in-der-Brandung-Seins bzw. Ihres »Vorausgehens« langsam eher ein Klagen, ein Jammern, manchmal kommt noch ein kleines Schluchzen, schließlich ein Seufzen – Ihr Baby schläft. Es lässt sich auf Ihrer Ruhe nieder.

Noch ein Hinweis zur Berührung: So sehr Sie Ihr Kind lieben, denken Sie daran, dass Gestreicheltwerden wachhält. Sie kennen das von sich selbst: Zum Einschlafen braucht man echte Ungestörtheit. Daher ist besser, Ihr Kind nicht zu streicheln, sondern durch ein beruhigendes, »starkes« Anfassen einen »Tiefenkontakt« über Ihre Hände herzustellen.

Langsame Schlafmelodien zu singen oder zu summen, am besten in einer tiefen Tonlage, unterstützt ebenfalls die Schläfrigkeit. Wenn wir tief singen, atmen wir in den Bauch – eine Atmung, die unwillkürlich zu unserer Selbstberuhigung beiträgt.

Manche Eltern machen Zischlaute nah am Kopf ihres Kindes. Es gibt Fachleute, die das empfehlen, es sei ein ähnliches Geräusch wie einst im Bauch. Meinem Empfinden nach hält dieses Zischen außerhalb des Bauches eher wach als dass es beruhigt. Das gute alte, tiefe, leise, langsame Summen einer Schlafmelodie überzeugt mich mehr als Einschlafhilfe.

NÄHE UND SCHLAF

VIELE BABYS BRAUCHEN IN DEN ERSTEN WOCHEN die ganze Zeit Nähe, um weiterschlafen zu können. Es gibt eine Theorie, man solle das Kind noch wach in sein Bett legen, damit es beim Weiterschlafen oder Aufwachen immer weiß, wo es sich befindet. Aber für viele Babys gilt: Viel wichtiger als äußerlich gleiche Plätze ist ihre innere

Gewissheit der gleichbleibenden Nähe zu Menschen. Ohne Wenn und Aber suchen sie nach Geborgenheit bei Menschen und sind mit der Anforderung, allein im Bett oder im Zimmer zu schlafen, offensichtlich überfordert. Die Folge: Sobald sie spüren, dass sie alleine liegen, sind sie sofort wach. Dass sie am immer gleichen Platz liegen, ist ihnen völlig egal. Ein solches Kind braucht noch Nähe zu Menschen, um tief schlafen zu können. Das wird sich im Laufe des Großwerdens ändern.

In dieser Phase ist das Beste, sich dem Baby einfach hinzugeben – ihm bei Tag und Nacht die Nähe zu bieten, die es für seine innere Sicherheit braucht, um schlafen zu können. Wenn Sie das Gefühl haben, dass es um viel Nähe geht, glauben Sie Ihrem Baby und lassen sich nicht beirren durch irgendwelche Theorien. Wenn Sie etwas arbeiten wollen, nehmen Sie das Kind in die Tragehilfe. Wenn Ihre Zeit es zulässt, setzen Sie sich mit Kind auf dem Arm an einen für Sie beruhigenden, angenehmen Ort und denken Sie an Gemütlichkeit und leckere Dinge für sich selbst. So haben Sie Pause, das Kind hat Ihren Schoß und schläft tief.

Sie können sich auch gleich mit dem Kind hinlegen. Letzteres ist – solange Sie keine weiteren Kinder versorgen müssen – doch »naheliegend«, denn dadurch verringern Sie Ihr Schlafdefizit. Seien Sie nicht irritiert: Mit dem ersten Kind kommt man in den ersten Wochen zu nichts. Sie teilen dieses Schicksal mit anderen frischgebackenen Müttern und Vätern. Zweifeln Sie nicht an sich, sondern eher an unserer Lebensart, die Eltern von Neugeborenen wenig unterstützt.

Ein weiterer oft gehörter, falscher Ratschlag lautet: Ihr kleines Baby solle nicht beim Stillen einschlafen! Das ist schlicht absurd, denn es ist körperlich logisch, dass das Baby durch das anstrengende Saugen an Mamas Brust müde wird und, ja, natürlich einschläft. Die Zeit, in der ein Kind andere Wege des Einschlafens lernen kann, kommt später, und zwar dann, wenn die Brust nicht mehr so beruhigend wirkt. Keine Angst, das dauert gar nicht sehr lange.

Das noch kleine Baby braucht anderen Beistand als das größere Kind. Ein größeres Kind hat zunehmend mehr »Babyspeck«, nicht nur auf den Knochen, sondern auch auf seiner kindlichen Seele, es wird mit jeder Lebenswoche auch psychisch kräftiger. Wenn die Kräfte da sind, kann manches Kind behutsam allmählich andere, neue Anforderungen meistern, auch die des Einschlafens mit geringerer Hilfe. Es ist mit den psychischen wie mit den körperlichen Kräften – sie wachsen, ganz bestimmt! Nur eben langsam.

Viel diskutiert wird die Frage, ob das Baby bei den Eltern im Bett schlafen darf oder nicht: Was die Vermeidung des Plötzlichen Kindstods betrifft, sind sich die Fachleute nicht einig. Wichtig ist, dass Sie nicht rauchen, nicht alkoholisiert sind und das Bett nicht zu eng oder zu weich ist. Dann aber trauen Sie Ihrem Gespür und treffen Sie als Eltern für sich Ihre Entscheidung. Wenn Ihnen das gemeinsame Schlafen Sorgen macht, dann entscheiden Sie sich für ein Bettchen, das direkt an Ihr Bett eingehängt wird, so dass Sie in der Nacht keinesfalls aufstehen müssen, wenn Ihr Kind Nähe und Berührung zum Weiterschlafen braucht.

Was Sie von Anfang an üben können: dass Sie alle nachts möglichst schnell wieder einschlafen, Sie also so wenig wie möglich machen und sehr pragmatisch bleiben, so dass keine Anstrengung aufkommt. Beim Wachwerden des Babys sollten nur Einschlafhilfen gegeben werden, die alle schläfrig bleiben lassen, also nur das, was Sie nicht anstrengt, so dass auch Sie sofort weiterschlafen. Dieses überträgt sich auf Ihr Kind. Nähe, etwas Saugen – und einfach wieder zur Ruhe kommen.

AM BESTEN WOHLTEMPERIERT

ALLGEMEIN WIRD EMPFOHLEN, Kinder nicht zu warm zuzudecken. Stimmt. Dass zu wenig Wärme weckt, stimmt aber auch, weil bei Müdigkeit unsere Körpertemperatur sinkt und wir frieren. Dann wachen wir auf, selbst im Sommer. Deshalb: Nicht erstickend warm, aber ausreichend warm zugedeckt zu sein, ist wichtig.

Die neueste Schlaf-Forschung gibt auch der alten Kultur der Schlafmütze Recht. Die Wissenschaft bestätigt also unsere Erinnerungen an die Bilder von Wilhelm Busch: Der Kopf liebt für seinen Tiefschlaf eine Mütze; denn Wärme am Kopf hilft, dass das Gehirn bleibend zur Ruhe kommt.[46] Wenn Ihr Kind in einem warm gefütterten Schlafsack liegt und dennoch kalte Hände hat, dann ist ein für Arme und Schultern weiches, wärmeres Jäckchen hilfreich.

GERUCH UND KUSCHELTÜCHER

MANCHE KINDER WOLLEN IHR GESICHT in etwas einkuscheln, bevorzugt in etwas, das nach ihrer Mutter riecht. Wenn Sie ein Tuch aus dünnem Stoff (dünne Baumwolle oder auch Seide) nehmen, das so leicht ist, dass es immer Luft durchlässt, könnte das ein Kompromiss sein, denn vor Tüchern an Babys Gesicht wird stetig gewarnt.

Sie können das Tuch erst am Körper tragen, ehe Sie es Ihrem Kind überlassen. Zur Sicherheit lassen Sie es nur zum Einschlafen beim Kind und nehmen es vom Gesicht weg, wenn Ihr Kind schläft. Mit manchen Babys muss man solche Kompromisse suchen, denn: Das Gesicht in etwas kuscheln zu können, auch bedeckt zu haben, ist – traut man der Beobachtung vieler Babys bei ihrer Suche nach Schlaf – ein starkes, menschliches Bedürfnis. Alternativ können Sie auch Ihre Hände (ohne Streicheln) behutsam auf das Gesicht Ihres Kindes legen und ihm so gewissermaßen »Scheuklappen« machen – die Augen fallen dann eher zu.

WENN DAS ALLES NICHT HILFT

WENN IHNEN ALS ELTERN IN DEN ERSTEN WOCHEN die hier beschriebenen Wege nicht ausreichend helfen, dann suchen Sie sich lieber früher als später Hilfe. Manchmal braucht man jemanden, der mit uns gemeinsam die möglichen Knoten löst. Ob Sie Hilfe benötigen, hängt nicht davon ab, ob die Definition »Schreibaby« auf Ihr Kind zutrifft.[47] Für Sie als Eltern wäre Unterstützung gut, wenn Sie erschöpft sind und anfangen, die Freude an Ihrem Kind, womöglich auch an Ihrer Partnerschaft zu verlieren; wenn Sie sich häufig von allem Mühen und Durchhalten aufgerieben fühlen, die Situation Sie vielleicht auch aggressiv macht. Dann suchen Sie ungeniert professionellen Rat. Es wird leichter, wenn jemand zusammen mit Ihnen herausfindet, wo die Knoten im Gewebe Schlaf sind.

Für uns alle ist es dasselbe: Wenn wir Eltern werden, werden wir dünnhäutiger, das neue Leben in einer Familie bringt neue

Anforderungen und alle gleichzeitig. Man braucht Rat, oft auch helfende Hände im Haushalt. Für beides gibt es Fachleute. Das meiste wird durch jemanden, der Sie verständnisvoll begleitet, zügig besser. Sehr oft reicht es, dass Sie durch wenige Gespräche und gutes Gespür zu Ihrer Ruhe finden, Ihre Intuition wieder spüren, Sicherheit in sich gewinnen und Ihrem Baby ebenfalls Sicherheit und Geborgenheit geben können. Dann finden Sie auch in Ihren »Tanz der Gegenseitigkeit« mit Ihrem Baby. Sie bewundern Ihr Kind, Freude und Leichtigkeit kommen zurück, der Zauber der ersten Zeit hält Einzug.

Seien Sie glücklich, stolz als Eltern, stolz auf Ihr Kind. Und zeigen Sie sich, auch bei Kollegen und Vorgesetzten; bleiben Sie dort ein Weilchen, nehmen Sie zwischendurch Kontakt zur Arbeit auf, und zwar getrost auch mit besagtem Stolz. Es könnte helfen, wenn Arbeitswelt und Kinderwelt sich gegenseitig etwas mehr begegnen; wenn Babys mehr in Erscheinung treten, werden die emsig Arbeitenden vielleicht mehr nachempfinden, dass man für ein so charmantes, kleines Kind wirklich Zeit haben möchte – als Mutter und heutzutage auch als Vater.

DAS BABY VON FÜNF BIS ACHT MONATEN

ENTWICKLUNG UND ERLEBEN DES KINDES

ZWISCHEN WUNSCH NACH NÄHE UND LUST AUF NEUGIERDE

DREI BIS VIER MONATE NACH SEINER GEBURT ist die Welt für das kleine Kind nicht mehr vollkommen neu und in seinem Erleben auch nicht mehr gänzlich grenzenlos. Es kennt sie weitaus besser als am Anfang, weiß, wie die Tage und Nächte ablaufen, hat schon erste Gewissheiten darüber, wie es versorgt wird und fällt in der Regel nicht mehr sofort und bei ganz kleinen Anlässen in überfordernde Gefühle.

So wie es körperlich an Gewicht zugenommen und den typischen Babyspeck bekommen hat, so hat auch seine Psyche ein Polster, um nicht mehr bei jeder auftretenden schwierigeren Erfahrung unmittelbar Halt und Orientierung zu verlieren. Es beginnt die Zeit, in der ein Baby bezüglich Nähe und Versorgung ab und zu kleine Momente des Wartens aushalten kann. Und: Ein Baby hat Möglichkeiten, in dieser Zeit mit seinen Händen erste Entdeckungen zu machen. Damit kommen meistens ruhigere Tage.

Manche Eltern machen dennoch die Erfahrung, dass sie mit ihrem Kind nicht zur Ruhe kommen und ihr Baby sie den gesamten Tag vollkommen beansprucht. Eltern beschreiben dann, dass ihr Baby weiterhin keinen Moment des Für-sich-Seins aushält, sie jeden Moment für es da sein müssen und sie dadurch mürbe werden.

Kinder wollen nicht allein sein, dennoch möchten sie eigene Entdeckungen machen. Kleine Kinder sind diesbezüglich besonders hin und her gerissen, weil sie noch so sehr auf Nähe und Bezogenheit angewiesen sind, gleichzeitig aber richtig neugierig auf ihre Umgebung und die Entdeckungen in dieser sind. Man kann nach den ersten Lebenswochen häufig erleben, dass Babys im Alter von etwa vier, fünf Monaten, obwohl sie gut ausgeschlafen und ausreichend gefüttert sind, sich auch in ruhigen Momenten mit nichts ernsthaft zufriedengeben. Obwohl sie getragen oder liebevoll und besorgt auf dem Schoß gehalten werden, winden sie sich hin und her, wollen gehalten sein, geben ihren Eltern dabei aber gleichzeitig widersprüchliche Signale, als wollten sie sagen: »Halte mich so! Nein, mach es anders! Zeig mir dieses, nein, lieber jenes ...« Irgendwie ist das Baby nicht recht einverstanden mit dem, was es bekommt; nichts, was die Eltern ihm auf dem Schoß an Halt und Unterhaltung anbieten, scheint gut genug zu sein. Gerade wenn ein Baby in den ersten Wochen viel geschrien hat, sind seine Eltern meistens sehr darauf bedacht, dass es nicht mehr zu längeren Schrei-Zeiten kommt. Sie sind sehr bemüht, damit ja keine Unzufriedenheit, keine Quengelei beginnt. Sie haben keine Reserven, um das Schreien zu hören und Unzufriedenheit zu ertragen. Entsprechend machen Eltern alles, damit ihr Kind zufrieden scheint.

Ein Kind will alles sehen und entdecken und doch wieder nicht – wie lässt sich das verstehen, wie lösen?

SO ENTDECKT IHR BABY EIN »ZWISCHENREICH«

AUCH IN DIESER PHASE IST ES BESSER, wenn es Eltern und Kind, also beiden Seiten, die meiste Zeit gut geht. Dabei können Eltern jetzt anfangen, sich von der Rundum-Versorgung der ersten Wochen etwas zu lösen und ihrem Kind mehr zuzutrauen. Wenn das Kind mit nichts recht zufrieden ist, hilft es, auf Kooperation zu setzen und das Baby in seine eigene kleine Welt und auf erste Wege der Selbsthilfe zu bringen; es weniger in den Mittelpunkt des Bemühens zu stellen, sondern es eine Zeitlang neben sich zu legen – und zwar so, dass es weiterhin engen Kontakt zum Erwachsenen hat, aber doch selbst schon etwas tun kann.

Das heißt: Die Beine des Kindes liegen auf den Oberschenkeln der Mutter/des Vaters und das Baby liegt auf dem Rücken auf dem Sofa, einer Matratze oder Ähnlichem, im rechten Winkel mit Blick zum versorgenden Erwachsenen. Dabei nimmt Mama oder Papa zwischendurch – um einen Ruhepol zu bilden – mit fest haltendem Kontakt die Füße oder Beine des Kindes in die Hände. Das vermittelt dem Kind Nähe und Orientierung.

Babys, die gerade eben noch quengelten, reagieren – nach einem Moment der Überraschung angesichts ihrer neuen Lage – mit Wohlgefühl: Sie liegen da, mit klarem Körperkontakt zu Mama oder Papa, nehmen ihre Hände in die Mitte, in die Höhe, zum Gesicht, in den Mund, saugen daran, schauen die Hände an, blicken in die Weite oder auch ganz zufrieden einfach vor sich hin und lassen zwischendurch ihren Blick zu den Eltern wandern. Immer wieder probieren sie, was sie mit dem Mund schon an Geräuschen machen können, sie babbeln und brabbeln und beschäftigen sich selbst, kommen zu sich und werden ruhig, lassen alles Zappeln sein. Bei alledem haben sie ihre Mutter/ihren Vater zwar einerseits deutlich im Blick, sind aber andererseits auch sehr zufrieden mit ihrem schon halb eigenen kleinen Platz in der Welt und gehen mit dem Blick weg.

Jetzt schon beginnt beim Kind die Lust, Neues zu entdecken, und auch seine Fähigkeit zur Kooperation! In der spürbaren Nähe zueinander kann das Kind bereits zur Hälfte Distanz genießen und anfangen, seine Langeweile *selbst* auszufüllen. Babys tut dieses Zwischenreich gut.

Eltern machen die Erfahrung, dass sie nicht mehr dauernd und gänzlich für das Wohlgefühl und den ganz engen Kontakt zu ihrem Kind zuständig sein müssen, und erst recht müssen sie ihr Kind nicht bespielen und bespaßen. Es kann auch ohne sie etwas: Das Baby beschäftigt sich ganz ruhig selbst (siehe Abbildung 3 im Anhang).

Diese Art, nahe bei Mama/Papa zu liegen, ist besonders hilfreich für all jene Babys, die eher ängstlich sind, wenn sie an einen eigenen Platz irgendwo im Raum hingelegt werden. Manche Kinder nabeln sich in ganz kleinen, sehr vorsichtigen Schritten ab, können Liegen aber zulassen und genießen, wenn man ihre Vorsicht respektiert, ihnen ihre kleinen Schritte gewährt, sie also im Liegen ausreichend Körper-Kontakt haben. In fühlbarer Nähe zu ihren Eltern sind diese Babys ohne »Hab-Acht-Stellung«, ohne größere Ängste vor Kontaktverlust mit sich zufrieden. Auch jenen Kindern tut es gut, die dazu neigen, in ständiger körperlicher Bewegung zu sein, die sich winden und reichlich zappeln.

In Afrika wird in diesem Alter noch jedes Baby weiterhin auf dem Rücken getragen, so dass es bei allem dabei und doch für sich sein kann. Aus Afrika kommt aber auch der bereits zitierte Satz: »Es braucht ein ganzes Dorf, um ein Kind großzuziehen.«

Ja, es wäre gut, ein ganzes Dorf zu haben, denn genau das trifft zu: zu mehreren Erwachsenen und mit den größeren Kindern die kleinen Babys zu versorgen, das wäre hilfreich und für alle auch noch schön.

Aber unter unseren europäischen Bedingungen, in denen eine Familie allein in ihren vier Wänden wohnt, die Nachbarschaft fehlt, weil in unserer Gesellschaft alle Erwachsenen ständig weit weg bei der Arbeit sind, ist der versorgende Elternteil zu Hause oft genug mutterseelenallein. Tagsüber ist niemand da, der das Baby zwischendurch tragen könnte. Das Baby aber braucht noch häufig viel Nähe und duldet unter Umständen weiterhin kaum Momente des Für-sich-Seins. Zusammen ist man weniger allein, wie es ein bekannter Buchtitel sagt.

WIE SIE DEN ALLTAG GESTALTEN KÖNNEN

ZUSAMMEN UND DOCH FÜR SICH

WENN IHR KIND WÄHREND DER LETZTEN vergangenen Stunde geschlafen hat und auch satt ist, es aber dennoch auf Ihrem Arm nicht zur Ruhe kommt, dann ist es keinesfalls hilfreich, es mit dem Gesicht nach vorne herumzutragen und ihm »die Welt« zu zeigen oder es mit Spielzeug und Aktivitäten zu bespielen und zu bespaßen. *Tragen Sie Ihr Baby nicht durch die Gegend und überlegen Sie auch nicht, welche neuen Eindrücke Ihr Kind bei guter Laune halten könnten, sondern machen Sie es sich zusammen ruhig und gemütlich.*

Machen Sie es sich als Eltern in Ihrem Wohnzimmer bequem und trauen Sie Ihrem Kind in kleinen Zeiteinheiten (15–30 Minuten) etwas mehr eigene Beschäftigung zu.

Nehmen Sie Teile der Hausarbeit mit zum Kind. Man kann an einem gemütlichen Ort, das Baby neben sich, manches an notwendiger Arbeit verrichten. Nirgendwo steht geschrieben, dass man Wäsche nicht auf dem Sofa falten oder Zutaten für ein Essen nicht auch im Wohnzimmer, unmittelbar neben seinem Baby sitzend, schneiden und vorbereiten kann. Für viele Babys ist der »halbe Kontakt« der beste Weg, um Neugierde und Nähe zu erleben, und beides mit Ruhe.

Wenn Sie in Gesellschaft sind und nur einen Stuhl haben, auf dem Sie sitzen können, dann halten Sie Ihr Baby nicht so, dass es stehen, zappeln oder hüpfen kann und Sie es dabei halten müssen – besser legen Sie es so auf Ihren Schoß, dass der Kopf auf Ihren Knien liegt und Sie die Beine Ihres Kindes gut angewinkelt an Ihren Oberkörper nehmen können. Mal fassen Sie mit haltend festem Griff die Füße des Kindes, mal ebenso gut haltend eine Zeitlang seine Hände. Wenn es zunächst noch stark zappelt, geben Sie Ihrem Kind über dieses feste Halten mit Ihren Händen Orientierung und Begrenzung. Sie werden merken: Nach kurzer Zeit wird Ihr Kind ruhiger und genießt es, so zu liegen, weniger in körperlicher Unruhe zu sein, sondern Ihnen zuzuschauen und ruhig liegend und träumend dabei zu sein.

EIGENES SPIEL – ERSTE SCHRITTE INS EIGENE LEBEN

IHR BABY ENTDECKT JETZT MIT KONZENTRATION und Faszination seinen Körper, seine Hände, seine Füße, dazu erste Kleinigkeiten, mit denen es sich mit Neugierde lange zu beschäftigen versteht, zum Beispiel ein Bändel oder Ähnliches an seiner Kleidung, das es in den Mund steckt oder zwischen seinen Fingern dreht.

Es hilft Ihrem Kind, dass es Sie spürt und doch in sein eigenes kleines Reich des Trödelns, Nestelns und des ersten Sich-Beschäftigens mit etwas anderem »verschwinden« kann. Ihr Baby braucht jetzt schon mehr – es braucht auch eigenes Spiel.

Setzen Sie getrost Ihre ersten Erfahrungen um – Ihr Kind zeigt Ihnen schon, wovon es fasziniert ist. Häufig sind es Kleinigkeiten aus Ihrer Umgebung: Gegenstände, mit denen Ihr Baby Sie hantieren sieht, kleine Dinge des Alltags, zum Beispiel ein Löffel oder die Packung mit Papiertaschentüchern, die herrlich knistert.

Seien Sie erfinderisch und trauen Sie Ihrer Beobachtungsgabe. Außer den gefährlichen Gegenständen (Sie wissen schon: »Messer, Gabel, Scher' und Licht sind für kleine Kinder nicht!«) darf ein Kind vieles aus der Wohnung haben, was anzufassen und zu erkunden sich lohnt. Ihr Kind zeigt Ihnen durch seine Ausdauer, worauf es neugierig ist, weil es Sie damit beobachtet hat und den Gegenstand jetzt gerne ebenfalls anfassen mag.

Bei allem Spielen, Nesteln, Trödeln: Denken Sie weiterhin in kleinen Zeiteinheiten. Nach etwa 15 bis 20 Minuten haben die meisten Babys genug und zeigen mit ihrem Blick und ihrem leichten Quengeln, dass sie zurück auf den Schoß oder den Arm ihrer Eltern müssen. Ihr Kind sucht wieder stärker Ihren Körper, um sich mit Nähe und Geborgenheit »aufzuladen«.

Dabei werden Sie feststellen: Gerade nachdem Ihr Baby ein Weilchen für sich war und selbst gespielt hat, kann es das Auf-dem-Schoß-Sein wieder mit Ruhe genießen. Aber nach einer Zeit auf Schoß oder Arm geht es wieder los: Ihr Baby dreht und wendet sich hin und her, wieder scheint nichts gut genug zu sein. Sie als Eltern sind wieder versucht, nach Unterhaltung und Bespaßung Ausschau zu halten. Wieder gilt: Keine neuen Eindrücke, besser legen Sie Ihr Kind mit gutem Kontakt zu Ihnen neben sich und lassen Sie es wieder zuallererst sich selbst helfen. Sie sind bei allem in freundlicher Weise für Ihr Baby anwesend, aber Sie bespielen es nicht – Sie helfen nur ins Spiel, so dass es gerne mit diesem und jenem, aus eigener Entdeckungsfreude, eigener Lust heraus spielt. Das bedeutet, dass nicht ausschließlich Sie für alles zuständig sind, sondern dass ein Hin und Her sich vollzieht, ein Dialog, bei dem zeitweise Ihr Baby ganz allein für sich Neues findet, dann wieder Sie beide gemeinsam etwas entdecken, was Freude macht.

Mit ersten kleinen Zeiten des In-Ruhe-bei-sich-Seins macht ein Baby früh Erfahrungen, die ihm in die Muße des Spiels helfen – für die kommenden Monate und Jahre.

Und noch etwas: Babys erleben durch Spiel, dass sie etwas bewirken, auch verändern können; das heißt im weitesten Sinn erleben sie schon in dieser frühen Zeit, dass sie in der Welt eine Wirkung haben. Das zu erfahren ist wohltuend und stärkt das Selbstgefühl Ihres Babys. Ja, so früh beginnt Selbstwirksamkeit! Faszinierend – oder?

SELBSTWIRKSAMKEIT DURCH BEWEGUNG

WENN ES MIT DEM FÜR-SICH-SEIN des Babys in kleinen Zeiteinheiten bereits etwas besser geht, kann es Ihrem Kind Freude machen – so lange es noch liegt und sich noch nicht dreht – an einem Ort zu liegen, an dem seine eigenen Bewegungen ein Schaukeln bewirken. Es gibt verschiedene Möglichkeiten hierfür.

Sie können sich eine Babyhängematte besorgen, in der das Kind so angeschnallt wird, dass es nicht herausfallen, sich aber ausreichend bewegen kann. Man hängt die Hängematte stabil auf und ermöglicht damit dem Kind Schaukel-Erfahrungen, ausgelöst durch seine eigenen, strampelnden Bewegungen.

Oder Sie besorgen einen Babykorb, der am besten an den Seiten so mit Lücken geflochten ist, dass das Kind gut hindurchschauen, Sie also weiterhin sehen kann. Diesen Korb setzen Sie in ein weites Netz, das wiederum in eine starke Feder eingehängt wird; diese Feder wird fest in die Zimmerdecke eingeschraubt oder in ein Dreifuß-Gestell eingehängt (das Ganze heißt Federwiege und ist im Handel erhältlich). Wenn das Baby im Korb liegt und sich bewegt, macht es ebenfalls die Erfahrung, dass der Korb zu schaukeln beginnt.

Babys beginnen früh, sich logisch klug zu verhalten. Sie finden schnell heraus, wie sie sich bewegen müssen, damit der Korb/ die Hängematte zu schaukeln beginnt. Und wenn dann noch ein Mobile an der Decke hängt, dann ist es gut möglich, dass Ihr Kind 15 bis 20 Minuten lang beim Schaukeln und Umherschauen in Korb oder Hängematte mit sich allein zufrieden ist.

DER ALLTAG MIT IHREM KIND – MEHR STRUKTUR BRINGT RUHE

MANCHES WIRD IN DIESEN WOCHEN dadurch besser, dass die Tage mit Kind etwas Struktur bekommen. Machen Sie daraus keine zu hohe Anforderung, auch Alltagsstruktur ist nicht das Allheilmittel gegen Unruhe, sondern ist nur ein Faden im Gewebe. Aber etwas mehr Struktur hilft, für das Baby die Gefühle von Unendlichkeit zu begrenzen. Es macht die Welt überschaubarer. Es wird dann eindeutiger, wann am Tag Zeit für Spiel und wann Ruhe und Schlaf kommen.

Der wichtigste Anhaltspunkt für mehr Struktur ist: das Bedürfnis nach Ruhe und Schlaf. Es gibt bei allem, was am Tag gemeinsam geschehen soll, den Takt vor. Es ist also weiterhin wichtig, keine Müdigkeitszeichen zu übergehen. Das gute Hin und Her zwischen Spielen und Wachsein und dann wieder Ruhe und Schlaf verhilft Kleinen wie Großen zu guten Phasen der Erholung.

Wundern Sie sich übrigens nicht, wenn Ihr Kind nach dem morgendlichen Aufwachen schon nach kurzer Zeit quengelt und Müdigkeit zeigt. Lassen Sie es wieder zum Schlafen kommen. Wenn es aufwacht, können gute Phasen der gemeinsamen Spielchen, des Zwiegesprächs, des Vergnügens aneinander folgen; auch

Füttern bzw. Stillen wird dran sein. Und schon nach ein bis zwei Stunden zeigt Ihr Kind wieder, dass es müde wird.

Mit Vermeidung von Übermüdung helfen Sie Ihrem Kind, auch körperlich in einen ausgewogenen Biorhythmus zu kommen, was zu einer guten Pendelbewegung zwischen aktiv neugierigen und ruhig passiven Phasen beiträgt. Wenn ein Rhythmus sich einstellen kann, unterstützt der kindliche Körper quasi automatisch, dass Ihr kleines, neugieriges Wesen einfach ins Tagträumen hineinfällt.

Es ist wichtig, dieses Hin und Her zwischen Wachsein und Müdigkeit zu betonen, weil ein Missverständnis so häufig ist: Eltern betreiben viel Aufwand, um ihr Kind bei guter Laune zu halten, dabei ist es schon müde, doch gehört zu jenen, die nicht abschalten. Auch etwas größere Babys reagieren bei leichter Überforderung mit Zappeln und Quengeln und schon beginnt der bekannte Teufelskreis: Sie als Eltern bemühen sich noch mehr, aber Sie und Ihr Baby landen im Kreislauf von Überstimulierung, Überforderung und Überanstrengung. Manche sorgen sich dann, ihr Kind könnte hyperaktiv werden. Keine Sorge, Ihr Baby braucht nur Orientierung in Richtung Ruhe.

WIE FRÜH FÖRDERN KURSE IHR BABY?

GERADE WEIL ELTERN SO STARK UM ANREGUNG bemüht sind, haben viele Babys schon einen regelrechten Terminkalender, der alle Beteiligten zwar ausfüllt, aber auch anstrengt, weil er die alltägliche Trödelei und Gemächlichkeit angreift. Versuchen Sie, nicht zu viele Termine in einen Tag oder eine Woche zu packen, weil das Unruhe bringt und damit zu anstrengend wird.

Viele Eltern denken, man müsse Kurse mit dem Baby besuchen, weil sie gelesen haben, ganz früh könnten Babys durch Musik oder Zweisprachigkeit Dinge lernen, die ihnen alles Spätere im Leben leichter machen, außerdem fördere das die Intelligenz. Aber (und alle Kursanbieter mögen mir dies verzeihen, denn ich schätze diese Kollegen/Kolleginnen sehr!) man kann sagen: Kurse sind für die Förderung eines ganz normalen, gesunden kleinen Kindes und seiner Intelligenz nicht notwendig. Wirklich?

Wir wissen durch die Säuglingsforschung und die Hirnforschung: Ihre Zuneigung, Ihre elterliche Freude, Ihre Zwiegespräche mit dem Baby, dazu die kleinen, feinen Körperspiele und zugehörigen Reime und Sprachspiele, die Ihnen ganz von selbst wieder einfallen, wenn Sie Ihr Baby versorgen – all das ist ausreichend für die Förderung eines Babys und vermittelt ihm alle Anregungen, die es braucht, um körperlich, seelisch und geistig zu wachsen. Ihre Warmherzigkeit, Ihre Zuneigung, Ihr Spiel mit Gesicht und Händen genügen, damit das Gehirn Ihres Kindes eine ausreichende Zahl an Nervenbahnen und Verbindungsknoten entwickelt. Genau das ist das Faszinierende und gleichzeitig das Entlastende: Es reicht ganz und gar aus, oft genug Freude aneinander zu haben und mit seinem Kind die kleinen, typischen Späße zu machen, bei ganz normalem Alltag.[48]

Mit anderen Worten: Sie müssen keinen Kurs buchen. Aber es gibt trotzdem Gründe, aus dem Haus und unter andere Menschen zu gehen: nämlich dann, wenn Sie mit Ihrem Baby zu viel allein sind und es sich so still anfühlt. Es ist nicht gut, mit dem Baby zu viel allein zu sein; besser ist es, sich immer wieder in nette Gesellschaft mit anderen zu begeben. Eltern-Kind-Kurse oder auch offene Eltern-Baby-Treffs sind eine herrliche Möglichkeit, um sich mit anderen anzufreunden, um das »Dorf« zu finden, das man braucht, um ein Kind großzuziehen. Sich mit anderen Erwachsenen und ihren Kindern zu treffen, zusammen schöne Vormittage oder Nachmittage zu verbringen, das macht gute Laune und sorgt bei allen für vergnügliche Momente – beides steigert die Freude im Leben mit Kind (und nebenbei erledigt sich auch noch die eine oder andere Frage oder Unsicherheit).

Denken Sie bei Ihren geselligen Runden auch wieder an Ihre Entlastung und an die Ruhe, indem Sie Ihr Kind – wie oben beschrieben – neben sich oder auf Ihre Beine legen. Die Erwachsenen unterhalten sich und die Kinder, mit Körperkontakt zu Mama oder Papa, spielen selbst vor sich hin. Denken Sie zwischendurch daran: Das Baby mit dem Gesicht nach vorne zu halten, ist zu anstrengend, das Zappeln und Winden des Babys nehmen dadurch zu. Selber liegen und selber machen – dieser Modus ist für Ihr Kind und Sie ausreichend und dazu noch beruhigender und schöner.

WENN ES SCHLECHTE TAGE GIBT

DAS GEFÜHL, ES FALLE EINEM IM LEBEN MIT BABY die Decke auf den Kopf, die Tage seien zäh und manchmal endlos, zusätzlich die Zweifel, ob man in Zuneigung und Versorgung des Kindes überhaupt gut genug sei, das kennen alle Eltern, die kleine Kinder versorgen. Also, gemach, Sie sind nicht allein.

Es ist völlig normal, dass Sie es zwischendurch auch schwer haben mit Ihrem Kind. Eine gute Beziehung zueinander zu haben, heißt nämlich keinesfalls, dass es beim Zusammensein ständig und ausschließlich vergnügt zugehen muss.

Es genügt, wenn Sie eine im Wesentlichen freundliche Beziehung haben; wenn Sie gemeinsam die Erfahrung machen, dass es auch schwierige Momente gibt, dass schwierige Momente Teil Ihrer Nähe sein können und Sie die Ambivalenz im Dasein mit Ihrem Baby erleben können (Sie erinnern sich? Das kündigte sich schon in der Schwangerschaft an).

Gut genug[49] – was heißt das? Freude aneinander und die Beziehungen zueinander sind dann »gut genug«, wenn sie in kleinen Zeitabschnitten Schwieriges aushalten können.

Ein Kind kann schwierig sein, eine Mutter/ein Vater kann schlechte Tage haben, das Kind kann quengelig, krank oder auch einfach so an einem Tag unerträglich sein. Ebenfalls darf eine Mutter/ein Vater auch mal weniger geduldig auf das Kind reagieren, darf zwischendurch in schlechterer Verfassung sein, so lange sie/er das Baby nicht konkret schlecht behandelt. Auch die Tatsache, dass Sie gelegentlich Aggressionen gegenüber Ihrem Kind spüren, muss Sie nicht generell erschrecken. Ganz besonders das erste Kind greift so stark in unsere bis dahin gewohnte Selbständigkeit ein, es raubt uns gewissermaßen alle Freiheiten, dass man nicht zuletzt auch deshalb zeitweise mit aggressiven Gefühlen reagieren kann. Wichtig für Sie und Ihr Kind ist, dass Sie bei den auch existierenden schwierigen Momenten oder schlechteren Tagen relativ bald die Freude aneinander wiederfinden. Dass Sie sich mit Ihrem Kind immer wieder der Erfahrung aussetzen: »Wir mögen uns, wir sind verbunden, auch wenn es zwischen uns kurz kompliziert wird, auch wenn wir uns manchmal gegenseitig anstrengen oder uns nicht so mögen.« Wichtig ist, dass Sie bald wieder den »Tanz der Gegenseitigkeit und der Gemeinsamkeit« mit Ihrem Kind entdecken, dass es die schlechten Momente oder Tage zwar gibt, sie aber nicht die Oberhand gewinnen. Es soll nicht dazu kommen, dass sich eine vorwiegend belastete Beziehung zu Ihrem Kind aufbaut.

Aggressionen ja, aber eben nur kurz – und natürlich dürfen sie nie zu aggressiven Handlungen führen, Sie wissen ja, schon einmaliges Schütteln hätte Folgen für ein Baby.

Sollten Sie feststellen, dass Gefühle der Freudlosigkeit, der Einsamkeit oder auch der Aggression in Ihnen zunehmen, dann warten Sie nicht, sondern lassen Sie sich rasch helfen. Klagen Sie sich für solche Gefühle nicht an. Es ist, wie es ist – dass in uns allen auch schwere Gefühle, meist aus der Kindheit, als »Faden« im Gewebe mitlaufen, wofür wir ja nichts können, wenn die eigene Kindheit nicht leicht war. Bei den bereits erwähnten Beratungsstellen treffen Sie auf Verständnis. Um Ihnen Mut zu machen und Ihnen zu zeigen, dass Sie mit negativen Gefühlen nicht alleine sind, will ich ein typisches Beispiel erzählen, das sich so oder ähnlich in vielen jungen Familien abspielt:

Ein Elternpaar sucht Hilfe, weil das Baby viel schreit und wenig schläft. Die Mutter des Kindes ist jetzt, nach Jahren zufriedenstellender Arbeit außer Haus, mit Kind im Haus tätig, erlebt dies zunehmend als zu einsam und schließlich als trostlos. Die Freude am Kind ist – angesichts der von ihr als zu einsam erlebten Rundum-Versorgung – verschwunden.

Der Vater des Kindes muss tagsüber arbeiten, kommt abends zwar früh zurück, verschwindet aber immer schnell zu diversen

Hobbys, weil er das Gefühl hat, dass seine Frau alles rund um die Versorgung des Kindes ohnehin viel besser macht als er und sie in diesen Fragen schnell Streit bekommen. Trostlosigkeit mit dem Kind baut sich auf, typische Paarkonflikte der frühen Zeit entstehen: Die Mutter des Kindes fühlt sich alleingelassen, der Vater hat das Empfinden, ihr sowieso nichts recht machen zu können. Das Baby schreit immer häufiger und schläft immer weniger.

In den gemeinsamen Gesprächen arbeiten wir folgendes heraus: Sie fühlte sich schon als Kind oft einsam, war alleine zuständig für vieles an Hausarbeit. Weil beide Eltern mehrfach belastet und wenig zu Hause waren, musste sie das meiste an Pflichten erledigen.

Mit der Zeit hat sie deutlich das Gefühl, dass sie diese Rolle ziemlich früh als eine schwierige Anforderung erlebte, ein Teil ihrer Trostlosigkeit beim jetzigen »allein zu Hause sein« auch mit der Überforderung von damals zu tun hat. Es ist vielschichtig: Da ist auch das Mädchen von einst, das genug hat, nicht nur die erwachsene Frau und Mutter dieses Babys jetzt.

Der Vater des Babys musste bei seinen Eltern, die beide schwer, aber schlecht bezahlt arbeiteten, entweder ganz ruhig sich selbst mit irgendetwas beschäftigen oder seiner Mutter bei ihrer Heim-arbeit helfen, bekam dafür aber kein Lob, geschweige denn An-erkennung seiner Person; meist war er nicht schnell genug, Kritik und Mäkeleien waren der »Lohn«, den er erntete. Mit jedem korrigierenden Hinweis seiner Frau, wenn er das Baby versorgte, wurde sein Kindheits-Gefühl wiederbelebt: »Nichts als Kritik. Im Beisein einer Frau helfe ich sowieso nie gut genug.« Deshalb *beschäftigte er sich lieber selbst (heute mit seinem Hobby), als sich wieder kritischen Sätzen und den damit verbundenen, gut vertrauten Gefühlen der Wertlosigkeit auszusetzen.*

Mit der Anerkennung und dem Verständnis für die traurigen Situationen und Gefühle von damals, findet das Paar heute aus seinem Streit, entdeckt neue Wege der Verständigung darüber, wer was macht. Die Freude an der gemeinsamen Versorgung des Babys kann kommen, neue Strategien der Alltagsbewältigung werden angepackt, von beiden mit besserem Verständnis füreinander, freier, ohne gegenseitige Vorwürfe. Das viele Weinen des Babys lässt nach, im Alltag kehrt mehr Zufriedenheit ein, mehr gegenseitige Anerkennung und – mehr Ruhe.

WIEDEREINSTIEG IN DEN BERUF – WIE UND WANN?

VIELE ELTERN DENKEN IN DIESEN ERSTEN LEBENSMONATEN ihres Babys über eine nahende Veränderung nach. Mit Ende des ersten Lebenshalbjahres kommt die zweite Hälfte der Elternzeit und damit langsam der Gedanke an den Wiedereinstieg in die Arbeitswelt. Eltern überlegen: Wenn das Baby so viel Zeit und Nähe braucht, alle Prozesse der Veränderung so langsam gehen, wie soll es dann werden, wenn die Tage wieder organisiert, »nach Plan« klappen müssen? Kinder lassen sich nur bedingt organisieren, sie funktionieren nicht nach Plan. Zweifeln Sie nicht an Ihrem Kind, wenn es Neues langsam lernt.

Wenn alles sich jetzt eher langsam verändert, rate ich Ihnen: Versuchen Sie, wenn irgend möglich, Ihre Lebenssituation abzuändern. Ein kleines Kind kann sich nicht ändern. Kleine Kinder

· wachsen nicht schneller, richten sich noch nicht nach äußeren Vorgaben. Eher werden sie nervöser und unsicherer. Beides hilft ihnen nicht, nicht beim Wachsen und nicht in den Schlaf.

Besser wäre es, dass alle, die mit kleinen Kindern zu tun haben, die kindliche Langsamkeit den »Erwachsenen jenseits der Kinderwelt« nahebringen. Ganz allmählich nimmt die Arbeitswelt das mehr zur Kenntnis.

Wenn solche Gedanken an Ihr »Zurück in die Arbeitswelt« Sie plagen, versuchen Sie Ihr Nachdenken in andere Bahnen zu lenken: Gibt es Wege, wie Ihre Familie auch hier mehr Ruhe bekommen könnte? Vielleicht lässt sich das eine oder andere noch verändern, z. B. der Beginn der Berufstätigkeit eines Elternteils? Oder wäre Teilzeit für beide Eltern machbar? Oder langsam stete Entlastung durch jemand Drittes? Gehen Sie als Eltern gemeinsam Ihre Möglichkeiten durch – aber mögen Sie Ihr Kind einfach weiter so, wie es ist; Sie alle sind in Ordnung. Weniger in Ordnung ist das gesellschaftliche Tempo, das von Eltern mit kleinen Kindern heute so vieles gleichzeitig verlangt, denn nicht immer geht das leicht, immer wieder bedeutet es Stress.

WEGE IN DEN SCHLAF – AB ACHT MONATEN

AUCH JETZT IST ES NOCH SO, DASS VIELE BABYS sich einfach nicht in den Schlaf fallen lassen, weil da besagter »Dschungel« ist. Aber noch etwas verhindert jetzt den Schlaf des Babys: seine Neugierde! Alles Interessante in seiner Umgebung kann es während des Schlafens nicht mehr in sich aufnehmen. Und die Welt ist nun einmal voller interessanter Dinge! Also schläft das Baby nicht. Was nun?

Viele Babys schreien, wenn man sie wach zum Einschlafen an ihren Schlafplatz legt. Das Alleine-Schlafen klappt einfach immer noch nicht.

Menschen sind eben sehr verschieden – gerade was das Schlafen betrifft. Es gibt unerschrockene Kinder, für die das Allein-Einschlafen kein Problem ist, und es gibt ängstlichere oder unruhigere Kinder, die zum Einschlafen lange Zeit die Nähe zu jemandem spüren möchten – und es gibt eine Menge unterschiedlichster Kinder dazwischen. Daher braucht es die individuellen Wege – das, was ein Buch vermitteln kann, wie ein Kind zu besserem und tieferem Schlaf kommt, ist begrenzt.

Ich habe in den letzten Jahren gelernt, dass es gut ist, sich von Prinzipien zu verabschieden und sich stattdessen individuell vorzutasten und herauszufinden, was genau diesem Kind ins Schlafen hilft. Es ist immer wieder anders, aber immer ist es so: »Wer schläft, hat recht.«

Zweifeln Sie nicht an sich, wenn Ihre Freunde mit einer bestimmten Methode stolz Schlaf-Erfolg verkünden, genau das bei Ihnen mit Ihrem Kind aber nicht hilft. Misstrauen Sie besser allen, die Eindeutigkeit behaupten. Menschliches Erleben ist ein feines Gewebe.

Folgendes macht die feinen Prozesse bei Menschen wesentlich mit aus: Bei allen menschlichen Entwicklungsschritten geht es auch um die Bewältigung von Angst. So schön es ist, größer zu werden, so sehr verunsichert es auch. Das Großwerden ist einem Baby nicht immer geheuer, zumal es Ängste bewusster wahrnimmt und durch Zunahme an Bewusstwerdung auch Angst-Fantasien zunehmen. So ist beides da: der Mut nach vorne und das Zögern.

Das ist ein Lebensprinzip bei Menschen. Ob Schönes oder Ängste überwiegen, ist je nach Kind verschieden. Diese Unterschiede werden in Sachen Schlafen besonders deutlich und sind dabei maßgeblich.

Somit sind Handlungsvorschläge beim Thema Schlafen relativ. Sie können helfen, aber sie sind keine Prinzipien. Vielleicht ist es für Sie mit Ihrem Kind in diesen Momenten wieder ein klein wenig anders. In jedem Fall ist es gut, wenn Eltern genug Zeit und innere Ruhe haben und nicht so sehr auf Termine achten müssen.

WEGE IN DEN SCHLAF

EINIGE WEGE, DIE FÜR DIE ERSTEN WOCHEN gut waren, helfen auch in diesem Alter.

Sie können als Mutter Ihr Kind weiterhin in den Schlaf stillen oder Sie tragen es durch sanftes Wiegen oder schläfriges Gehen in den Schlaf. Sie können sich auch neben Ihr Kind legen oder setzen, um ihm mit den Händen nahe zu sein, bis es in den Schlaf fällt. Eine dieser Begleitungen brauchen viele Kinder in diesem Alter noch. Lassen Sie sich nicht dazu verführen, Ihr noch kleines Baby alleine schreien zu lassen, bis es schläft; selbst dann nicht, wenn Sie – nach gesteigerten Zeitabständen – zu Ihrem Kind zurück ins Zimmer, ans Bett gehen. Manchmal lernt ein Kind so das Schlafen, aber: Nicht jedes Kind kann auf diese Weise schlafen lernen. Warum nicht? Weil viele Säuglinge und Kleinkinder weiterhin das Bedürfnis nach Geborgenheit haben, weil Nähe gegen Ängste hilft. Wenn man Babys zu lange allein vor sich hin schreien lässt, passiert bei vielen, dass sie sich immer weiter ins Schreien hineinsteigern, sie »außer sich« geraten und schließlich aus Erschöpfung und Resignation einschlafen. Außer sich sein und Resignation sind keine guten Erfahrungen für ein kleines Kind. Meistens leiden die Eltern mit, weil sie spüren, dass das Einschlafen ohne Beistand für ihr Kind einfach nicht geht.

DIE KINDLICHE NEUGIERDE

DIE KINDLICHE FREUDE AM LEBEN, die unbändige Neugierde eines Babys auf alles, was das Leben zu bieten hat, gibt vielen von ihnen das Gefühl, Schlaf sei unnötig. Wenn dann noch viel los ist, will das Baby aus Neugierde nicht schlafen. Das Leben ist spannend, und es will alles miterleben und bleibt wach!

Für die Versorgung von grundlegenden Bedürfnissen – und Schlaf ist ein grundlegendes Bedürfnis – brauchen neugierige kleine Kinder ihre Eltern, die gut wissen, was jetzt notwendig ist. Eltern müssen in Bezug auf zentrale Bedürfnisse die Entscheidung übernehmen, weil neugierige Kinder, wenn man ihnen Entscheidungen allein überlässt, oft die Orientierung verlieren. Diese Desorientierung zeigt sich dann in ihrem Aufgedrehtsein.

Die Entscheidung, ob es schlafen muss oder nicht, kann ein neugieriges Baby also nicht selbst treffen. Dieser Grundsatz bleibt auch dann wichtig, wenn Einschlafversuche misslingen und man sie abbricht, weil alles zu anstrengend wird; auch dann müssen Erwachsene bald darauf entscheiden, dass es für ein Kind Zeit zum Schlafen ist. Kinder werden von ihrem Lebenshunger und ihrer Neugierde positiv angetrieben, nur manchmal etwas zu sehr. Und ausgerechnet jene Kinder, die mit der Furcht vor dem

Alleinsein stärker kämpfen, sind mehr angetrieben und vermeiden das Sich-Fallen-Lassen besonders. Sie gehen geradezu magisch in die Anregung. Sie überdrehen, was sie konkret mit körperlichem Drehen, Winden und Zappeln zeigen.

Gerade dann ist es gut, wenn Eltern ihrer Wahrnehmung trauen, dass sie als Erwachsene »wissender« sind als ein kleines Kind, sie also sagen: Jetzt ist Schlaf zentral! Elterliche Klarheit hilft wieder zu Orientierung und innerem Halt für ein Kind. (Das wird übrigens noch lange so sein, nämlich die nächsten Jahre ...) Auch in diesem Alter ist es noch wichtig, dass ein Baby zweimal, bei kurzer Schlafdauer dreimal am Tag schläft, denn auch mehrere Schläfchen geben eine gute »Mütze« voller Schlaf. Am Tag das Schlafen zu üben, hilft dem menschlichen Organismus, auch nachts besser zu schlafen. Das ist bei kleinen wie großen Menschen so.

Man kann es sich so vorstellen: Wenn wir Menschen tagsüber häufig genug unseren Kopf und unseren Körper quasi auf »standby« schalten, können Kopf und Körper dies auch nachts besser, tun es automatischer. Sie können es an sich selbst ausprobieren: Wenn Sie nachts schlecht schlafen, können Sie diesen Umstand bessern, indem Sie tagsüber das Tagträumen pflegen oder noch besser, sich kleine Schlafpausen gönnen. Vermeiden Sie also mit kleinen Kindern den Tagschlaf keinesfalls in der Hoffnung, sie schliefen dann nachts umso mehr. Auch wenn ein Kind nur kürzere Zeiten schläft – jede kurze Schlafenszeit hilft, dass ein Kind das Abschalten übt.

BABYS FORDERN UNS AUF, ANDERS ZU LEBEN

DAS LEBEN MIT BABY FORDERT ALLE ERWACHSENEN geradezu heraus, erlaubt ihnen, langsamer, verträumter zu leben, in ihrem Leben mehr Ruhezeiten zuzulassen. In unserer schnelllebigen Zeit könnte das eigentlich für alle ein Gewinn sein. Vielleicht sollten wir Babys tatsächlich ab und zu an unseren Arbeitsplatz mitnehmen, damit die Erwachsenen dort das Einschlafen eines kleinen Kindes beobachten, es in dieser tagträumenden Atmosphäre einmal begleiten könnten. Anstatt inneres Abschalten mühsam in Kursen zu lernen, könnten wir dies einfach von Babys uns abschauen. Wir alle (und es wäre schön, Eltern hätten mehr von »uns allen« als Hilfe in ihrer Nähe) könnten durch die Ruhe, in die sie uns immer wieder nötigen, profitieren. Endlich einmal nichts tun – wollten wir das nicht schon immer?

WENN TRAGEN UND STILLEN NICHT MEHR HELFEN

ALS ELTERN ENTSCHEIDEN SIE, wann der Zeitpunkt zum Schlafen da ist. Und Sie als Mutter entscheiden, ob Sie für das Einschlafen noch stillen mögen oder ob es Sie nervös macht, weil das Kind anfängt, unruhiger zu werden. Es könnte sein, dass Sie nach anderen Wegen für das Einschlafen suchen, weil Sie etwas erleben, was ab acht, neun Monaten bei zahlreichen Babys zu erleben ist: Stillen verliert häufig seine stark beruhigende Kraft. Sie merken es daran, dass das Baby sich nicht mehr unmittelbar in Ihre Brust versenkt, nicht sofort in Trance geht. Vielmehr trinkt das Baby, versenkt sich kurz, im nächsten Moment aber schaut es schon wieder neugierig umher. Man kann regelrecht sehen, wie das Baby ambivalente Gefühle hat:

An der Brust zu liegen ist ganz schön, aber die Neugierde an allem jenseits der Brust ist mindestens genauso schön. Die ausschließlich »stille«, paradiesische Zeit an Mutters Brust ist nicht mehr ganz so wie früher. Wenn Sie Ihr Kind mehr und mehr so erleben, ist es häufig hilfreich, andere Wege als Einschlafhilfe zu suchen.

Auch das Tragen hilft bei einem acht-, neunmonatigen Baby unter Umständen nicht mehr. Das Kind wird an Gewicht schwerer, und der Tag ist absehbar, an dem Sie als Mutter/Vater es nicht mehr tragen wollen, weil Ihnen die Arme lahm werden und Sie sich eher hinlegen oder setzen wollen, um das Kind beim Einschlafen zu begleiten.

Ihr Baby kommt immer mehr selbst in die Lage, sich zu bewegen. Mit jedem Lebensmonat macht es große Schritte Richtung Kleinkind, und das heißt, es wird bald große Freude daran haben, in die Aufrechte zu gehen und sich hinzustellen. Es ist oft hilfreich, wenn Kinder bevor sie selbst aufstehen können, gute Erfahrungen haben, wie Einschlafen im Liegen geht. Wenn ein Baby liegend, ohne getragen zu werden, einschlafen kann, kämpfen Sie als Eltern später beim Einschlafen nicht mit der kleinkindlichen Freude, sich in jedem Moment auf die eigenen Beine zu stellen. Gegen diese Freude anzukämpfen tut weh, weil man es kaum übers Herz bringt, ein Kind daran zu hindern.

NEUE TRAMPELPFADE SUCHEN

ES KANN AUS DIESEN GRÜNDEN STÄRKEND SEIN, wenn Sie mit Ihrem Baby etwa ab seinem achten Lebensmonat Trampelpfade suchen, wie es anders in den »Dschungel des Schlafs« finden kann.

Es ist hilfreich, wenn Ihr Baby schon die Erfahrung gemacht hat, dass es wohltuend ist, zur Ruhe zu kommen. Die beschriebenen Erfahrungen mit Tagträumen helfen sehr, weil ein Baby dadurch selbst in das kleine Gebüsch vor dem großen Dschungel des Schlafs sich begibt. Wenn Ihr Kind jetzt, liegend, für sich sein kann, spielt es mit den Händen oder an irgendeinem Zipfel oder saugt am Daumen. Sein Blick wird passiver, geht ins Leere, zu sich, ins Träumen. Plötzlich schläft es.

Viele Babys fangen jedoch an zu weinen, sobald sie merken, dass der Schlaf kommt. Wenn Ihr Kind auch dazu gehört, dann gibt es hier folgende Vorschläge, wie ein In-den-Schlaf-Begleiten aussehen kann:

Sie können sich zu Ihrem Kind legen und es durch Halten beruhigen. Wenn Sie als Mutter nicht mehr stillen wollen, kann ich Ihnen versichern, dass ein Kind mit acht, neun Monaten es bewältigen kann, auf das Stillen fürs Einschlafen zu verzichten, weil es nicht mehr ganz klein ist. Manche Kinder nehmen Daumen oder Hand, manche den Schnuller, manche eine Noppe an der Kleidung oder auch nichts.

Väter machen jetzt die Erfahrung, dass nicht mehr zwingend die Brust für den Schlaf des Babys notwendig ist. In den ersten Lebenswochen ist die Brust wie eine Art Nabelschnur außerhalb des Bauches. Mit acht, neun Monaten beginnt für Babys die neue Erfahrung: Sie nabeln sich weiter ab und erleben, dass man als kleines Kind auch ohne Brust stabil und lebendig bleibt.

Durch das Gehaltenwerden macht das Kind die Erfahrung, dass Sie sich nahe sind, auch ohne die vollkommene Nähe des Stillens. Es kann eine stärkende Erfahrung sein, dass ein weiterer Schritt des Loslassens zu überstehen ist, denn ein Baby erlebt dadurch, dass zwei Menschen auch verbunden bleiben, wenn sie einfach beieinander liegen. Mit Ihrem Tagträumen machen Sie dem Baby auch jetzt vor, dass der Weg in den Dschungel zu bewältigen ist. Neben Mama oder Papa, die selbst schon ruhig sind, gibt es für die meisten Babys nichts anderes mehr, als einzuschlafen.

Wenn Sie sich im Moment nicht mit hinlegen wollen, dann hilft es Ihrem Kind, wenn Sie bei ihm sitzen, wobei Sie um Ihrer Entspannung willen wieder gut darauf achten, dass das Sitzen für Sie bequem ist. Vermitteln Sie Ruhe und Nähe, indem Sie Hände (oder Füße) mit festem Kontakt halten oder Ihre Hand ruhig auf den Bauch des Babys legen. Sagen Sie Ihrem Baby beruhigend, dass es sich nicht fürchten muss, dass Sie da sind, dass Sie zum Einschlafen auch dableiben, aber dass es müde ist und es jetzt gut ist, zu schlafen. Gehen Sie dann innerlich weg vom Kind, unbedingt auch mit Ihrem Blick. Auch wenn das Baby anfängt zu quengeln, wissen Sie, dass Ihr Kind müde ist. Machen Sie nichts, sondern werden Sie selbst ruhig. Ihr Blick nach draußen in den Himmel oder ins Grüne oder nach Innen hilft, dass Sie beide sich voneinander »verabschieden«, einander loslassen.

Sie vermitteln Ihrem Kind durch Ihre Eindeutigkeit psychischen sowie durch Ihre Berührung konkreten körperlichen Halt, den es noch braucht, um durch etwas weniger Nähe liegen zu bleiben. Bleiben Sie freundlich, aber bestimmt dabei, indem Sie das Kind durch Ihre Hand (nicht vergessen: nicht streicheln!) von seiner Bewegungsunruhe und Neugierde eindeutig abhalten.

Wenn Sie merken, dass das Kind sich trotz Ihres Beiseins in sein Weinen hineinsteigert, nehmen Sie es noch einmal an Ihren Körper oder legen Sie sich nah neben Ihr Kind, so dass es deutlicher spürt, dass Sie da sind. Trösten Sie, lassen Sie zu, dass Ihr Kind Sie noch mal ganz nah spüren will. Wenn Ihr Gefühl es klar bejaht, stillen Sie auch noch mal. Wenn Ihr Kind sich beruhigt hat, legen Sie es wieder neben sich in unmittelbare Nähe und ermutigen Sie es erneut, gerade weil es nicht einsam ist, liegend zu schlafen.

Ihr Kind versteht Sie. Sagen Sie z. B.: »Schlaf ruhig so, du bist nicht mehr ganz klein.« Viele kleine Kinder schaffen es jetzt, nach ein paar Anläufen, mit noch ein-, zweimal mehr Körpernähe zu Mama bzw. Papa, ihren eigenen kleinen Trampelpfad in den Dschungel des Schlafs zu gehen, am eigenen Platz, im Liegen.

Dass Ihr Kind die Kraft dazu hat, merken Sie daran, dass es ebenfalls Ihre Hand hält, dass es zwar zunächst protestiert, aber immer mehr nur noch meckert, sich ein wenig in den Schlaf jammert, es aber Ihre Hilfe durch Halten Ihrer Hand erwidert, bei alledem weiterhin warme Hände hat, nicht kalt zu schwitzen beginnt.

Wenn es sich so anfühlt, dann folgen Sie einem Prinzip, das Sie die nächsten Jahre noch oft erleben werden: dass Sie Ihr Kind ermutigen, trotz Ungewohntem und den damit verbundenen Ängsten eine Hürde zu nehmen. Es ist stärkend für ein Kind, Neues zu wagen, das es von zu vehementer Unterstützung seiner Eltern unabhängiger macht.

Die beschriebenen Wege sind mögliche Wege. Sollte Ihr Baby weiterhin sehr stark weinen und sich nicht beruhigen, kann das verschiedene Gründe haben:

▶ dass es noch zu jung und psychisch noch nicht stark genug für den beschriebenen Weg ist,

- dass es noch unter diversen Anspannungen leidet oder
- dass Sie gemeinsam zu nervös sind und es Ihnen als Elternteil jetzt nicht möglich ist, angesichts eines weinenden Babys vorauszugehen in Richtung Ruhe und Trance bzw. dass eventuell Ihre eigene innere Unruhe mitspielt.

Wenn Sie erleben, dass das Einschlafen über anstrengend lange Zeit nicht einfacher wird, suchen Sie das Gespräch mit Fachleuten Ihres Vertrauens, jemand, der Ihnen freundlich, individuell aus Ihrer gemeinsamen Anstrengung heraushilft. Ohne harte Prinzipien.

In der akuten Situation hilft ein Zwischenschritt: Wenn alles für den Moment zu anstrengend wird, brechen Sie den Einschlafversuch ab. Krampf vertreibt den scheuen Schlaf. Vergessen Sie aber die nächste Stunde nicht, dass Ihr Kind nicht geschlafen hat, es also weiterhin ernsthaft müde ist. Bleiben Sie bei diesem elterlichen Wissen und verfolgen Sie beim nächsten Müdigkeitszeichen Ihres Kindes wieder zuversichtlich den beschriebenen Weg, mit der Erfahrung von Trost durch Nähe und mit dem »Selbst-Liegen«. Dasselbe gilt, wenn der letzte Schlaf sehr kurz war – dann ist ein Kind nicht ausgeschlafen und braucht bald wieder Schlaf.

Übrigens: Es kann unter Umständen doch sinnvoll sein, den Ort des Einschlafens zu wechseln. Es soll nicht so sein, dass ein bestimmter Ort in Ihrer Wohnung sich mit dem Gefühl auflädt: »Hier kämpfen wir um den Schlaf.« Sonst landen Sie und Ihr Kind wieder in dem Paradoxon von Anstrengung, Anspannung und Schlaf. Haltgebender als der immer gleiche Einschlafort ist allemal der immer gleiche, menschliche Beistand.

WENN DAS KLEINE BABY LÄNGERE ZEIT BRAUCHT, bis es schläft und man als Mutter/Vater allein ein erstes, etwas größeres Kind mit zu versorgen hat, ist manchmal guter Rat teuer.

Es hilft, wenn das größere Kind sich in der ganzen Situation des »Kümmerns« um das Baby nicht ausgeschlossen fühlt. Manches Kleinkind kämpft recht stark mit seiner Eifersucht und braucht daher das Gefühl, dass es auch noch ein Anrecht auf Aufmerksamkeit und möglichst viel mütterliche (oder väterliche) Versorgung hat.

Folgende Tipps können helfen: Sie richten die Einschlafsituation mit dem Baby so gemütlich ein, dass Sie dabei das größere Kind an ihre zweite Seite nehmen, ihm z.b. als Kleinkind seinen Schnuller oder seine Trinkflasche geben, damit es, an Sie geschmiegt saugend, genau so »klein« wie sein Geschwisterkind sein darf. Das allein beruhigt schon alle möglichen Gefühle von Neid und Eifersucht.

Empfehlenswert ist, ein Bilderbuch in Reichweite zu haben, so dass Sie mit dem größeren Kind, wenn alle Wege des »Kleinseins« und Tagträumens gegangen sind, ganz ruhig ein Bilderbuch anschauen können. Auch dadurch bekommt es Zuwendung durch die Mutter (den Vater).

Mit solchen Ritualen des Kleinseins, also mit der Erlaubnis, wie das Baby an einer Flasche, evtl. auch am Schnuller saugen zu dürfen und dem ruhigen Buchanschauen breitet sich in der Regel eine gemütliche Atmosphäre für alle aus, die auch dem größeren Kind hilft, zur Ruhe zu kommen. Es sind Rituale, die eine wohltuende Ruhe und Schläfrigkeit für alle ermöglichen.

Wenn sich abzeichnet, dass das größere Kind im Moment nicht in einen Zustand von Ruhe und Nähe mitgeht (vielleicht, weil es gerade erst geschlafen hat), dann erlauben Sie ihm ausdrücklich, in Ihrer unmittelbarer Nähe etwas zu tun, das es besonders gerne tut und das idealerweise eine kleine Ausnahme bedeutet. (Es geht nicht um große Ausnahmen, sondern um eine kleine, die aber das Kind in konzentriertes Tun versetzt.)

Fordern Sie Ihr größeres Kind gar nicht erst auf, es solle doch woanders spielen oder sich sonst irgendwie selbst beschäftigen. Solche Aufforderungen laufen bei Kindern – besonders den eher eifersüchtigen, noch kleinen Geschwistern – ins Leere. Seien Sie eher nachgiebig und machen Sie dem Kind ein Angebot, z. B.: »Weißt Du, was Du jetzt machen darfst?« Und dann machen Sie einen Vorschlag, von dem Sie ahnen, dass Ihr Kind ihn faszinierend, spannend findet. Kleine Kinder lieben es zum Beispiel, wenn sie sich endlich mit den Dingen beschäftigen dürfen, mit denen sie uns dauernd sehen, wenn Sie also die Tasche, am besten die Handtasche von Mama, vielleicht samt Geldbeutel, durchstöbern dürfen (ganz wichtige Dinge, die nicht verloren oder kaputtgehen sollten, räumen Sie kurz vorher heraus).

Oder was nahezu alle Kleinkinder sehr gerne tun: Sie geben Ihrem Kind etwas, das es hin und her schütten darf, z. B. eignen sich gröbere, harte, nicht gekochte Nudeln hierfür bestens. Mit verschiedenen Gefäßen kann es dann die von Ihnen »freigegebene« Substanz von einem Gefäß in ein anderes füllen. Verschiedene passende Deckel zum Auf- und Zumachen sind ebenfalls gut geeignet, um ein kleines Kind längere Zeit zu beschäftigen. Das Ganze geschieht in Ihrer Nähe, so dass Sie im Notfall etwas helfen oder leicht eingreifen können. Seien Sie bei der Wahl der zu schüttenden Substanzen durchaus großzügig und kommen

Sie Ihrem Kind etwas entgegen. Ich kenne ein Kind, das auf diese Weise stundenlang Haferflocken hin und her schütten durfte und dies hingebungsvoll, täglich über lange Zeit machte. Aber selbstverständlich sind Sie auch weitsichtig, also nehmen Sie nur solche Zutaten aus Ihrem Haushalt, bei denen es Ihnen nichts ausmacht, wenn sie nicht punktgenau im Gefäß, sondern zwischendurch daneben landen. Wie immer soll es auch Ihnen gut gehen und Sie sollen bei diesem Spiel Ihres Kindes nicht »die Krise bekommen«. Aber seien Sie um Ihrer Ruhe willen klug und lassen Sie dieses Schütten zu, denn es ist für kleine Kinder in aller Regel eine Glückseligkeit.

Den Grundsatz »Mit Essen spielt man nicht« können Sie jetzt noch getrost ignorieren. Für solche Spiel-Momente ist es kein Essen, sondern es sind trockene Substanzen, die im Winter aushelfen müssen, wenn man als Kleinkind keine Gelegenheit hat, mit Erde, Sand und Wasser zu spielen. Dass man als Kind eines Tages lernt, mit Essen respektvoll umzugehen, das kommt schon noch. Jetzt geht es zuallererst darum, wie Sie ein größeres Kind bei Konzentration und versonnenem Spiel halten, wenn Sie Ihr Baby zum Einschlafen bringen.

DAS EINSCHLAFEN AM ABEND

VERMEIDEN SIE, DASS ES ZU SPÄT WIRD. Übermüdung ist gerade abends für Babys sehr anstrengend und macht alles, was noch zu tun ist (Wickeln, Füttern etc.) umso anstrengender. Fangen Sie also getrost früh an, Ihr Kind zu pflegen und zu füttern. Wenn Ihr Baby am nächtlichen Schlafplatz zügig einschläft, bringen Sie es natürlich einfach dort zu Bett.

Wenn sich das Einschlafen dort aber lange hinzieht, dann haben Sie keine Scheu, Ihr Baby da schlafen zu legen, wo Sie mit Ihrem Partner/Ihrer Partnerin den Abend verbringen wollen. Das hat zwei Vorteile in einem.

Erster Vorteil: Viele Babys wollen ihre »Herde« spüren, wollen nicht zu weit weg von ihren Eltern, der Familie sein, schon gar nicht etwa in einer oberen Etage. Die Sehnsucht nach Nähe zu Mitmenschen – auch im Tiefschlaf – ist ein ganz und gar menschlicher Zug. Wenn Sie also Ihr Baby da hinlegen, wo Sie als Eltern den Abend verbringen, dann fällt die Anstrengung des Alleinseins weg. Wenn Ihr Sofa nicht weich, sondern eher hart ist, kann es dort einschlafen; legen Sie eine Decke unter, so dass Sie, wenn Sie selbst schlafen gehen, Ihr Kind an den vier Ecken der Decke hochheben und in Ihr Schlafzimmer tragen können, das hilft dem Kind beim Weiterschlafen.

Zweiter Vorteil: Sie verbringen den Abend nicht – mehr oder weniger genervt – am Einschlafplatz Ihres Kindes, sondern Sie verbringen den Abend mit Ihrem Partner oder Ihrer Partnerin, und nebenbei stehen Sie Ihrem Kind beim Einschlafen bei. Sie als Eltern machen es sich gemütlich, und Ihr Kind kann ganz nebenbei einschlafen. So haben Sie einen Abend als Paar – und das Kind hat Sie.

Eins ist jedoch wichtig: Sollten Sie fernsehen, dann verzichten Sie auf zu laute, zu aggressive oder zu aufregende Sendungen oder setzen Sie sich für den Ton Kopfhörer auf. Schirmen Sie außerdem Ihr Kind auf alle Fälle von den Fernsehbildern ab, z. B. indem Sie ein Handtuch oder Ähnliches über einer Stuhllehne als Sichtschutz vor Ihr Kind hängen. Fernsehen ist für kleine Kinder nicht geeignet und schon gar nicht, um ins Schlafen zu finden. Aber die gemütliche Atmosphäre des Zusammenseins hilft vielen Kindern beim Ein- und Tiefschlafen. Gemütlichkeit tut nun mal allen gut.

WENN IHR KIND NACHTS AUFWACHT

MACHEN SIE ES SICH ALLE ZUSAMMEN SO BEQUEM wie möglich. Vergrößern Sie Ihr Bett, so dass jeder genug Platz zum Schlafen hat. Am besten ist es auch jetzt, wenn nachts keiner aufsteht.

Legen Sie Ihr Kind also weiterhin so in Ihre Nähe, dass Sie es mit wenig Bewegung durch Spüren und Nähe beruhigen können. Murmeln Sie nur, es sei nicht allein, es solle weiterschlafen. Nichts weiter! Babys spüren es genau, wenn wir entschieden sind, wenn wir nicht bereit sind, nachts größeren Aufwand zu betreiben, und jetzt können sie lernen, sich damit zu arrangieren.

Ein Wort zum nächtlichen Stillen als Einschlafhilfe: Die Unruhe des jetzigen Stillens zeigt sich ab etwa acht Monaten auch in der Nacht, wie viele Mütter berichten. Das Kind wacht jede Stunde auf, nuckelt kurz, schläft dann ein, um kurz darauf wieder aufzuwachen. Es scheint, als vergewissere sich das Kind gerade nachts jede Stunde durch Stillen, dass es ganz sicher »Mamas kleines Baby« bleiben kann. Wenn Sie als Mutter so nicht mehr schlafen können, dann mache ich Ihnen Mut zur Zuversicht: Hören Sie auf, nachts zu stillen, Ihre Nähe ist ausreichend. Als Unterstützung ist es gut, wenn der Papa hilft und ein paar Nächte mit dem Baby ganz übernimmt. Bei Vätern fällt dieser nächste Schritt des Größerwerdens in der Nacht oft leichter.

Das Mehr an Wagnis gleicht der Situation, in der ein Kind das erste Mal wagt, ins Schwimmbecken zu springen; erst zögert es und je mehr Mama ebenfalls zögert, umso weniger traut sich das Kind. Es hilft, das Kind zu ermutigen und sich kurz abzuwenden – dann springt es und erlebt: Ich schwimme, ganz allein!

Abstillen beim Einschlafen heißt übrigens nicht, dass Sie ganz abstillen müssen. Es ist möglich, zur Nahrungsaufnahme weiter zu stillen und doch dem Kind zum Schlafen andere Wege vertraut zu machen. Wie Sie es machen wollen, kommt auf Ihr Gefühl als Mutter dieses Kindes an. Nehmen Sie Ihre Freude, Ihr Gespür und Ihre Erfahrung mit Ihrem Kind ernst.

Dies alles sind Anregungen. Weiterhin gilt: Wer schläft, hat recht – auf seine eigene Weise.

VOM BABY ZUM KLEINKIND – NEUN BIS ZWÖLF MONATE

ENTWICKLUNG UND ERLEBEN DES KINDES

IHR KIND SETZT SICH IN BEWEGUNG

MIT ACHT, NEUN MONATEN BEGINNT DAS BABY zu entdecken, dass es nicht nur im Raum bewegt wird, sondern dass es sich selbst im Raum bewegen kann.

Wenn es irgendwo liegt, dann spielt es nicht mehr nur mit Händen und Füßen oder dreht sich, sondern fängt an, sich fortzubewegen. Jetzt folgt eine Entdeckung auf die andere, je nach Wesen des Kindes in unterschiedlicher Geschwindigkeit und Reihenfolge: Auf dem Bauch liegend kommt das Baby mit ersten

Robb-Bewegungen voran, dann kommt vielleicht die Feststellung, dass man sich auch auf die Knie aufstützen kann. Für manche Kinder ist es jetzt nicht mehr weit zum Krabbeln, andere robben weiterhin, setzen sich und sind dadurch schon halb in der Aufrechten. Einige Kinder sitzen auch bevorzugt zuerst und rutschen auf dem Hintern durch den Raum. Babys entdecken jetzt begeistert, dass die Welt groß ist und sie sie durch ihre eigene Bewegung durchmessen können. Die Zeit beginnt, in der man sein Kind nicht mehr da findet, wo man es hingelegt hatte; plötzlich geht es auf seine erste kleine Wanderschaft, auf eigene Entdeckungsreisen. Es ist deshalb hilfreich, wenn Sie Ihr Kind die meiste Zeit auf dem Boden lassen, so dass es nirgends herunterfallen kann, ganz besonders in Augenblicken, in denen Sie es kurz aus den Augen lassen müssen. Aber nicht nur wegen der Gefahren ist es besser, dass Ihr Baby auf dem Boden ist, sondern ganz besonders, weil es dort viel eher in seine Bewegungsfreude findet. Es kann sich selbst bewegen – was für eine befriedigende Erfahrung! Das ist viel interessanter für Ihr Kind, als wenn Sie es noch oft durch die Wohnung tragen.

Der Moment, in dem die ersten »Wanderungen« beginnen, ist sehr verschieden. Manche Kinder sind unglaublich schnell, andere lassen sich viel Zeit. Solange Sie mit Ihrem Kind die Vorsorgeuntersuchungen bei einer Kinderärztin/einem Kinderarzt Ihres Vertrauens besuchen, machen Sie sich keinerlei Sorgen, wenn Ihr Kind langsamer ist als die Kinder anderer Leute. Die ganzen nächsten Jahre gibt es enorme Bandbreiten, wie kleine Kinder ihre Entwicklungsschritte setzen. Das Beste, was Sie tun können: ruhig bleiben und Ihrem Kind lediglich ausreichend Gelegenheit und kleine Anreize schaffen, sich zu bewegen, sich zu drehen, aufzusitzen, sich langsam hochzuziehen, und das alles aus eigenem Antrieb. Manche versuchen erste Schritte, das eine oder andere Kind beginnt zu laufen. Denken Sie immer daran: Kinder haben mehr Spaß und sind zufriedener, wenn sie es selbst tun.

SELBST IST DAS KIND – WAS IHR BABY ALLES SCHON KANN

GERADE AUCH JETZT GILT BEI UNZUFRIEDENHEIT IHRES KINDES: »Weißt du was? Das kannst du schon selbst.« Trauen Sie Ihrem Kind getrost etwas zu. Kinder, die eher bewegungs- oder antriebsarm sind, die also, wenn sie auf den Boden gelegt werden, sofort weinen und zurück auf den Arm wollen, kann man ermutigen, indem man Gegenstände, die sie neugierig machen, nah genug und doch ein klein wenig entfernt, vor ihr Gesicht legt; in einem Abstand also, der es zulässt, dass sie sie erreichen können, wenn sie sich nur wenige Zentimeter strecken, sich drehen oder robben. In den allermeisten Fällen siegt, verbunden mit Ihren ermunternden Worten, die Neugierde: »Schau doch mal – du schaffst das! Ja, streck dich ein wenig, genau so!« Auch etwas vorsichtigere, bewegungsärmere Kinder wollen Neues greifen und begreifen und fangen an, die zu entdeckende Welt, die sie durch Bewegung erkunden können, zu genießen.

Es stärkt langfristig die gesamte Balance und Stabilität beim Hinfallen und Aufrichten, wenn Ihr Kind selbst herausfindet, wie sein Weg zur Seite, nach vorne, nach hinten, nach oben in die Aufrechte, ja in alle Bewegungsrichtungen aus eigener Körperbeherrschung heraus entsteht. Setzen Sie Ihr Kind also nicht hin, wenn es aus eigener Kraft noch nicht sitzen kann, stellen Sie es noch nicht auf die Beine und lassen Sie es auch nicht an Ihren Händen geführt laufen, solange es aus eigenem Antrieb, aus eigener Muskelkraft heraus noch nicht selbst laufen kann. Die eigene Kraft und die selbst entdeckte Körperkontrolle sind für die körperliche Balance des Kindes ganz entscheidend, weil sie seine Muskulatur stärken und jede seiner Bewegungen stabilisieren.

Sich selbst auf den Weg zu machen und aus Neugierde etwas zu entdecken, ist auch für die Psyche des Kindes stabilisierend und beglückend, weil es erlebt, dass es selbst diese neue Bewegung und das damit verbundene Vergnügen bewirkt und Neues beherrscht. Körper und Psyche – auf beiden Ebenen macht Ihr Kind auch in diesem Alter die wichtigen Erfahrungen von Selbstwirksamkeit, Selbstkontrolle und Selbstvertrauen und dem damit verbundenen Glücksgefühl, samt Jauchzern, die Sie hören.

JETZT KANN IHR BABY NÄHE UND DISTANZ SELBST BESTIMMEN!

ZU ERLEBEN, DASS ES SELBST NÄHE UND DISTANZ zu seinen versorgenden Menschen, zuallererst seinen Eltern, bestimmen kann, macht dem Kind gleichzeitig bewusster, dass es verloren gehen kann. Wenn jetzt beide Seiten mobil sind, wird – aus Baby-Perspektive – die Wahrscheinlichkeit größer, dass man den anderen nicht nur aus den Augen, sondern womöglich vollkommen verliert. Kaum sind die Eltern auch nur aus dem Zimmer oder für einen Moment lang um die nächste Ecke, weinen viele kleine Kinder und robben sofort hinterher.

Eigentlich ist das ein gutes Zeichen, denn das Kind zeigt damit deutlich, dass es mit seinen Eltern stark verbunden ist und dass es diese Verbundenheit noch nicht missen kann und will. Es reagiert gleich, wenn es sich alleine wahrnimmt; sofort krabbelt es los, um die, die es liebt, wiederzufinden. Man kann auch sagen: Das Kind spürt noch eine Art »unsichtbarer Nabelschnur«, die es mit der Mutter, aber auch dem Vater verbindet. Die Anwesenheit der Eltern ist noch wie die Luft zum Atmen. Die wichtigsten Bindungspersonen werden vermisst und das Kind klagt darüber, als ginge unmittelbar seine »Lebensbasis« verloren. Aus Sicht eines Babys fühlt es sich in diesen Monaten auch noch so an.

Jetzt beginnt die Zeit, in der Ihr Kind psychisch wie körperlich das Hin und Her, das Verschwinden und Wiederkommen, das Loslassen und Wiederannähern auslebt, fürchtet und gleichzeitig leidenschaftlich übt. Uns Erwachsenen kommt bei Kindern dieses Alters ganz von allein in den Sinn, »Guckguck-Dada«-Spiele zu spielen. Und das Kind macht vergnügt mit – es kann gar nicht genug davon kriegen! Bei »Guckguck-Dada« verschwinden die Beteiligten, manchmal nur durch die Hand vor den Augen oder aber mit dem Kopf hinter einem Stück Stoff, um sich einen Moment später mit allergrößter Freude und Strahlen wiederzusehen. Kinder werden dieses Spiels nicht müde. Es trifft auf ihre zentralen, psychischen Entwicklungsthemen, wenn sie ins Krabbelalter kommen.

Wir spielen intuitiv mit den kindlichen Ängsten, den psychischen Entwicklungsschritten, mit Verunsicherung und Stabilisierung.

Viel Vergnügen und Vehemenz bei allem, denn ein Kind giert nach Neuem, hat aber gleichzeitig Ängste, ob alles Neue zu bewältigen ist. Ein Kind braucht beides – dass es bei Neugierde und Freude unterstützt wird und sich bei Ängsten dennoch absichern kann.

WIE SIE DEN ALLTAG GESTALTEN KÖNNEN

DIE KINDLICHEN ÄNGSTE HABEN AUSWIRKUNGEN in Ihrem Alltag und Lebensumfeld: Seien Sie darauf gefasst, dass Ihr Kind immer auch da sein will, wo Sie sind. Es wird Ihnen ohne Wenn und Aber hinterherrufen und Ihnen meistens überall hin auf dem Fuß folgen. Es ist gut, die Treppen in der Wohnung zu sichern, so dass Ihr Kind nicht hinunterfällt; aber lassen Sie auf einer Etage alle Räume, in die Sie gehen, offenstehen, so dass Ihr Kind Sie überall wiederfinden kann. Es muss Sie erleben, sehen, Ihre Anwesenheit spüren, denn mit dieser körperlichen Gewissheit findet es auch in seine psychische Gewissheit.

Verabschieden Sie sich am besten ab jetzt von der Idee, Ihr Kind würde im Kinderzimmer spielen, während Sie in Küche, Bad, Wohnzimmer oder Büro hantieren. Ganz besonders in diesen Monaten, aber auch in der folgenden Zeit ist es, wie es ist: Kleine Kinder sind da, wo die Erwachsenen sind. Sie sind kleine »Herdenwesen«, und als solche folgen sie jenen, mit denen sie sich verbunden fühlen wollen. Doch auch hier kann ich Ihnen versichern, dass sich das ändert – keine Sorge!

ALTERSGERECHTES SPIELEN SCHAFFT FREIRÄUME

SPIELEN WILL IHR KIND ALSO DA, WO SIE SICH AUFHALTEN. Und viel lieber als mit Spielzeug spielt Ihr Kind mit dem, womit Sie umgehen. Ihr Kind hat Sie beobachtet und will jetzt ganz genau wissen, wie sich diese Dinge anfühlen und ob es mit den eigenen Händen, genau wie die Eltern, mit Gegenständen umgehen kann.

Deshalb ist Ihr Kind in seiner unbändigen Neugierde auf alles aus, was Sie benutzen.

Sie machen jegliche gemeinsame Zeit für sich und für Ihr Kind leichter, wenn Sie sich darauf einstellen und Ihrem Kind etwas Ähnliches geben wie das, womit Sie gerade umgehen – im Sinne von »mit den Händen machen«. Das heißt natürlich nicht, dass Sie Ihr Kind ebenfalls vor den PC setzen, an dem Sie arbeiten.

Seien Sie erfinderisch; lassen Sie Ihr Kind in Ihrer Nähe mit »echten« Dingen dies und das probieren. Werfen Sie ausgediente Utensilien nicht weg, sondern überlassen Sie sie Ihrem Kind, damit es etwas ausprobieren und nachmachen kann.

In diesem Alter lieben Kinder es z. B., Kartonverpackungen von Lebensmitteln noch einmal zu öffnen, Schraubverschlüsse auf Gefäße zu drehen oder etwas von einem Gefäß in ein anderes zu tun. Ebenso gerne benutzen sie ein älteres Telefon, räumen Sachen aus etwas aus oder versuchen Schlüssel in ein Schloss zu bringen. Die Möglichkeiten sind schier endlos.

Räumen Sie Ihr Wohnzimmer mit seinem Mobiliar so um, dass die »untere Etage« keine Kostbarkeiten, keine teuren Geräte beherbergt, natürlich auch keine gefährlichen Dinge. Generell dürfen Sie in der Wohnung nicht vergessen, dass in Greifhöhe nichts liegen bleibt, woran Kinder sich ernsthaft verletzen können, also kein heißes Getränk, das heruntergezogen werden kann, und auch keinerlei Gefäße mit Putzmitteln, Arzneien oder chemischen Substanzen, die ein Kind schlucken könnte.

Verabschieden Sie sich von einem Ideal, nach dem Ihr Wohnraum schön aussieht, und lassen Sie Ihr Kind auf der unteren Ebene neugierig und kindgerecht mitwohnen. Wenn Ihr Kleinkind die untere Schublade des Küchenschranks oder im Wohnzimmer das eine oder andere untere Schrankfach oder Regalbrett ausräumen darf, dann ist es lange beschäftigt. Platzieren Sie strategisch an diesen Orten Gegenstände, die sich für Ihr Kind eignen und die es interessieren: Wenn Ihr Kind auf seiner Augenhöhe in Eigenregie hantieren kann, dann »arbeitet« es hoch konzentriert und das meistens ziemlich lange. Und Sie haben in der Nähe zu Ihrem Kind dadurch mehr Freiraum für Ihre Arbeiten.

Jetzt zeigt sich tatsächlich, dass das meiste Kleinkindspielzeug links liegen bleibt – denn das Kind will das »richtige« Leben kennenlernen – und übt.

Es hilft der kindlichen Konzentration, wenn man Kinder zwar an interessante, aber eher wenige Gegenstände herankommen lässt. Dann bleiben Kinder länger dabei und landen nicht in einem großen Durcheinander von Sachen, was sie eigentlich immer unruhig macht.

So wie Kinder jetzt wirklich noch klein sind, sind auch die konzentrierten Spielphasen noch kurz, meist zwischen zwanzig und dreißig Minuten. Danach wird Ihr Kind wieder unkonzentrierter, quengelnder, zappeliger in seinen Bewegungen. Dann will es zurück zu Ihnen, um bei Ihnen aufzutanken. Denken Sie nicht, dass Ihr Kind neuen »Input« braucht. Jetzt gerade sicher nicht. Im Gegenteil, Ihr Kind braucht vielmehr die kleine Ruhepause auf Ihrem Schoß bzw. an Ihrem Körper.

Wenn Sie an etwas weiterarbeiten wollen, setzen Sie Ihr Kind getrost in ein gutes Tragegestell auf Ihren Rücken; das hilft dem Kind, abzuschalten, in Trance zu gehen, während es an Daumen oder Schnuller saugt, vielleicht zusätzlich ein »Lieblings-Gegenstand«, was immer zu seiner Beruhigung beiträgt. So können Sie manches erledigen und Ihr Kind sitzt und ruht auf Ihrem Rücken.

Oder gönnen Sie sich ebenfalls eine richtige Pause, wenn Ihre Zeit es erlaubt. Setzen Sie sich gemütlich hin, nehmen Sie Ihr Kind auf den Schoß. Dabei geht es weniger darum, mit dem Kind zu kuscheln, sondern vielmehr darum, es Halt und Begrenzung spüren zu lassen. Halten Sie es auf dem Schoß und warmherzig, aber klar davon ab, zu zappeln und sich aufgrund seiner Unruhe weiter zu drehen und zu wenden. Sie werden beobachten, dass es bei solcher Begrenzung schließlich seine Hände zum Mund nimmt oder mit den Händen zu seinen Füßen geht, also körperlich zu sich selbst findet; dass es durch das Sich-selbst-Anfassen »bei sich« ist und mit seinem Blick ins Tagträumen geht. Mit solchen Schoß-Pausen und Ihrer Eindeutigkeit durch begrenzenden Halt wird Ihr Kind nicht fahrig, sondern findet in seine Ruhe. Diese Ruhe-Inseln am Tag wirken bis in die Nacht. Kinder schlafen dadurch tiefer. Anders gesagt: Anstatt ein kleines Kind durch Zappeln immer weiter auf seinem »Meer« der Neugierde vor sich hinschlingern zu lassen, nehmen Sie es auf den Schoß und damit wie ein kleines »Boot« ans Tau Ihres großen »Schiffes«, das Sie zu steuern wissen. So schlingert das kleine Boot nicht auf den Wellen der Neugierde, sondern Sie steuern Ihr Kind mit Ihrem Halt durch die Stürme seines großen Meeres der Entdeckungen.

VERBOTE NÜTZEN IN DIESEM ALTER KAUM ETWAS

NACH ETWA 15 MINUTEN, wenn Ihr Kind wieder Nähe und Geborgenheit getankt hat und noch nicht müde ist, wird es wieder zügig an alles heranwollen, wird wieder unbändig neugierig sein, denn sein Drang, wirklich alles in seiner Umgebung zu erforschen, ist unerschrocken stark. So stark, dass alle Verbote, die Sie aussprechen, überhört werden. Ein Kind in diesem Alter kann seine Neugierde und Entdeckungsfreude noch nicht steuern; und das ist der Grund, warum es genau dorthin robbt und krabbelt, wo Sie es nicht haben wollen, wozu Sie gerade »Nein!« gesagt haben. Verbote einzuhalten – damit ist ein Kind im Moment noch überfordert. Jetzt hilft nur, dass Sie Ihre kostbaren Sachen in die oberen Fächer wegräumen oder durch kleine Barrieren im Raum dafür sorgen, dass Ihr Kind gewisse Dinge, die es nicht haben soll, einfach nicht erreicht.

Ihr Kind überhört jedes »Nein!«, weil alles viel zu spannend ist. Jetzt kann es selbst auch etwas machen, und dabei strahlt Ihr Kind Sie genüsslich an. Weil das alles Spaß macht, will es natürlich auch nicht hören. Aus seiner Sicht ist es besser, die Umgebung zu erforschen, als Ihr Schoßkind zu bleiben. Auch wenn es anstrengend ist – es ist ein normales Bedürfnis und genau betrachtet ein sympathischer Zug. Erinnern Sie sich daran, wie Ihnen noch vor wenigen Monaten eingeredet wurde, Ihr Kind wolle nie etwas anderes, als immer nur von Ihnen getragen zu werden? Von wegen! Ihr Kind sorgt jetzt für seine eigenen Erfahrungen.

DER BUNTE BILDSCHIRM – UMGANG MIT HANDYS UND MEDIEN

WENN ICH HIER DAFÜR PLÄDIERE, auch kleine Kinder mit den Dingen der Erwachsenen umgehen zu lassen, will ich etwas zu den neuen Medien sagen, allen voran zu Handys bzw. Smartphones. Selbstverständlich sind Kinder auch auf diese Geräte aus, weil sie uns Erwachsene ständig damit hantieren sehen. Sehr schnell entdecken schon kleine Kinder, wie alles funktioniert, wie der Minicomputer zu bedienen ist. Und natürlich können sich kleine Kinder – wie wir Erwachsenen auch – stundenlang damit beschäftigten, alles am Smartphone auszuprobieren, was man nur ausprobieren kann. Und das ist eine Menge.

Es ist einerseits logisch und für kurze Momente auch in Ordnung, wenn Ihr Kind das tut, weil Kinder jetzt aufwachsen und sich mit allem bekannt machen wollen, was diese Zeit für sie bereithält.

Andererseits ist es problematisch, wenn kleine Kinder für längere Zeit am Tag mit Handys, mit Smartphones beschäftigt sind. Das ausschließliche Drücken, Streichen und Zuschauen sind zu eindimensionale Aktivitäten für ein Kind. Kinder brauchen für ihre Neugierde und gesamte körperliche und geistige Entwicklung Erfahrungen mit allen Sinnen, in Beziehung und im Austausch mit Menschen – und das kann ein Smartphone nicht bieten! Ein kleines Kind kann also für einen kurzen Moment das Handy haben – aber es sollte sich nicht längere Zeit damit beschäftigen und auch nicht damit ruhiggestellt werden. Dasselbe gilt fürs Fernsehen. Fernsehen fasziniert Kinder zwar, regt sie aber zu wenig an und lässt sie nicht aktiv sein. Unter drei Jahren sollten Kinder, wenn überhaupt, nur wenige Minuten, besser aber gar nicht fernsehen: Fernsehen und Handys überlassen Kinder einer Passivität, die ihre anregende Entwicklung behindert, wenn die Beschäftigung damit andauert.

DIE RICHTIGE KLEIDUNG FÜR KLEINE ENTDECKER

SOBALD IHR KIND ANFÄNGT, SICH IM RAUM ZU BEWEGEN, wird jegliche Bewegung einfacher, wenn es Kleidung trägt, die gut sitzt. Wer etwas »arbeiten« will, braucht freie Hände und Füße. Helfen Sie Ihrem Kind, indem Sie darauf achten, dass die Kinderhände frei greifen können und dass die Hosen weich sind, jede Bewegung mitmachen und dabei nicht zu knapp sitzen oder dauernd rutschen, weil sie sonst die Füße des Kindes beim Aufstehen oder den ersten Schritten behindern. Auch uns Erwachsene macht Kleidung, die im Weg ist, schließlich nervös.

Wenn Ihr Kind jetzt mehr am Boden lebt, fühlen Sie einmal am Fußboden, wie kalt oder zugig Ihre Wohnung ist. In den Wintermonaten ist es unten deutlich kälter als weiter oben im Raum. Entsprechend warme Kleidung für Ihr Kind hilft sehr, dass es sich auch krabbelnd und robbend mit warmen Händen und Füßen bewegen kann.

ZUSAMMEN MACHT ES MEHR SPASS

DA MENSCHEN SEHR FRÜH GESELLIGE WESEN SIND: Seien Sie weiter gut zu sich und gönnen Sie sich Freundschaften mit anderen Eltern und Kindern. Damit solche Treffen mit anderen Ihnen guttun und Sie nicht anstrengen, hier ein paar Punkte, die helfen:

▶ Vergleichen Sie in solchen Gruppen auch Ihr größer werdendes Kind nicht mit anderen Kindern – das belastet nur. Kinder sind und bleiben sehr verschieden. Lassen Sie Vergleiche los und seien Sie sicher, dass Ihr Kind in dem Tempo durch sein Leben geht, das seiner Wesensart entspricht. Viele der Entwicklungsschritte eines Kindes kann man erst

Jahre später verstehen, weil das individuelle Entwicklungstempo dann plötzlich zum gesamten Lebensbild des Menschen passt. Wenn es Sie ängstigt, dass Ihr Kind in vielem langsamer oder ängstlicher ist als andere Kinder, sagen Sie sich täglich den Satz: »Wer weiß, wofür mein Kind es eines Tages braucht, dass es jetzt genau so ist, wie es ist!«

▶ Immer noch sind die Eltern-Kind-Treffen zuallererst gut für Sie, damit Sie nicht einsam sind, sondern gesellig Kinder versorgen können. Auch wenn Sie Ihr Kind noch viel selbst im Auge haben müssen, haben Sie durch solche Treffen Zeit für Gespräche mit anderen Erwachsenen. Und sprechen Sie zusammen über mehr als über Ihre Kinder! Es gibt unter Erwachsenen so viel Spannendes aus der Welt zu bereden, von Mode bis Politik, was immer Sie gerade bewegt. Für Ihre Kinder ist es schöner, wenn sie nicht dauernd Gegenstand des Gesprächs und der Aufmerksamkeit sind. Dauernd beobachtet und besprochen zu werden, tut nicht gut, großen Leuten nicht und kleinen Kindern auch nicht. Gönnen Sie sich Ihre Welten mit den Erwachsenen und lassen Sie Ihr Baby auch bei solchen Treffen ein wenig in seine eigene Welt gehen.

▶ Das regelrechte Kinderspiel gelingt noch nicht wirklich, Babys sind auch jetzt noch in einer Gruppe Gleichaltriger oft grob in ihrer Motorik und zu sozialem Miteinander noch nicht recht in der Lage. So wie Ihr Kind Sie noch unwillkürlich an den Haaren zieht oder plötzlich in Ihr Gesicht greift, so macht es das auch bei Kindern in der Gruppe, was zwischendurch zu Tränen führt, aber für niemanden Anlass zur Sorge sein muss. Die Fähigkeit, die eigenen Hände fein zu steuern, sich einzufühlen in das Gegenüber, alles genau zu spüren und in entsprechende Handlung umzusetzen, kommt später.

Wenn Sie gemeinsames Spielen fördern wollen, helfen weniger die Appelle (»Max, du sollst Anna nicht hauen!«); Kinder überhören das jetzt noch. Besser hilft es, gemeinsam mit allen zusammen zu spielen. Kinder lieben das Singen und Tanzen und genießen es, wenn Rituale – z. B. der Begrüßung und des Abschieds – sich in der immer selben Weise wiederholen. Die ersten Sing-Reim-Spiele machen also jetzt durchaus schon Spaß, wenn Kinder einfach, auf dem Arm getragen, mitmachen. Ob Sie neue oder auch immer dieselben Lieder singen und Reime sprechen – kleinen Kindern wird Wiederholung kein bisschen langweilig.

BETREUUNG DURCH ANDERE PERSONEN

BISHER WAR IHR BABY SEHR AUF SIE als versorgende Mutter und versorgenden Vater bezogen. Und nun naht ein großer Schritt. Unsere derzeitige Art, zu leben und zu planen und auch unsre Gesellschaft legen Ihnen nahe, das Kind solle mit einem Jahr in die Krippe.

Wir haben heute in unserem modernen Lebensmodell ein paradoxes Phänomen: Im ersten Lebensjahr wird in Büchern, Broschüren und Ratgebern gegenüber den Eltern die Bedeutung der starken Bindung für das Kind betont. Viele Eltern erleben ihr erstes Jahr mit Baby die meiste Zeit allein in ihren vier Wänden.

Dann, plötzlich, werden überall die Zeichen auf Betreuung außer Haus gestellt. Das erste Jahr ist vorbei, ebenso der Bezug von staatlicher Unterstützung für Eltern und Kind und in – aus Perspektive der Kleinfamilie und des Kleinkindes – ziemlich kurzer Zeit soll die familiäre Zwei- bzw. Dreisamkeit umgesteuert werden: Infomaterial und finanzielle Anreize legen Eltern nahe, schnell an den Arbeitsplatz zurückzukehren.[50] Ein Kind soll sich zügig an neue Betreuungspersonen gewöhnen – und die Eltern daran, dass die Arbeit außer Haus wieder Vorrang hat. In Zeiten befristeter Arbeitsverträge fürchten Eltern heute verstärkt, den Anschluss an die Arbeitswelt zu verlieren. Das Tempo zieht für alle Beteiligten deutlich an.

Wenn man darüber spricht, wie wichtig Bindung ist, dann geht es um Gefühle. Bei starker Bindung geht es um starke Gefühle der Zuneigung. Was die Betreuung Einjähriger betrifft, wird über diese Gefühle seit einiger Zeit weniger gesprochen als früher. Jeder Erwachsene kennt das Bedürfnis, konzentriert etwas arbeiten zu wollen und ein kleines Kind, das einen braucht, ab und zu bei jemandem lassen zu können. Sie lieben Ihr Kind – und brauchen trotzdem eine Arbeit oder zwischendurch einfach Ruhe. Auch soll den Müttern oder Eltern generell kein Schwarzer Peter zugeschanzt werden, als wären sie kurzerhand Rabeneltern, die kein Herz für ihre Kinder hätten. Trotzdem lohnt ein Nachdenken über das Thema.

Auch bei der Betreuung Ihres Babys gibt es unterschiedliche Ebenen. Wie das Gewebe Schlafen hat auch das Gewebe Betreuung verschiedene Fäden. Wieder sehen die Fäden bei Menschen unterschiedlich aus und manchmal gibt es Knoten.

Ein Faden ist die Sehnsucht aller Eltern, zurückzugehen in das ganz »normale« Erwachsenenleben, in dem man unabhängig ist, sein eigenes Geld verdient, die eigene Persönlichkeit im Leben steht und man sich nicht fragen lassen muss: »Wie, du bist nur zu Hause?« Ein weiterer Faden ist die Notwendigkeit, eine Familie zu ernähren, die Existenz zu sichern und Rentenpunkte zu sammeln, um der Altersarmut vorzubeugen (Kinder, die zukünftigen Rentenzahler, ergeben für die eigene Rente paradoxerweise kaum Punkte). Aus Sicht der Erwachsenen sind das alles Notwendigkeiten.

Auch aus Sicht der Babys gibt es unterschiedliche Fäden im Gewebe Betreuung. Kinder sind in ihrer starken Zuneigung abhängig und stark verbunden, haben also den Faden »Sehnsucht« als Ausdruck von Bindung, um deren Bedeutung wir ja wissen. Im Gefühl und Erleben eines einjährigen Babys sind die Eltern noch der Mittelpunkt des Lebens, was es durch sein Hinterherrufen und -laufen zum Ausdruck bringt. Ihr Baby will die Welt erkunden, Sie aber dabei in der Nähe haben. So wie es mit den Beinen noch kleine Schritte macht, noch kurze Strecken zurücklegt, so macht auch seine Psyche noch kleine Schritte, meistert kürzere Zeit-Strecken. Die Kinderseele übt noch das Loslassen und Wiederfinden. Dazu braucht das Kind Zeit, weil es erst wieder noch ein Stück wachsen muss, bis es innerlich stabil weiß, dass seine Eltern weiterleben, auch wenn es sie nicht sieht. Kinder, die noch Weggehen und Wiederkommen üben, tragen diese Gewissheit noch nicht fest in sich, können das innere Bild ihrer Eltern noch nicht über lange Zeit in sich lebendig halten.

Dennoch sind viele Kinder robust. Alle Kinder haben neben dem Faden Sehnsucht auch den Faden Neugierde in ihrem Gewebe. Wenn Eltern weggehen, nimmt daher nicht jedes Kind gleich Schaden. Man weiß jedoch nicht immer genau, ob ein Baby die Abwesenheit seiner Eltern eher gut oder zeitweise nicht so gut bewältigt. Man kann es, vorsichtig, so ausdrücken: Im Alter von etwa einem Jahr ist das Risiko erhöht, dass ein Kind seine Eltern noch stark vermisst, sie ihm innerlich »abhanden kommen«, wenn sie längere Zeit vom Kind nicht real gespürt, real erlebt werden. Es geht um feine Prozesse, die mit Feingefühl gut versorgt werden können.

Eine sensible Gesprächskultur und echte Wahlmöglichkeiten bezüglich aller Existenzfragen von Eltern wären hilfreich, so dass Eltern spüren können, wie ihr Kind geartet ist, wie zügig es seine Schritte der Abnabelung macht.

Vier bis sechs Wochen Eingewöhnungszeit in einer Kindertagesstätte[51] sind für uns Erwachsene lang, für ein einjähriges Kind sind sie eher kurz, denn es hat zuvor zwölf Monate alles Erleben mit seinen Eltern geteilt. Da ist die Bindung, da sind seine Gefühle. An neu betreuende Personen ist es bisher nicht gebunden. Welche Gefühle ein Kind zu anderen Betreuern hat, ist noch offen, die Umgebung ist noch neu. Der schnelle Wechsel von der einen zur anderen Lebensform kann Eltern und Babys außer Atem bringen und es wäre gut, wenn wir in unserer schnellen Gesellschaft darauf achten dürften, dass es allen gut geht; dass es genug Zeit und die Erlaubnis dazu gibt, um verschiedene Gefühle, verschiedene innere Stimmen beim Weggehen und Wiederkommen mit kleinen Kindern auszusprechen; Eltern brauchen Ruhe, um der eigenen Ambivalenz nachgehen zu können und um Lösungen zu suchen, die allen und allem gerecht werden.

SANFTE ÜBERGÄNGE –
BESSER FÜR KLEINE UND GROSSE MENSCHEN

WENN SIE AUSREICHEND UND VERLÄSSLICHE KONTAKTE knüpfen konnten, dann ist Ihr Kind den Umgang mit mehreren Erwachsenen gewohnt. Wenn es gut geht mit anderen, stärkt das in Ihrem Kind die Gewissheit, dass auch andere Erwachsene vertraut und verlässlich sind, man also bei ihnen liebevoll und gut aufgehoben ist. So können sich Erwachsene zunehmend gegenseitig die Kinder abnehmen. Eine sanfte Art für ein kleines Kind, erste Zeit ohne Eltern, aber mit lange bekannten Bezugspersonen zuzulassen.

Wenn Sie vorhaben, Ihr Kind ab etwa einem Jahr in einem professionellen Rahmen (KiTa oder Tageseltern) betreuen zu lassen, dann ist es für Ihr Kind hilfreich, wenn es den Umgang mit den dann betreuenden Menschen ganz stetig kennenlernt. Ideal wäre es, wenn Sie Ihr Kind im zweiten Lebenshalbjahr früh und kontinuierlich mit den Menschen vertraut machen könnten, die es hüten werden, wenn Sie als Eltern beide wieder außer Haus arbeiten. Stabile Bindungen zu neuen Menschen brauchen für kleine Kinder Zeit – und ebenso benötigen Kinder im ersten Lebensjahr Zeit, um die starke Verbindung zu Ihnen als Eltern allmählich zu öffnen und Ihr Weggehen zulassen zu können. Am besten knüpft Ihr Kind in Ihrem Beisein neue Bindungen, damit die neuen Menschen und der neue Ort zu einem richtigen, zweiten Zuhause werden. Auch möglichst wenig Personalwechsel hilft, damit Ihr kleines Kind am neuen Ort langfristig beständige Bezugspersonen und menschliche Bindungen hat.

Als Kind erlebt man Zeiträume anders. Für uns Erwachsene vergeht ein ganzer Tag schnell, aber wenn es um Gefühle von Verbundenheit und Sehnsucht geht, können sich Tage und Stunden sehr lang anfühlen. Sollten Sie wählen können, planen Sie am besten für Ihr noch kleines Kind eine eher kurze tägliche Betreuungszeit, damit die Zeit Ihrer Abwesenheit nicht sofort zu lange dauert. Empfehlenswert ist auch hier, wenn ein Elternteil weniger

Arbeitszeit außer Haus verbringen kann. Im Idealfall können Sie einen sanften Übergang durch langsames, allmähliches Ausweiten der Betreuungszeiten schaffen. Unterstützend ist auch, wenn zu jenen, die Ihr Kind hüten, ein warmherziges Verhältnis entsteht, auch das trägt und nährt Ihr Kind.

Wenn Sie es sowieso langsamer angehen und länger zu Hause bleiben wollen: Entwerten Sie sich als Eltern nicht und lassen Sie sich nicht entwerten. Lassen Sie sich als Mann nicht als »Softie« und als Frau nicht als »Heimchen am Herd« bezeichnen, wenn Sie das Bedürfnis nach ausreichend Zeit mit Ihrem Kind wahrnehmen und ein anderes Tempo leben als andere. Das Weggehen kommt schnell genug auf alle zu. Alle Arbeit, alle Termine außer Haus stürmen früh genug auf alle ein. Wenn Sie noch zu Hause bleiben, sagen Sie sich: Wann sonst, wenn nicht in der frühen Kindheit, sollte es möglich sein, nicht immer irgendwohin zu müssen, miteinander Zeit zu haben? Wann, wenn nicht jetzt sollte man zusammen die vielen Momente genießen, in denen ein kleines Kind so viel Neues lernt und seinen Charme zeigt?

Für viele Eltern ist es nicht nur einfach, die »moderne Gleichzeitigkeit« zu leben; alle Lösungen haben Vor- und Nachteile. Vielleicht mögen Sie sich mit anderen zusammentun, damit diese ganze familiär-berufliche Kompliziertheit nicht mehr allein auf Ihren Schultern ruht. Wagen Sie es und sprechen Sie mit Verantwortlichen in Institutionen, mit Betreuenden, Politikern und Arbeitgebern, wenn Sie mehr Zeit für Übergänge oder generell mehr Zeit für das Leben mit Kindern brauchen.

In seinem Buch *Sozialstaatsdämmerung* hat Jürgen Borchert, ehemaliger Vorsitzender Richter des Sozialgerichts Hessen[52]

Hintergrundinformationen zusammengetragen, die zeigen, dass Familien mit Kindern zurzeit vom Staat zu sehr zur Kasse gebeten werden. Durch Verbrauchssteuern und versteckte Abgaben werden jene mehrmals belastet, die als Eltern für mehrere sorgen. Wenn Sie sich kundig machen, bekommen Sie ausreichend Argumente, um bei Parlamenten und Regierenden das einzufordern, was Ihnen in Ihrer Sorge für die nächste Generation der Gesellschaft eigentlich zusteht.

Wenn viele sich äußern, sind einzelne nicht allein. Wir leben in einem Land, in dem Mitsprache vorgesehen ist. Nehmen Sie als Eltern ruhig die unterschiedlichen Möglichkeiten wahr und gestalten Sie mit, wie Ihr Leben mit Kindern sich abspielen soll.

Noch etwas tut kindlicher Entwicklung gut und ist ein Thema, das die gesamte Gesellschaft betrifft: Fürsorge. Unsere Gefühle und die Sehnsüchte aller zeigen: Umsorgt zu werden nährt und macht gute Laune.[53] Kinder stärkt es, wenn sie Fürsorge als Normalität erleben, weil sie dadurch ihr Kleinsein und die damit verbundene Bedürftigkeit nicht als »störend« erleben, sie sich darin nicht abgewertet vorkommen und sich selbst nicht abwerten; ihre innere Stimme nicht früh anfängt zu sagen, klein wie sie sind, genügten sie nicht und sie sollten vieles schneller und besser können. Wenn Menschen lange erleben können, dass sie so, wie sie sind, völlig in Ordnung sind, dann bleiben sie weicher, einfühlsamer und kreativer in ihren Lösungsfähigkeiten.[54] Und die Fähigkeit zu Mitgefühl ist ein wichtiger Baustein einer humanen Gesellschaft.[55]

EINE AKTIVE UMGEBUNG FÖRDERT DAS KIND

FÜR DIE FÖRDERUNG SEINER FÄHIGKEITEN muss Ihr Kind nirgends hin. Durch anregende Beziehung und Zuneigung zu den nächsten Mitmenschen und eine ausreichend belebte Umgebung passiert alles Wesentliche in Ihrem Kind. Ein Haushalt allein ist sehr anregend für ein kleines Kind.

Menschen, die es lieben, mit denen es sich verbunden fühlt, mit denen es sprechen, bei deren Arbeit es dabei sein und in deren Nähe es selbst etwas machen kann, fördern ein Kind. Es ist gut, wenn ein Kind mehrere solche aktiven Menschen erlebt, nicht ausschließlich die Eltern. Aber: Im Reich eines Kleinkindes sind die Eltern die Könige. Fühlen Sie sich durch die Zuneigung Ihres Kindes ruhig geadelt, genießen Sie es. Sie werden exklusiv geliebt, oft auch noch exklusiv gebraucht. Keine Angst – ganz bald werden Sie schon etwas entthront, aus einem Zuviel an Anwesenheit entlassen.

Machen Sie aus alledem keinen ideologischen Krampf, das strengt nur an. Trauen Sie lieber Ihren Gefühlen und stärken Sie sich unter Eltern gegenseitig. Besprechen Sie mit befreundeten Eltern, wie Sie alles erleben, helfen Sie sich gegenseitig und teilen Sie Ihre Kräfte untereinander auf. Vielleicht mögen Sie sich gemeinsam engagieren, um ein familiengerechtes Rentensystem oder andere hilfreiche Veränderungen zu bewirken.[56] Stärken Sie Gefühle der Verbundenheit im Leben mit kleinen Kindern und genießen Sie die Zeit gemeinsam.

Für das Leben mit kleinen Kindern ist auch die Wohnsituation wichtig: Überall dort, wo Stadtviertel und Wohnungen so gestaltet werden, dass Familien mit Babys und kleinen Kindern schnell zueinander finden, weil die Wege kurz sind, erleichtert das den Alltag enorm. Man hat Nachbarn in ähnlicher Situation und kann einander helfen.[57] Sehr unterstützend wäre, wenn Eltern mit kleinen Kindern (ebenso wie Senioren, zur Bereicherung aller sollen sie auch dabei sein) bevorzugt Anspruch auf solche Wohnungen hätten, um stabile Kontakte aufzubauen und weniger allein zu sein.

Bürgerdialoge nehmen in vielen Städten zu. Wenn Sie Zeit und Lust haben, mischen Sie sich ein, nehmen Sie daran teil, um für eine Quartierplanung zu werben, die Familien mit kleinen Kindern ihre Alltagsabläufe erleichtert.

SCHLAFEN

Am Tag

Schlaf – weiterhin braucht ein Kind genug davon, damit es in seinen Wachzeiten konzentriert sein kann. Für manche Kinder sind es zwei Schlafzeiten am Tag, manche kommen besser klar mit drei kleineren Einheiten über den Tag verteilt. Immer gilt: Müdigkeit zulassen und nicht übergehen, denn Kinderschlaf hat immer Vorrang – Sie selbst profitieren sehr davon.

Gut, wenn Ihr Kind als Krabbelkind gelernt hat, dass es im Liegen schlafen und seine Rituale, den Teddy, die Puppe oder auch das Spielzeugauto im Bett haben kann.

Manches Kind schläft besser, wenn es seine »Herde« hört, ein anderes braucht Stille.

Generell ist es sinnvoll, wenn Hilfen (wie Schnuller oder Tuch, etc.) jetzt nur noch zum Einschlafen genutzt werden, also nur noch in kritischen Momenten, wenn die Müdigkeit kommt oder ein Kind Trost braucht. In wachen Zeiten am Tag kann ein Kind jetzt auf den Schnuller verzichten. Allerdings bleiben Beruhigungs-hilfen zentral, wenn es um Traurigkeit oder Schmerz geht; dann sind die Puppe, der Teddy oder auch Schnuller und Tuch wichtig, weil sie Trost spenden.

Am Abend

Geben Sie weiter nicht Ihren Abend auf, sondern holen Sie eher das Kind in Ihre Nähe; entweder braucht es noch körperliche Nähe zum Einschlafen, wie in den ersten Monaten, oder Sie fangen an zu üben, dass Ihr Kind etwas selbständiger einschlafen lernt. Ein Kinderbett könnte in Sicht- und Hörweite stehen: der jetzt eigene Platz, an dem das Kind am Abend hingelegt wird. Es hört Sie als Eltern, erlebt Sie aber nicht mehr als zuständig für seine Beruhigung, schon gar nicht für seine Unterhaltung; Ihr Kind ist wieder bei seinem Tagträumen und Nesteln und kann in seinem Bett einschlafen. Sie als Eltern verbreiten abendliche Gemütlich-keit, mehr nicht. Wohligkeit beruhigt das »scheue Reh Schlaf« – es zeigt sich eher.

In der Nacht

Ein Leben lang bleibt es dabei: Die »Siesta« tagsüber hilft dem Nachtschlaf, also sparen Sie weiterhin nicht am Tag-Schlaf.[58] Ledig-lich sollte das letzte Schläfchen nicht zu nah am Abend sein. Dazu machen Zeit draußen und viel Spaß an Bewegung (gemeinsam mit anderen, das bringt alle wie von selbst in die Gänge) kleine Kinder zusätzlich müde und helfen ihrem Tiefschlaf nachts.

Kleine Menschen träumen und verarbeiten – wie große – vieles in der Nacht. Immer wieder wachen sie deshalb auf. Selbst wir Erwachsene haben es gerne, jemanden nachts neben uns zu haben. Warum sollte es einem Kind anders gehen? Gerade wenn es als kleiner Mensch tagsüber so viele Entwicklungsschritte im Abnabeln und Großwerden macht, dabei viel Neues erlebt und ausprobiert. Auch das beschäftigt nachts. Außerdem (Sie erinnern sich?) fürchtet man sich als kleiner Mensch generell im Dunkeln mehr als die Großen. Auch kennen alle Erwachsenen das Phänomen, dass nachts Ängste und Sorgen größer sind als am Tag, und das ist beim Kind nicht anders. Alles in allem bleibt es noch naheliegend, dass ein kleines Kind, das jetzt mehr entdeckt und eigene Wege geht, nachts immer wieder Vertraute für seine Sicherheit braucht.

Dennoch: So lange ein Kind nicht krank ist, kann es lernen, dass es nachts nicht mehr als Geborgenheit, Ruhe und Schlaf bei den Eltern bekommt. Wieder kann das »Prinzip Gegenseitigkeit« tragen: Eltern geben Wichtiges – das Kind muss es auch nehmen. Mehr als Nähe haben Eltern nicht zu bieten und manchmal hilft es, das einem Kind deutlich zu sagen, manchmal auch, diese Tatsache einen Moment lang auch körperlich auszudrücken, indem man sich etwas wegdreht und sehr eindeutig als Eltern nicht ansprechbar ist. Gemütlich nah bei den Eltern zu liegen, das geht nur, wenn man als kleines Kind auch ruhig liegt, nicht babbelt, spielt oder ständig nestelt und quengelt. Sollte es gar nicht besser werden, braucht es manchmal Hilfe durch Gespräche, also besagte »Schutzhütte«.

ESSEN – WAS UND WANN?

ES WIRD HEUTE VIEL GELEHRT UND GESCHRIEBEN, wie die Beikost für kleine Kinder einzuführen sei. Manche Eltern sind unsicher, was sie ihrem Kind denn nun geben dürfen und was nicht. Fast alle sind vorsichtig im Umgang mit Essen für kleine Kinder. Für viele Familien geht früh Stress beim Essen los. »Unser Kind isst nicht« – dieser Satz fällt oft. Fragt man genauer nach, was das Kind nicht isst, zeigt sich, dass ein Kind das altersgemäß Empfohlene nicht mag, aber durchaus interessiert an allem wäre, was die Eltern essen. »Darf man das denn?« Ja – man darf! Es ist ein ganz logischer Vorgang: Das Baby verliert mehr und mehr die Lust an der Brust, aber es beobachtet neugierig, was die Größeren sich in den Mund schieben.

Neugierde hilft immer beim Größerwerden. Ein Kind hat Lust und Sie als Eltern dürfen Lust und Neugierde zulassen. Denn schon in der Schwangerschaft wird das Baby an unsere Kost gewöhnt.[59] So mögen manche kleinen Kinder zwar keinen Brei, egal ob selbst gekocht oder aus dem Glas, aber die Gurke oder das Käsebrot der Eltern essen sie mit Interesse. Essen geschieht aus Lust und Appetit und beides kommt, indem man als Kleines mit bei Tisch sitzt und alles probiert, was den Größeren gut schmeckt. Seien Sie unerschrockener! Die Empfehlungen bezüglich Allergie-Prophylaxe haben sich schon wieder geändert. Inzwischen wird geraten, eher früh mit einer Vielfalt an Lebensmitteln und Geschmacksrichtungen anzufangen, weil das den kindlichen Körper anregt, mit verschiedenen Stoffen zurechtzukommen. Ich kenne Kinder, die haben mit Oliven, sauren Gurken, herzhaften Käsesorten, Wurst oder Fisch begonnen.

Noch stärker als Erwachsene sind kleine Kinder den Signalen ihres Körpers ausgeliefert. Entweder hat ein Kind Lust und Appetit – dann isst es; oder beides fehlt – dann hilft nur, dafür zu sorgen, dass beides zurückkommt. Nur so geht ein Magenpförtner auf, nur dann kann ein Kind schlucken.

So lange Sie nicht nur Unvernünftiges bieten, also nicht zu stark Gesüßtes oder nur Fettes oder zu stark Salziges füttern, dürfen Sie ruhig herausfinden, ob Ihr Kind eher zarte oder deftige »Geschmäcker« bevorzugt.

Auch was das Essen betrifft, kann man nicht steuern, welche »Sorte« Kind man hat, man kann sich nur darauf einstellen. Sollte Ihr Kind zu jenen gehören, die ganz sparsam essen, dann seien Sie auch da gnädig, indem Sie nicht zu früh Essensregeln wie: »Jetzt wird nur bei Tisch gegessen«, betonen. Kinder, die eher wie kleine Vögel picken, brauchen – neben regelmäßigen, gemeinsamen Hauptmahlzeiten – genau wie kleine Vögelchen noch kleine »Futterstationen« in der Wohnung, Teller, an denen sie ab und zu »picken« dürfen, soweit nicht einfach nur Süßigkeiten dort liegen.

Wenn Sie mit Freude und Ritualen essen, erledigt sich vieles nebenbei. Vor allem durch Geselligkeit mit Kindern. Die guten Tischsitten können noch warten. In diesem Alter ist Essen mit allen Sinnen angesagt, und Ihr Kind benutzt seine Hände, will Nahrung anfassen, begreifen, was es isst. Ihre Nachsicht hilft, und der Freude Ihres Kindes beim Essen tut es gut. Auch wenn es jetzt zeitweise noch etwas ungepflegt zugeht – Ihr Kind wird dennoch als größerer Mensch rechtzeitig alles Notwendige lernen; lassen Sie ihm Zeit.

DAS KIND VON EIN BIS DREI JAHREN

ENTWICKLUNG UND ERLEBEN DES KINDES

LAUFEN, LAUFEN, LAUFEN

NACH DEM ROBBEN UND KRABBELN, meist auf allen vieren, bei manchen Kindern auch nur als Rutschen auf dem Hosenboden, kommt jetzt der ersehnte Moment: Das Kind stellt sich auf die Füße. Zunächst hält es sich noch überall fest, dann macht es die ersten Schritte und plötzlich wagt es, alleine zu gehen! Der große Moment ist da – das Kind läuft durch den Raum. Besonders gerne tut es das, wenn es in die Arme eines Erwachsenen oder eines größeren Geschwisterkindes laufen kann. Die Begeisterung ist groß bei den Eltern und riesig beim Kind.

Ab sofort ist das kleine Kind ganz und gar bei allem dabei, nichts kann es mehr aufhalten. Noch wackelig zwar, aber mit großem Vergnügen läuft es, wann immer es kann. Und es kann: laufen, laufen, laufen! Die meisten Kleinkinder fordern es ein, zu jeder Gelegenheit. Welches Geschrei erntet man, wenn man jetzt das Kind in den Kinderwagen oder in den Autositz zwingt. Das ganze Kind wehrt sich – es will stehen und auf den eigenen Beinen durch die Welt gehen. Am liebsten würde es die ganze Welt im Laufen erkunden – und sehr bald auch über Hindernisse, auf kleinen und großen Wegen, auf kleinen Mauern. Das Kind will wissen, wie sich alles anfühlt, wo es die Balance hält, was es alles erproben, erkunden, bewältigen kann. Die Freude ist da – und sie braucht Raum. Wege, die mit einem Kind in diesem Alter gegangen werden, brauchen Zeit, denn alles, was einem begegnet, ist spannend.

Wenn das Laufen noch besser geht, das Kind noch einige Monate älter ist, dann bedeutet das, dass nichts mehr ausgelassen wird; keine Erhebung, die nicht erklommen und beim Abwärtsrennen, Herunterpurzeln und -hüpfen vom Kind alleine erspürt werden will. Und wehe, man stört es dabei, alles alleine zu versuchen, oder lässt diese Bewegung nicht zu!

In jede kleine Pfütze will Ihr Kind hineinlaufen oder -fassen, weil es so herrlich spritzt. Die Welt muss mit den Füßen und Beinen, mit dem ganzen Körper erspürt werden.

Außerdem gibt es auf jedem Weg unendlich viele Kleinigkeiten zu sehen. Jeder Stein, jeder Kiesel ist interessant, jede Schnecke erst recht; Käfer, Ameisen, alles, was sich regt und bewegt, muss betrachtet werden. Besonders faszinierend sind auch größere

Tiere. All jene Familien haben es leichter, die Interessantes in der Nähe haben, wie Hühner, Enten, Katzen, Hunde, Kühe, Pferde usw. Aber auch Maschinen, Bagger, Laster oder Kräne werden stundenlang beobachtet, oder auch Werkstätten, in denen man bei allem, was Menschen machen, zuschauen kann. Dann kommt keine Langeweile auf.

Eines Tages musste ich mit zwei Kleinkindern zur Reiseauskunft am Bahnhof und erlebte, wie zwei kleine Kinder eine »Reise« machten, voller Elan, ohne Jammern: Mit großer Begeisterung wollten sie jede der zehn Treppen zu den zehn Gleisen hinauf und wieder hinunter, um an jedem Gleis jede Lok samt Zug zu inspizieren. Stufen sind bekanntlich für kleine Beine weitaus mühseliger als für große, aber diese kleinen Beine »wollten« nichts anderes – die Faszination von allem, was zu sehen war, gab den Kleinkindern die Kraft und Ausdauer, um jede Treppe zu nehmen. Nie wieder habe ich an einem Bahnhof alles so genau begutachtet.

DAS ICH STEHT AUF

PARALLEL ZUM AUFSTEHEN, LAUFEN, BALANCIEREN, Beobachten und Schauen passiert noch etwas Faszinierendes: Die Persönlichkeit des Kindes meldet sich mit Begeisterung und Vehemenz. Das Ich des Kindes »steht auf«, mischt mit, viel deutlicher als in der Zeit zuvor.

Bald kommen erste Wörter, und gar nicht selten ist das erste Wort: »Nein!« Nicht etwa, weil das Kind so ungehorsam wäre. Ihr Kind signalisiert damit vielmehr, dass es sich ab sofort als eigene Person spürt und wahrnimmt. Damit dies nicht aus Versehen von den Großen vergessen wird, kommt vom kleinen Menschen bei jeder größeren oder kleineren Gelegenheit dieses vehemente »Nein!« Jetzt spüren es die anderen ganz gewiss auch: Ab sofort ist noch jemand da, der etwas will!

Man erntet unendlich viel Geschrei und Widerstand, sollte man als großer Mensch je übersehen, dass hier ein kleiner Mensch als ganze Person durch die Welt geht. Es ist, als nehme sich das Kind wie eine noch kleine Pflanze, wie einen kleinen »Baum-Schößling« wahr, der unter den großen Bäumen steht. Da man als kleiner Spross noch sehr in der Gefahr ist, neben den Großen nicht genug Licht und Luft zum Wachsen zu bekommen, setzt man als menschlicher Schößling seine Stimme ein. (So ist es ja wirklich manchmal, wenn man als Kind in einer Menge von Menschen steht und nur noch Beine sieht – wie Baumstämme.) Um als Kind wachsen und gedeihen zu können, muss man sich bemerkbar machen.

Das nächste, wichtige Wort ist: »Selber!« Alles will ein Kind jetzt selber machen – bei fast nichts darf man ihm helfen. Warum? Ein kleines Kind will nicht nur in Füßen und Beinen spüren, dass es eine eigene Person ist, auch die Hände sollen das wahrnehmen. Es muss alles, was gemacht wird, mit den Händen bewegen: Das Ich will spüren, dass es auch etwas kann. Deshalb reagiert Ihr Kind mit lautem Geschrei, sollte es je bei Arbeiten, die anstehen, übersehen werden. »Selber! Auch will!«, hören Sie bei allem, was Sie tun. Jetzt haben Sie einen kleinen »Azubi« an der Seite, einen hochinteressierten, der begierig darauf aus ist, alles genauestens zu lernen. Auch wenn es immer wieder anstrengend sein kann und Eltern entscheiden müssen, wann was machbar ist, drückt das Kind so seine Tatkraft aus. Nicht nur Welt-Erkundung im Laufen, sondern auch Welt- und Ich-Erprobung im Handeln ist angesagt.

DIE KUNST DER DIPLOMATIE

GERADE IM ALLTAG MIT KLEINKINDERN bleibt uns nichts übrig, als Wege zu finden, die Respekt ermöglichen. Kinder sind – auch als ungestüme Kleinkinder – keinesfalls Untertanen und sie zeigen ihren Wunsch nach Respekt mit Protest. Ihr Widerstand flößt ihn uns ein. Die Zeit der »hohen Diplomatie« beginnt. Die Frage ist, wie man Kompromisse findet und alle Beteiligten die Lage meistern, damit im Konfliktfall niemand »beschädigt« vom Platz geht.

Auch das ist anstrengend. Aber wie Menschen Schwierigkeiten zwischen sich lösen, erlebt ein Kind zuallererst bei seinen Eltern und lernt dabei, wie das gehen kann. Das Zusammenleben mit geliebten Menschen gelingt besser, wenn die meiste Zeit ein respektvoller und nach einem Streit ein versöhnlicher Ton herrscht, wenn man Wege sucht, die im Zusammenleben zu Gesprächen führen, also Wege, die auch bei Streit ein Zusammenbleiben möglich machen. Da Sie das wahrscheinlich auch lieber mögen, könnte das der Antrieb sein, mit Ihrem Kind oft genug respektvolle Wege der Auseinandersetzung zu finden. Denn die Erfahrung mit Ihnen wird später sein Zusammenleben mit Menschen beeinflussen. Ziemlich sicher kommt die jetzige Erfahrung Ihres Kindes später seiner Partnerschaft und seinen Kindern zugute. Dann bestehen gute Aussichten, langfristig eine friedliche, mit Konflikten belastbare Basis in Ihrer Familie zu haben.

ABLÖSUNG, AUSEINANDERSETZUNG, DAUERNDE KONFLIKTE – da kommt man auf die Idee, als Eltern mit strengen Konsequenzen zu reagieren. Während das Kind erste Schritte in sein Autonomiegefühl macht, hilft es, wenn wir daran denken, dass ein kleiner Mensch noch große Ängste hat, seine Erprobung von Autonomie könnte schiefgehen: Ein Kind fürchtet, man könnte sich – angesichts seines Protestgeschreis – gegenseitig ernsthaft verlieren, sich nicht mehr mögen. Es ist gut, wenn diese Angst keine Nahrung bekommt, deshalb verlangen Sie nicht von einem Kind, allein zu sein, bis es wieder »lieb« ist.

Früher mussten Kinder in der Ecke stehen – heute müssen sie in ihr Zimmer oder auf den »stillen Stuhl« oder die »stille Treppe«. All das führt zu der Erfahrung: Wenn wir zweierlei Meinung sind und Streit haben, muss einer raus. Was ist die Folge? Angesichts ihrer Angst beugen sich die einen Kinder, sie sind schnell wieder lieb. Die andere Sorte Kinder wird – um der großen Angst vor dem Alleinsein entgegenzusteuern – verstärkt auffällig und unruhig. Diese Kinder treten die Flucht nach vorne an: Sie versuchen, durch provozierendes, »starkes« Verhalten ihre große Angst vor dem Ausgeschlossen-Sein zu ertragen.

Beziehungen sind lebendiger und strapazierfähiger, wenn sie alle Facetten, auch Streit, gut aushalten. Es ist jetzt eine zentrale Erfahrung für das Kind, dass sein Eigensinn nicht gefährlich wird, die Eltern es lieben und die Beziehung weitergelebt wird. Man schaut, wie man gemeinsam aus Schwierigem herauskommt. Wenn das gelingt, spürt ein Kind: Es ist für das Zusammenleben und die Liebe tragbar, wenn jeder eine Persönlichkeit hat, es zweierlei

Meinungen gibt, und man zeitweise widerspenstig ist und seine unfreundlicheren Seiten zeigt.

Erfahrungen in den ersten Lebensjahren sind zentrale Erfahrungen; sie bahnen lebenslange Gefühle in Beziehungen, entweder mehr oder eher weniger belastete Erfahrungen.

AGGRESSIONEN

BEIM THEMA »STREIT UND KONFLIKTE« betritt der nächste »Mitspieler« in der psychischen Entwicklung selbstbewusst die Bühne: die Aggression. Sie wird jetzt im Alltag häufiger Teil des Umgangs miteinander. Ein Kleinkind kann kratzen, zwicken, beißen, schlagen, an den Haaren ziehen und sich damit so benehmen, dass auch in den Eltern Aggression hochsteigt.

Die Frage ist, wofür Menschen Aggressionen brauchen: Zu einer stabilen Persönlichkeit gehört, dass sie zum einen Aggressionen hat, zum anderen ein angemessenes Verhältnis zu ihnen findet. Angemessen heißt, dass man einerseits offen und im Umgang mit anderen relativ aggressiv sein kann, aber nicht zu aggressiv im Sinne von cholerisch und zerstörerisch, andererseits aber auch nicht gar nicht aggressiv im Sinne von immer nur nett und lieb. So sehr man zu viel Aggression fürchtet, so sehr fürchtet man auch zu nette Menschen.

Bei zu viel Aggression ist allen klar, warum man sie fürchtet – weil man starr vor Angst und Schreck wird, wenn man ungezügelte Aggression im Gegenüber erlebt. Aber zu viel Nettigkeit und »immer nur lieb« ist uns ebenfalls nicht geheuer, sondern unheimlich, weil wir spüren, dass auch da etwas nicht stimmt.

Wir ahnen, dass sich die Aggressionen dieser Person irgendwo verstecken; und wir fürchten, dass diese Aggressionen sich heimliche Wege suchen und uns hintenherum, auf versteckten Wegen erreichen. Intuitiv wissen wir: Jeder Mensch hat zwar ein Bedürfnis nach Nähe, aber um seiner Persönlichkeit und Individualität willen auch ein Bedürfnis nach Abgrenzung. Wenn diese Abgrenzung sich im rechten Maß durch Aggression ausdrückt, nehmen wir eine Person als ganz, als echt wahr. Diese Abgrenzung praktizieren Kinder um ihrer Autonomie- und Ich-Entwicklung willen ständig, sobald sie auf ihren eigenen Beinen stehen.

Ab jetzt ist es offensichtlich: Jedes Kind ist mit allen Gefühlen auf der Welt, neben den charmanten, freundlichen, liebevollen eben auch mit aggressiven, mit Gefühlen des Sperrig-Seins, mit Zorn und allen damit verbundenen Ängsten. Mit der Geburt des Ichs zeigt sich die ganze Palette der Emotionen, alle Empfindungen liegen für ein Kind offen da wie die Farben eines Farbkastens. Kinder haben – um eine ganze Persönlichkeit zu werden – das Bedürfnis, alle Farben zu benutzen, zu erleben. Sie tauchen im Zusammenleben mit anderen ihren Pinsel auf alle Fälle in jeden Farbtopf. Zu interessanten, spannungsreichen Bildern gehört der Kontrast, das Hin und Her zwischen Hell und Dunkel, der Umgang mit warmen und kalten Farben. Kinder tun dies unwillkürlich, sorgen dafür, dass sie sich – um ihrer Ganzheit willen – in allen Farben des Lebens üben, alle benutzen und sich im Farbkasten der Gefühle auskennen.

Bei kleinen Kindern bedeutet das: Ungestüm, wie sie noch sind, auch voll ungestümer Ängste, »malen« sie ungestüm. Alle Gefühle sind da und werden gelebt. Ein kleines Kind nimmt also unwillkürlich auch Schwarz. Es wäre zu viel verlangt, dass es die dunklen Farben, also seine aggressiven und auch ängstlichen Seiten schon beherrscht.

In den nächsten Jahren des Wachsens kann das Kind lernen, mit den Farben seiner Gefühle allmählich feiner zu malen, sie aber weiterhin alle zu benutzen. Das ist ein langsamer Prozess, der Jahre dauert. Das Hin und Her zwischen allen Anteilen ist in folgender Szene gut nachzufühlen:

Ein zweijähriges Mädchen, das schon hingebungsvoll versorgend mit seiner Puppe spielt, trägt sie zunächst innig, liebevoll auf dem Arm. Im nächsten Moment wirft das Kind die Puppe vehement zu Boden und rennt weg. Die Tante, die das beobachtet, lässt die Puppe weinen und sie sprechen: »Aua, Mama, das tut mir doch weh!« Die Zweijährige kommt lachend zurück, nimmt ihre Puppe warmherzig auf den Arm, tröstet sie mit den Worten: »Hier bin ich doch, ich bin doch da, bin doch immer deine Mama.« Im nächsten Moment wirft sie die Puppe jedoch wieder heftig zu Boden und rennt wieder von ihr weg; die Tante lässt die Puppe wieder weinen und die Zweijährige kommt wieder, tröstet herzlich und sagt zu ihrer Puppe: »Bin doch immer da, alles gut, bin deine Mama« – und wirft ihr Puppenkind kurz darauf wieder hin. Dieses Spiel spielt sie, mit echtem Vergnügen, sehr lange, was für ihr Alter typisch ist – ein Spiel für das dauernde Hin und Her zwischen ihren liebevollen und ihren aggressiven Seiten.

Für die psychische Entwicklung ist es gut, dass das Kind alle Arten von Gefühlen als zu sich gehörig kennenlernt und sie alle integriert. Es lernt, die »lieben, guten« wie die abgrenzenden, aggressiven Anteile in sich ins Gleichgewicht zu bringen und mit beiden Polen der eigenen Persönlichkeit angemessen in Kontakt zu sein; Abgrenzendes, auch Ängstliches nicht um des Lieben und Warmherzigen willen verleugnen zu müssen; Schwieriges nicht abspalten und auslagern zu müssen. (Ein Abspalten würde bedeuten, die dunklen Seiten der eigenen Person nicht zu ertragen, sondern sie in anderen Menschen unterzubringen.) Es geht also darum, im Laufe des Großwerdens zu erkennen, dass alle Seiten – Nähe wie Abgrenzung, Mutiges, Freches wie Ängstliches, Nettes, Liebes – zu einem selbst gehören und man durch diese Integration aller Teile als erwachsene Person mit allen Gefühlsschattierungen in sich umgehen kann.

Als Erwachsener ausgewogen »gut« kann sein, wer seine Aggressionen kennt und sie zum richtigen Zeitpunkt auch einzusetzen wagt; wer angemessen mit ihnen leben kann, ohne dabei zerstörerisch zu sein, weder in emotionalen Bereichen, z. B. durch emotionale Kälte, Unberechenbarkeit oder ausgesprochenen Hass gegenüber anderen, noch in handelnden Bereichen, das heißt durch Gewalt oder Misshandlung. Als erwachsene Person alle Gefühle ausreichend »integriert« zu haben heißt auch, dass man über seine Handlungen nachdenken kann und zu ihnen steht, man sein Handeln also bewusst abwägen und für die eigenen Entscheidungen Verantwortung übernehmen kann. Genau das üben Kinder von diesem Alter an in allen Variationen. Dabei ist es ein Wesenskern von Kindheit, impulsiv zu sein und noch nicht für alles einstehen zu können, für Momente zu versagen, zeitweise aggressiv oder ängstlich zu sein und Gefühle und daraus resultierende Handlungen noch verleugnen zu müssen. Im Kapitel »Aggression im Spiel – mögliche Wege« werden wir den praktischen Umgang mit dem Thema näher beleuchten. Zunächst sehen wir uns jedoch weitere Akteure in der psychischen Entwicklung Ihres Kindes an.

SCHAM UND ZWEIFEL[60]

MIT DER BEWUSSTWERDUNG DER EIGENEN PERSÖNLICHKEIT und der damit verbundenen Abgrenzung fängt das Kind an, auch deutlicher Gefühle der Scham auszudrücken. Bei manchem, was mit ihm getan werden muss, will das Kind jetzt mitbestimmen, wer es tun soll. Es unterscheidet aktiver zwischen seinen Mitmenschen und will nicht mehr jederzeit von jedem aus- und angezogen, gewaschen, gekämmt, versorgt werden: »Nein! Mama (oder Papa) soll das machen!« Gerade in den kritischeren Zeiten, wenn es einem Kind weniger gut geht, neue Schritte des Großwerdens zu bewältigen sind oder das Kind müde wird, unterscheidet es genauer, wen es nah an sich heranlässt und wen nicht. Da das Ich- und Körperbewusstsein zunimmt, ist dies – obwohl für alle Erwachsenen zeitweise echt anstrengend – von Bedeutung, denn auch damit macht das Kind deutlich: »Ich bin wichtig in meinem Gefühl, meiner Wahrnehmung, meinem Willen!«

»Die Scham ist der Wächter der Intimität« – das habe ich einmal irgendwo gelesen, und es stimmt: Die Scham hat die Aufgabe, das Ich, also die Psyche und den Körper des Kindes in der Abgrenzung zu anderen Menschen zu schützen. Dabei braucht es Diplomatie und Kompromisse, denn es ist ja nicht dauernd alles möglich, was ein Kind fordert oder wünscht. Dennoch sollten wir es immer wieder respektieren, denn im Schlepptau der Scham kommen die Selbstzweifel: Wenn Ihr Kind größer und bewusster wird, fängt es an, sich auch bewusster wahrzunehmen und mehr nachzudenken; damit steht bei allem, was es spürt und will, die Frage im Raum: »Bin ich in Ordnung, wie ich bin?« Da kleine Kinder noch häufig versagen und ihr körperliches und psychisches Stehvermögen noch »wackelig« ist, erleben sie schnell Scham und Selbstzweifel und die damit verbundenen Ängste. Respekt und ein irgendwie gearteter Ausgleich zwischen allen sind also sinnvoll, denn Erwachsene können sich den Wünschen des Kindes nicht ständig unterwerfen, aber das Kind unterwirft sich möglichst auch nicht.

In diesem Dilemma haben Erwachsene einen kleinen Vorteil: Wenn Sie durch anstrengende Dramen und die zugehörigen Gefühle genervt sind, weil Ihr Kind sich so häufig wehrt, dann hilft es zu wissen, was sich auf der Bühne eigentlich abspielt, was da alles passiert, wenn ein Kind so vehement sein »Nein!!!« oder »Ich will nicht« oder »Mama (bzw. Papa) soll das machen« herausschreit. Als Erwachsene können wir durch Gedanken und Worte etwas Abstand schaffen und Ideen entwickeln, wie eine Kompromiss-Lösung für alle aussehen könnte.

DER WEG ZUM REALISTISCHEN SELBSTGEFÜHL

JA, EIN KIND SOLL SICH SPÜREN und seine Anliegen vertreten, aber Eltern sollen nicht in dem Gefühl leben, dass sich ständig alles nur um ihr Kind drehen muss. Das eigene Kind ernst zu nehmen, ihm aber auch Grenzen realer Möglichkeiten und Realitäten des Alltags zuzumuten – beide Ebenen sind wichtig, damit ein Kind im Lauf der Zeit ein stabiles, realistisches Selbstgefühl bekommt.

Einerseits meldet ein kleines Kind seine Wünsche, seine Vorstellungen mit großer Vehemenz an, andererseits muss es jetzt auch lernen auszuhalten, dass es mit anderen Menschen lebt, die ebenfalls Wünsche haben. Ein Kind kann weiter melden, was es braucht und wie es sich alles vorstellt. Es wird aber in der nächsten Zeit erfahren, dass es nicht das Zentrum der Welt ist, sondern in Gemeinschaft mit anderen lebt, in der es um die Wünsche und Vorstellungen aller Mitglieder geht. Das heißt auch, dass die Welt sich nicht nur nach seinen Vorstellungen richtet und seinen »Kommandos« folgt, dass es also nicht omnipotent ist. Ein Kind erlebt Enttäuschungen – und dass sie zu verkraften sind. Dadurch bekommt es ein realistisches Verhältnis zu seinen Mitmenschen und zu sich selbst. Würden alle kindlichen Wünsche ständig erfüllt, würde ein Kind eigenartig unrealistisch bleiben, irgendwie im Größenwahn leben und langfristig nicht verstehen, dass es ein Teil vom großen Ganzen ist. Neben einem guten Selbstgefühl ist genau das wichtig: damit umgehen zu können, dass man als eigenständige Person durch Fordern nicht immer alles bekommt, sondern eine/einer unter mehreren ist.

Es gibt Erwachsene, die das nicht gelernt haben, die ihr Leben lang egozentrisch sind oder sich oft mit ihren Forderungen über jegliche Regeln einer Gemeinschaft hinwegsetzen und sich alles herausnehmen. Neben verschiedenen anderen psychischen Prozessen haben sie als Kinder das Aushalten nicht gelernt und verharren auch als Erwachsene in dem Gefühl, dass sie alle und alles beherrschen müssten. Wenn das Aufwachsen womöglich ganz schwierig bleibt, werden solche Menschen unter Umständen gefürchtete Despoten[61] – mit allen bekannten Konsequenzen.

Alle, die Macht haben und egozentrisch bleiben, können für ihre »Untergebenen« eine harte Prüfung sein.

Man kann Zusammenleben und Alltag mit Kindern so gestalten – auch Kinder tun das untereinander beim Spielen –, dass es nicht auf Macht, Omnipotenz oder Egozentrik hinausläuft, sondern dass Gegenseitigkeit üblich wird. Das ist die für alle angenehmere Erfahrung.

WAS ENTSCHEIDEN KINDER SELBST? WAS DIE ERWACHSENEN?

KLEINE KINDER ÄUSSERN ZWAR NOCH UNWILLKÜRLICH alle Wünsche, können die Folgen ihrer Wünsche aber noch nicht einschätzen. Aus dieser Tatsache lässt sich gut das Kriterium ableiten, wer wann was entscheiden kann. Bei Entscheidungsfindungen im Umgang mit kleinen Kindern[62] hilft: Bei Dingen, die »leicht« sind, keine schwierigen Konsequenzen haben, kann das kleine Kind ruhig nach seinem Gefühl entscheiden und soll das um seiner Persönlichkeit willen auch gerne tun. Jedoch immer dann, wenn ein Kind die gesamten, möglicherweise auch schwerwiegenden Folgen seiner Forderungen und Wünsche noch nicht einschätzen und alleine verantworten kann, sind die Eltern gefordert zu entscheiden. Sie tragen die Gesamtverantwortung für die Situation, weil sie den Überblick haben und gegebenenfalls die Konsequenzen übernehmen müssen. Das »wissen« kleine Kinder, und zwar deutlicher als große. Und man erinnert sie daran. »Das weiß die Mama (der Papa) gerade besser, weil sie (er) schon groß ist. Deswegen geht das jetzt nicht« – damit ist diese Tatsache ausreichend benannt. Das Kind wird dennoch protestieren – aber letztlich wird es aushalten, dass es noch zu klein ist, um die ganze Verantwortung für bestimmte Lebenslagen übernehmen zu können.

Alltägliche, gleich einleuchtende Beispiele sind: Will ein Kind auf einem Mäuerchen laufen, bei dessen Fallhöhe man sich die Knie aufschürft, das aber ungefährlich ist, kann es gerne selbst entscheiden und darauf laufen. Jedoch alleine auf einer richtig hohen Mauer zu hüpfen und zu balancieren, sollte das Nein der Erwachsenen verhindern, denn das Kind weiß nicht, wie fatal ein Absturz wäre. Dasselbe gilt beim Laufen auf Straßen; auch da wissen wir sofort, wer was entscheidet. Ebenso ist beim Anziehen alles klar: Will ein Kind den roten statt den geringelten, blauen Pullover anziehen, sind die Folgen egal, soll es also gerne entscheiden. Will es aber im Winter nur dünn angezogen raus zum Spielen, gilt dasselbe wie bei der hohen Mauer und dem starken Verkehr – man hindert es daran. So weit, so klar.

Aber es gibt einen alltäglichen Graubereich; Beispiele, die weniger eindeutig sind, die sich aber heute, in der dialogorientierten Erziehung reichlich abspielen, gehen so: »Bist du schon müde? Willst du jetzt schlafen oder willst du lieber noch mit uns essen?« Ein kleines Kind sieht nicht, wie schlecht es ihm von einem Moment auf den anderen geht, wenn es nicht rechtzeitig zum Schlafen kommt – also wäre es besser, die Eltern würden entscheiden, wann Essen und wann Schlafen dran ist. Oder: »Sollen wir zum Spielplatz rausgehen? Oder willst du lieber drinnen malen? Oder sollen wir Waffeln backen? Oder willst du doch lieber mit deinen Autos spielen? Was willst du?« So freundlich die dialogische Absicht ist, ein kleines Kind sieht nicht, welcher Gesamt-Aufwand nötig ist, das eine oder das andere zu tun. Da es auch hier die Eltern sind, die den Überblick haben, wie weit die Kräfte aller noch reichen, müssen sie die Entscheidung treffen, zu welcher Art von Beschäftigung im Moment bei Klein und Groß noch Power da ist, um Vorschläge mit Elan umzusetzen. Trifft das Kind die »falsche« Entscheidung und es kommt zu Chaos, ist nicht selten von enttäuschten Erwachsenen zu hören: »Extra deinetwegen haben wir das gemacht, und jetzt machst du gar nicht mit. Gib dir Mühe, sonst bin ich wirklich traurig.«

Die Schwierigkeit liegt darin, sich vorab darüber klar zu werden, ob ein Kind dies oder jenes mitentscheiden sollte. Sie als Eltern tun sich und Ihrem Kind einen Gefallen, wenn Sie aus Ihrem erwachsenen Überblick heraus entscheiden, was in manchen Situationen zu bewältigen ist und was nicht. Das setzt einem Kleinkind zwar Grenzen der Mitbestimmung in der alltäglichen Realität, lässt es gleichzeitig aber kindlich sein: Weil es noch nicht über Situationen nachdenken und entscheiden muss, die es nicht einschätzen kann. Es muss also nicht durch Mit-Entscheiden auch Mit-Verantwortung übernehmen. Beides ist überfordernd. Es macht Kinder nervös und unruhig.

Freiheit von Kindern bedeutet nicht, dass ständig alles besprochen und verhandelt werden muss. Freiheit drückt sich vielmehr darin aus, dass wir Erwachsene zwar Verständnis für Alltagswünsche und das Lebensgefühl eines Kindes haben, dann aber altersgemäß die Führung übernehmen. Viele Konflikte kann man reduzieren, indem man das Angebot für Entscheidungen altersentsprechend und außerdem nicht zu umfangreich hält. Indem Erwachsene ihren Weitblick einsetzen, lassen sie ein Kind in einem Zustand des Kind-Seins. Das entlastet gut, denn es gibt dem Kind die Chance zum Tagträumen und Trödeln.

NICHTS IST RECHT – WECHSELNDE GEFÜHLE

BEI KLEINKINDERN IST DIE GRENZE FÜR ENTTÄUSCHUNG oft plötzlich erreicht. Von einem Moment zum anderen wechseln die Gefühle, so dass ein Kleinkind schnell tobt, weint und durch einen kurzen Moment eigenen Versagens oder durch ein abgrenzendes »Nein« seiner Eltern ziemlich ausflippen kann. Das ist normal. Kinder lernen das Steuern von Gefühlen langsam, über Jahre hinweg. Und auch wir Erwachsenen sind langsam und könnten manchmal alles hinwerfen, wenn wir nur dürften.

Gut ist in Situationen, in denen das Kleinkind schwierig ist, nicht dauernd zu viel zu reden und zu fragen, weil kleine Kinder nicht immer schnell Sprache für alles haben, sondern immer wieder einfach nur verstanden werden wollen, oft genug ohne Worte. Es entlastet ein Kind, wenn man die Situationen nimmt, wie sie sind, und nicht jedes Mal alles bespricht oder zu oft fragt »Was hast du denn? Was ist denn jetzt? Sag mir, was los ist.« Auch das strengt ein Kind an. Manchmal versteht ein Kind seine Welt nicht so genau – weil es noch nicht dauernd nachdenkt, vielmehr häufiger nach-«fühlt».

Verstanden werden wollen, Lösungen finden – Kinder wünschen es sich, aber gleichzeitig lehnen sie es plötzlich und scheinbar grundlos ab. Eine typische Alltagssituation verdeutlicht dieses Dilemma:

Sie fragen Ihr Kind, ob es lieber Käse oder Marmelade auf sein Brot möchte. Die Antwort lautet: »Marmelade«. Kaum hat das Kind das Marmeladenbrot auf dem Teller, beginnt dennoch Geschrei. Irgendetwas ist nicht so, wie Ihr Kind es haben wollte. Dabei hatten Sie doch ausdrücklich gefragt!

Manchmal scheint es, als bestehe ein Kleinkind regelrecht schon bei kleinstem Anlass auf einer Auseinandersetzung mit den Eltern. Das kleine Kind spürt, dass mit dem eigenen Willen der entscheidende Schritt raus aus einstiger Verbundenheit passiert ist; dass die Tatsache des Getrenntseins nicht mehr rückgängig zu machen ist.[63] Kinder wollen alles sehr konkret, sehr körperlich spüren. Es ist, als würden sie mit einem plötzlichen Ausbruch die Tatsache des Getrenntseins für alle deutlich spürbar machen. Gut ist, dieses »Wir sind zweierlei« nicht jedes Mal durch elterliches Nachgeben infrage zu stellen. Sagen Sie Ihrem Kind durchaus auch: »Es ist jetzt, wie es ist, ich kann es nicht ändern.« Nicht sagen, aber denken können Sie: »Mann, das nervt mit den unterschiedlichen Standpunkten, aber da müssen wir durch.« Das »Durch« ist noch einmal wie bei der ersten Geburt, die deutsche Sprache drückt es schön aus.

Tröstlich ist: Es dauert zwar jedes Mal einige Zeit, bis ein Kind aufhört zu schreien, aber wenn alles herausgeschrien ist, folgt bald die Akzeptanz der Tatsachen. Wenn man es nimmt, wie es ist, und das »Gewitter« vorübergehen lässt, dann hört man wie nach einem Sommerplatzregen plötzlich die Amsel singen. Das Kind erträgt, dass es ist, wie es ist.

ERWACHSENE VORHABEN – KINDLICHES ERLEBEN

KINDER BEZIEHEN ERLEBNISSE UND HANDLUNGEN, die mit ihnen und um sie herum passieren, um ihrer Ich-Entwicklung willen stark auf sich. Da kindliche Psyche so ist, an dieser Stelle noch einmal einige Sätze zu den verschiedenen Fäden im Gewebe Trennung.

Wenn in dieser »Nein«-Zeit ein weiteres Kind auf die Welt kommt, dann hilft es dünnhäutigeren Kindern, dass sie nach ihrem Empfinden ausreichend viel Zeit in der Nähe ihrer Eltern erleben, wie das kleine Baby auch. Denn manches Kleinkind (nicht jedes!) fürchtet, dass die Eltern sich ein neues Kind angeschafft haben und es selbst jetzt weggegeben wird, weil es so sperrig ist und dauernd »Nein« schreit. Für solch ein Kind wäre es tröstlich, wenn es in dieser Situation nicht zu viel von den Eltern getrennt sein muss, sondern konkret erlebt, dass sein Platz zu Hause sicher bleibt.

Aber auch ohne neues Geschwisterkind folgert das eine oder andere Kleinkind, dass es tagsüber von den Eltern fort soll, weil es sich so wütend gebärdet und es für Mama oder Papa nicht mehr akzeptabel ist. Kinder sprechen solche Gefühle nicht aus, tragen sie aber unter Umständen in sich und sind möglicherweise einfach still davon überzeugt, dass es so ist. Weil manche Kinder so empfinden, braucht es im Einzelfall ausreichend Zeit füreinander und für eine Trennung in kleinen Zeiteinheiten. Kinder »helfen« ihren Eltern. Um zu vermeiden, dass Kinder sich übernehmen, sollten Eltern auf die stillen Vorgänge in ihren Kindern Rücksicht nehmen können. Um die sensibleren Kinder in ihrer psychischen Entwicklung ausreichend gut zu verstehen, werden die seelischen Vorgänge kleiner Kinder hier beschrieben, definitiv nicht, weil man den Wunsch von Müttern oder Vätern nach Unabhängigkeit oder zeitweises Arbeiten in Ungestörtheit nicht nachfühlen könnte.

Eltern haben sehr oft ein gutes Gespür dafür, wie ihr Kind in seinem Wesen ist und was es braucht. Am besten sind im Zweifelsfall feinfühlige Kompromisse, so dass ein Kind sich sicher und geschätzt fühlt. Es ist mit dem Thema Trennung im kindlichen Alter zwischen ein und zwei bis drei Jahren wie mit dem Thema Schlafen bei den ganz Kleinen – manches Kind bewältigt alles schnell, ohne Beistand, ein anderes ist langsamer und braucht länger spürbare Nähe und lange Anwesenheit seiner Eltern. Wieder gilt es, mit dem einen Kind zurückhaltende Schritte zu gehen, während ein anderes vieles unkompliziert mitmacht und auch schon regelrecht genießt.

WIE SIE DEN ALLTAG GESTALTEN KÖNNEN

AUSREICHEND ZEIT EINPLANEN

WEGEN ALLEM »NEIN!«, »SELBER«, »Ich mach das!« ist es leichter, nicht unter Termindruck zu stehen, außerdem kommt im Alltag bei allem Selbermachen auch noch die kindliche Langsamkeit dazu. Es erspart Stress und Nerven, wenn man Tagespläne und -vorhaben entzerren kann. Für uns Erwachsene ist die Langsamkeit von Kindern oft schwer auszuhalten, schwer zu verstehen. Kinder erleben den Tag »zwischen den Welten«, zwischen Wachsein mit Neugierde und Träumen mit Verweilen.

»Ich muss jetzt dies machen, dann gleich danach muss ich jenes erledigen. Wie spät ist es? Wir komme ich schnell von A nach B, um rechtzeitig da zu sein?« – solche Gedanken sind Gedanken Erwachsener und sie können im Übermaß auch schaden. Kinder machen es für ihre Entwicklung genau richtig, denn sie leben im Moment, erleben ihn »in Trance«, ohne Gedanken des Planens, sondern vielmehr in der Wahrnehmung, samt allen assoziativen Einfällen. Durch trödelndes Tagträumen kommen sie zur Ruhe, sind bei sich. Sie verhalten sich so, um sich zu stärken, in jeder Hinsicht. Nicht zuletzt fördert es ihre geistige Entwicklung; Kinder brauchen das Tagträumen, den leeren Blick, denn nur so können sich Strukturen im Gehirn festigen.[64]

DER START IN DEN TAG

ZWAR SIND KLEINE KINDER IN DER REGEL FRÜHER WACH als Erwachsene, sie brauchen aber gerade morgens viel Zeit für ihre »Zwischenwelten«. Hilfreicher als wegen der Langsamkeit zu schimpfen, wäre, als Großer ein wenig früher aufzustehen. Sie machen sich halb schlafend den ersten Kaffee oder Tee und nebenher spielt Ihr Kind sich trödelnd in den Tag. Vielleicht mögen Sie morgens sogar auch spielend den Tag beginnen? Sie müssen nicht selbst spielen, sondern es reicht, eine gute Idee zu haben, womit das Kind sich frühmorgens gerne beschäftigt. Sie schalten also mit ihm auf Kooperation, um zu signalisieren, dass Sie selbst auch noch Ruhe, Trödeln und Tagträumen für Ihr Wachwerden brauchen. Es genügt, dass Sie aufgestanden sind und die etwas verträumte Morgenatmosphäre miterleben ... den Rest machen Kinder selbst.

DAS TÄGLICHE »MUSS«

IRGENDWANN AM MORGEN kommt dann das leidige Thema des Anziehens, des Waschens und Kämmens. Viele kleine Kinder veranstalten dabei ein tägliches Drama. Es ist, als störe man ihr Körpergefühl, ihr momentanes So-Sein. Das »Nein« schallt Ihnen auch dabei als Erstes entgegen und verlangt Ihnen als Eltern mit »Kind in der Autonomiephase« große Geduld ab oder macht Sie zeitweise auch wütend.

Für tägliche Abläufe mit kleinen Kindern hilft es, ein Prinzip einzuführen, das wir von Bäderbesuchen, von Konzertveranstaltungen oder Opernbesuchen kennen: Nach schönen Zeiten des Verweilens wird mit mehrmaligen Gong-Zeichen angekündigt, dass bald etwas anderes kommt, dass wir uns bewegen sollen – entweder nach der Konzertpause zurück an den Platz oder bei Betriebsschluss hinaus aus dem Bad. Um allen die gute Laune nicht zu verderben, wird man sehr allmählich auf die anstehende

Veränderung aufmerksam gemacht – ein menschenfreundliches Prinzip, das auch im Alltag mit Kindern hilft.

Prinzipiell (ja, ich weiß, nicht immer ...) führen schrittweise Ankündigungen dazu, dass die Kooperationsbereitschaft eines Kindes sich erhöht, weil es spürt, dass wir uns auf seine trödelnde, verträumte Langsamkeit eingestellt haben, es nicht mit einem sofortigen »Jetzt musst du ...« überrumpeln und durch unser erwachsenes Tempo überfordern. Der erste »Gongschlag« erfolgt, fünf bis zehn Minuten später der zweite (Sie brauchen keinen Gong, es reicht ein Satz oder ein Geräusch), nach weiteren fünf Minuten ertönt das dritte Zeichen, verbunden mit den Worten: »Beim dritten Mal starten wir mit dem Waschen und Anziehen« (oder: »... räumen wir auf«, »... müssen wir gehen«, »... essen wir« usw.). Die Kinder können sich in Ruhe darauf einstellen und die Eltern haben durch Wiederholung die Gewissheit, dass das verträumte Kind hören konnte, was kommt. Dadurch wird es leichter, einem Kind zu sagen: »Du weißt, dass das jetzt dran ist, also hilf dabei, dass es ohne Streit passiert.«

Um zu viel Streit vorzubeugen, lassen Sie sich für das Waschen, Anziehen, Kämmen kleine Fantasie-Spiele, Ablenkungen oder kleine Wettkämpfe einfallen. Machen Sie die Hand zu einem Lebewesen, das plötzlich aus dem Ärmel schaut und etwas Witziges zu dem Kind sagt, oder sagen Sie einen Satz wie: »Mal sehen, wer schneller im Schuh ist, du oder ich?«, oder Ihr Kind wird zum kleinen Hundekind, dessen Fell gebürstet werden muss, oder Sie geben dem Kind ganz nebenbei etwas zu tun, z. B. darf es mit irgendetwas aus dem Bad spielen, worauf es schon lange aus war. Oft hilft es, wenn Sie eine Puppe oder einen Teddy sprechen lassen, also jemand Drittes Ihr Kind fragt, wer denn hier so schreit, ob es gerade mal den Fuß oder Arm da oder dort durchstecken könnte. Das Gute ist, dass kleine Kinder bei solchen Spielen staunend mitmachen. Lassen Sie Ihre Ideen zu. Gute Stimmung strengt alle Beteiligten weniger an, humorvolle Einfälle halten uns jung, machen unser erwachsenes Gehirn elastisch und lebendiger[65] und dem Kind alle Notwendigkeiten leichter.

Rechnen Sie dennoch damit und verzeihen Sie Ihrem Kind und sich selbst, dass es Tage gibt, in denen es zu Streit kommt, wenn Sie entscheiden müssen, dass Waschen, Kämmen und Anziehen schließlich stattfinden sollen. Sehr segensreich sind größere Kinder – sie können vieles entschärfen, von ihnen lässt ein kleines Kind sich plötzlich alles gefallen. An Tagen, an denen gar nichts geht, Sie aber los müssen und das Kind jetzt in die KiTa muss, schnappen Sie es ruhig mal im Schlafanzug und bringen es in einer Decke in die KiTa; dort helfen etwas ältere Kinder, dass das Anziehen schnell klappt, denn zusammen mit den Größeren geht alles wie von selbst. Nach kleinen Absprachen dort, haben alle Verständnis und Sie zu Hause weniger Streit. (Zu KiTas als liebevollem zweiten Zuhause lesen Sie später noch mehr.)

Sollten Sie bei Auseinandersetzungen selbst oft sehr wütend werden, dann denken Sie wieder daran, dass dies mit eigenen Erfahrungen zu tun hat und es Hilfe gibt. Ehe Sie anfangen, Ihr Kind aus Wut zu schlagen oder mit Worten zu beschimpfen, sind Gespräche hilfreich. Wahrscheinlich haben Sie in Ihrer Kindheit keine leichten Erfahrungen mit Ihrer eigenen Trödelei gemacht.

Genießen Sie Ausnahmen. Jeder hat es gern, wenn der Morgen nicht nur aus Pflichten besteht. Im Allgemeinen ist es im

Erziehungsalltag zwar hilfreich, wenn Kinder Regeln erleben und Eltern in ihrem Gleichmaß verlässlich sind. Aber Kinder nehmen keinen Schaden, wenn man zwischendurch von Gleichmaß und Konsequenz abweicht. Ihr Kind erlebt vielmehr, dass Sie in Ihrer Lebendigkeit beweglich sind und Sie genussvolle Lebensgefühle bestens verstehen.

ANZIEHEN – MACHEN SIE SICH DAS LEBEN LEICHTER

FAST JEDES KIND HAT LIEBLINGSSACHEN, die es dauernd anhaben will. (Erwachsene natürlich auch.) Manche Kleidungsstücke sind wie eine zweite Haut. Da Kinder sehr körperorientiert in der Welt sind, spüren sie diese Tatsache noch stärker als Erwachsene. Machen Sie es sich leichter, indem Sie Lieblingsstücke gleich durchwaschen, um sie Ihrem Kind möglichst oft zu gönnen.

Noch ein Tipp: Halten Sie die Auswahl klein. Sie vermeiden viel an Durcheinander und Diskussion, wenn Sie einführen, dass ein Kind nur unter zwei Sachen auswählen kann. Natürlich sollte alle Kleidung weiterhin so sein, dass Ihr Kind sich optimal bewegen und darin »arbeiten« kann. Wie dünn die Kleidung sein darf, entscheiden Sie. Bei Streit hilft oft die Logik: »Dann können wir nicht rausgehen.« Manchmal hilft auch etwas Warten – plötzlich geht es doch. Am schnellsten geht es, wenn man mit mehreren Kindern loszieht, denn geht Ihr Kind sofort hinterher. Sie könnten sich also auf dem Weg nach draußen (oder gleich morgens, auf dem Weg zur KiTa) verabreden, dass Eltern samt Kindern sich immer gegenseitig abholen. Ein anderes Kind, das zum Spielen mitkommt, wirkt Wunder!

KÄMMEN – MUSS DAS SEIN?

DER KOPF BLEIBT FÜR VIELE KLEINE KINDER lange besonders empfindsam, irgendwie unantastbar.

Dennoch: Wenn die Haare länger werden, ist es klug, sie zu binden. Dass Mädchen früher immer Zöpfe hatten, scheint heute altmodisch, war aber praktisch. Da ein lebhaftes Kind sich gerne bewegt, sind lange, offene Haare immer wieder hinderlich. Kinder sind ständige Turner, wenn wir sie lassen. Jeder Erwachsene bindet sich beim Turnen die Haare zusammen. Wir machen es Mädchen (natürlich auch Jungen mit langem Haar) leichter, sich zu bewegen, wenn sie nicht mit offenen Haaren kämpfen müssen. Auch bei anderen Tätigkeiten, bei denen Kinder liebend gerne mitmachen, können lange Haare hindern. Wieder helfen am ehesten größere Kinder – von denen lässt man sich manches gefallen, was bei den Eltern nicht geht, oder es helfen fantasievolle Einfälle: Eine Mutter berichtete mir, dass sie – weil sie tags zuvor Ziegen und Schafe gesehen hatten – zu ihrem Kind sagte: »Komm mal her, mein kleines Ziegenkind, dich müssen wir noch striegeln.« Das Kind ließ zu, dass die Haare gekämmt wurden, und sagte dann ganz plötzlich zu seiner Mutter: »Aber ich hab doch Hörner, pass auf, es tut weh!« Da war sie, die Lösung, für beide Seiten.

Will Ihr Kind mithelfen, sagen Sie z. B.: »Du kannst gleich beim Kochen (oder anderem) helfen, aber ein(e) richtige(r) Köchin/Koch hat die Haare zusammengebunden. Das machen wir zuerst, dann bist du ein(e) ganz echte(r) Köchin/Koch. Schau mal, so ...« Die Aussicht, wie ein Erwachsener auszusehen, hilft eigentlich immer dabei, dass ein Kind mitmacht.

MEHR KONSEQUENTE ZAHNPFLEGE hat dazu beigetragen, dass Kinder heute weniger Karies haben.

Kinder wollen sich in der Regel schon früh die Zähne selbst putzen. Die Erwachsenen putzen dann nur kurz nach. Die Geschichte, dass »Karies und Baktus« im Mund leben, sie jeden Morgen und Abend durch die Zahnbürste weggeschickt werden müssen und man ihnen beim Ausspülen des Mundes »Tschüß« sagt, macht für Kinder das Zähneputzen interessanter. Sagen Sie ruhig: »Oh, da hinten sehe ich noch einen Karius, den müssen wir auch noch rausschicken!« Konkrete Bilder aus ihrer Vorstellungswelt helfen Kindern, etwas wie das Putzen im Mund zuzulassen.

Wenn Ihr Kind das Zähneputzen keinesfalls duldet, kann es sein, dass es das Gefühl der Bürste im Mund noch nicht aushält. Manchmal braucht der Mundraum eine Art Desensibilisierung. Logopäden oder Kinderzahnärzte wissen Rat. Generell empfehlen Zahnärzte, bei Einjährigen einmal am Tag, etwa ab dem zweiten Geburtstag zweimal am Tag die Kinderzähne zu putzen. Wenn das Zähneputzen an manchen Tagen nur zum Kampf wird, dann lassen Sie wieder Ausnahmen zu. Sie dürfen getrost abwägen, ob die Psyche von Eltern und Kind im Kampf ums Zähneputzen mehr Schaden nimmt als die Zähne, wenn sie ausnahmsweise nicht geputzt werden.

»ICH KANN JETZT PIPI!«

IHR KIND FÄNGT AN, Ausscheidungen bewusster wahrzunehmen. Ein Anzeichen hierfür: Das »stille Örtchen« ist nicht mehr still, Ihr Kind begleitet Sie auf die Toilette und will sehen, wie Mama oder Papa »macht«. Miterleben hilft dem Kind wahrzunehmen, zu verstehen. Normalerweise sind wir nicht bereit, einen Menschen mit zur Toilette zu nehmen, bei Kleinkindern finden wir es nicht peinlich. Intuitiv wissen wir, dass dies der Weg ist, wie Kleine »Ausscheidung« lernen. Es ist gut, Kleinkinder nicht zu nötigen, ganz früh auf den Topf oder die Toilette zu gehen. Es schadet aber nicht, einem Kind ab etwa eineinhalb oder zwei Jahren (als Anhaltspunkt: sobald es mit Ihnen zur Toilette geht), vorzuschlagen, dass es selbst auch versucht, etwas zu »machen«. Irgendwann zwischen dem zweiten und vierten Lebensjahr ist es dann so weit, aber auch hier gibt es große Bandbreiten, wie schnell ein Kind den Entwicklungsschritt schafft.

Da die Toilette einen Schlund hat und Kinder die Fantasie haben können, dass nicht nur ihre Ausscheidung, sondern sie selbst in den Schlund hineinfallen und verschwinden könnten, ist es hilfreich, sie zunächst auf ein Töpfchen zu setzen. Bieten Sie den Topf an, aber lassen Sie einem Kind auch hier Muße, Verträumtheit, Zeit. Unter Stress und Anspannung können Menschen nicht ausscheiden, die Ausscheidungsmuskulatur muss entspannen; ein Kind braucht Zeit und eine verträumte Wahrnehmung seines Körpers, um loslassen zu können.

Ganz typisch ist auch, dass kleine Kinder es für den Prozess des »Loslassens« bei der Ausscheidung als hilfreich erleben, wenn Sie in der Nähe bleiben, ihm vielleicht regelrecht – das Kind »haltend« – gegenübersitzen. Mit dem Gefühl des Halts und der damit verbundenen Geborgenheit kann das Kind etwas aus sich herauslassen und verabschieden. Abschied – es wird wirklich oft auch von einem Kind noch beim Wegspülen hinterhergewunken!

Da Kinder ihre Ausscheidung eine Zeitlang als wichtiges »Produkt« ihrer selbst erleben, lieben sie es, wenn man »es« bewundert; manchmal bestehen sie auch darauf, dass es aufgehoben wird, bis der arbeitende Elternteil es abends auch gesehen hat, dann erst wird es weggespült. Geben Sie dem getrost nach, das verliert sich bald wieder.[66] Wundern Sie sich nicht, wenn Ihr Kind zunächst sein »kleines Geschäft« in den Topf macht, sein »großes Geschäft« aber noch eine Weile mit sich in der Windel herumtragen will. Lassen Sie ihm einfach Zeit, bis Ihr Kind es aushält, einen Teil seines Körpers wirklich loszulassen. Wenn alle Angst vor dem Loslassen ausgestanden ist, dann ist meist auch der Zeitpunkt gekommen, an dem das Kleinkind die Toilette benutzen will.

WIEDERKEHRENDE ABLÄUFE UND RITUALE

VIELES WIRD LEICHTER, wenn Tage Struktur und Rituale haben. Wenn der Tag die immer wieder gleichen Abläufe hat und bestimmte Ereignisse des Tages ritualisiert sind, erspart man sich viele Diskussionen und Verhandlungen mit Kindern. Es entlastet Sie, wenn der Tag so läuft, dass klar ist, was wann wie nacheinander kommt. Es hilft, weil Sie morgens sagen können: »Wir können noch gar nicht frühstücken, weil du noch nicht fertig angezogen bist. Erst kommt das Anziehen, dann unser Essen.« Oder am Abend: »Bis du ausgezogen bist und Zähne geputzt hast (oder alternativ: Bis wir alle Tiere in den Stall gebracht, die Autos in die Garage gefahren, die Puppen ins Bett gebracht haben …), können wir ja gar nicht vorlesen; erst müssen alle versorgt sein, dann kommt das Vorlesen.«

Eins nach dem anderen, so geht es den ganzen Tag. Das hilft Kindern, in ihrem kindlichen Lebensgefühl zu wissen: Bis das eine passiert ist, kann das andere nicht kommen. Da die Abläufe klar sind – Sie als Eltern haben sie für kleine Kinder so eingerichtet – ist es für ein Kleinkind noch herrlich logisch, dass ohne das eine das andere nicht anfangen kann. Die Logik hier – dass das tägliche Leben immer wieder gleiche Abläufe hat – wird von kleinen Kindern gewissermaßen so erlebt wie von uns Erwachsenen die Jahresabläufe und Jahreszeiten. Wann welche Jahreszeiten kommen, lässt sich nicht diskutieren. Man könnte sagen: So wie wir Erwachsenen die Gesetze der großen Welt, also unseres Planeten, akzeptieren müssen, so schaffen wir für Kinder durch Tagesabläufe gewissermaßen Gesetze der kleinen Welt, im Zuhause des Kindes.

Ausnahmen sind einfach schön: wenn Geburtstag oder Weihnachten ist oder die Sommerabende so herrlich lang sind, dass alle gerne draußen trödeln. Denn dann spürt das Kind am ganzen Körper, dass alles anders ist als sonst.

KONSEQUENZEN AUFZEIGEN, STATT STRAFEN ANDROHEN

ALLES, WAS ERWACHSENE ALS KONSEQUENZ ANKÜNDIGEN, sollte nicht unangemessen hart sein. Drohen Sie nicht damit, dass Ereignisse, die das warmherzige Zusammenleben pflegen, nicht stattfinden. Langes Schweigen von Eltern fällt bei Ärger oder Streit auch in die Kategorie »Höchststrafe«. Bald versöhnlich zu reden, stärkt, auch langfristig. Wichtig ist außerdem, dass Sie nicht die Lieblingsdinge von Kindern wegnehmen: die Puppe, den Teddy oder ein

Lieblingsauto, also all die Dinge, die im Zentrum des kindlichen Erlebens stehen und an denen es mit echter, tiefer Zuneigung hängt. Auch Weihnachten oder Geburtstage sind unantastbar.

Wenn Sie gesagt haben, dass Ihr Kind mit etwas, das es benutzen will, vorsichtig sein muss, weil es sonst kaputtgeht, und das Kind nicht vorsichtig ist, nehmen Sie den Gegenstand an sich und sagen: »Ich will nicht, dass das kaputtgeht, daher passe ich jetzt besser selbst darauf auf.«

Wenn Kleinkinder Gegenstände durchs Zimmer werfen und Sie um Ihre Fensterscheiben oder wertvollen Dinge im Raum fürchten, sagen Sie klar, dass das Kind deshalb damit aufhören soll. Wenn es weitermacht, nehmen Sie das Spielzeug, das es geworfen hat, mit entschiedenem »Nein!« an sich und setzen Sie Ihr Kind etwas der Langeweile aus; danach helfen Sie ihm mit einer Idee in anderes Spielen hinein, vielleicht nicht sofort, aber bald.

Wenn Sie raus wollen und Ihr Kind kommt nicht in die Gänge, drohen Sie besser nicht damit, dass Sie alleine gehen – Ihr Kleinkind kann nicht einschätzen, ob Sie das wahrmachen, und bekommt unnötige Ängste. Da Sie es ohnehin nicht alleine lassen dürfen, ist es besser, nicht durch leere Drohungen sein Grundvertrauen in Sie zu erschüttern.

Wenn Sie etwas mit dem Kind machen wollen, das es gerne tun will, und dabei auf seine Mithilfe angewiesen sind, betonen Sie die Gegenseitigkeit und dass das Vorhaben nicht stattfinden kann, wenn Ihr Kind jetzt nicht mithilft. Versprechen Sie aber besser keine Waren, die es bekommen oder nicht bekommen wird, um es zur Kooperation bewegen, also nicht: »Wenn du jetzt nicht dies (oder das) machst, bekommst du nachher keine Gummibärchen.«

Süßes gibt es am besten regelmäßig zur gleichen Zeit am Tag – das klärt, wann Süßigkeiten dran sind und es erübrigt sich somit, sie als Belohnung oder Bestrafung einzusetzen oder generell darüber zu streiten. Wenn man die Dinge mit dem kindlichen Sinn für Gesetzmäßigkeiten regelt, dann fühlt ein Kind sich seltener erwachsener Macht ausgeliefert, was die Zahl an Machtkämpfen reduziert.

Seien Sie warmherzig, aber klar, und muten Sie Ihrem Kind, wenn es zu extrem und anhaltend dieses oder jenes Anstrengende tut oder ohne Pause etwas von Ihnen fordert, auch Ihr »Nein« zu. Es kann jetzt aushalten lernen, dass nicht nur sein Wille, sondern auch der anderer Menschen wichtig ist.

IHR KIND WILL BEI ALLEM MITHELFEN

AM BESTEN, SIE SEHEN IHR KIND IM ALLTAG als kleinen Lehrling und folgen Ihren guten Ideen. Sie können einen Stuhl so neben sich stellen, dass Ihr Kind hochsteigen und mit Ihnen am Tisch, an der Spüle, in der Küche, im Bad, wo immer Sie etwas zu tun haben, mitarbeiten kann. Oder Sie gehen mit der Arbeit öfter nach unten, in die Höhe des Kindes. Wenn wir Kindern weniger verwehren, sind sie sehr zur Kooperation bereit. Klären Sie die Spielregeln: »Wenn du ruhig auf dem Stuhl stehst und mit aufpasst, dass du nicht herunterfällst, dann kannst du mit mir arbeiten.« Sollte das Kind das vereinbarte »mit aufpassen« ignorieren, heben Sie es zurück auf den Boden. Ihr Kind wird protestieren – also heben Sie es wieder hoch und sagen zu ihm: »Nur wenn du wirklich ruhig auf dem Stuhl stehen bleibst, kannst du mit mir hier weiterarbeiten.«

Die meiste Arbeit kann man – für kindliche Hände sicher – so abwandeln, dass ein Kind mitmachen kann. Wenn Kinder helfen dürfen, sind sie begeistert bei der Sache und sind letztlich bereit, sich an die Bedingungen zu halten. Klar, vieles dauert zunächst länger – aber Kinder werden schnell geschickter. Sie werden sich wundern und freuen!

Es gibt Tätigkeiten, bei denen die Mitarbeit des Kindes mit besonderer Vorsicht erfolgen muss. Sie ist aber gerade bei diesen Tätigkeiten sehr begehrt und sinnvoll, weil sie den Selbstwert von Kleinkindern stärkt und sie »Echtes« üben lässt:

▶ Schneiden – wenn es ums Schneiden geht, wählen Sie ein Messer, das schneidet, aber natürlich nicht zu scharf ist. Schneiden Sie entweder direkt neben dem Kind, so dass Sie sehen, wie gut es zurechtkommt, oder schneiden Sie so, dass das Kind das Messer hält und Ihre Hand auf der Hand des Kindes liegt und die kindliche Hand führt. Auf diese Weise kann man auch mit einem kleinen Kind z. B. weiche Dinge fürs Kochen schneiden.

▶ Wasser, das geliebte Element. Das Spülbecken, ein guter Ort, an dem ein Kind plätschern kann, wenn Sie etwas Ruhe für andere Arbeiten in der Küche brauchen, nicht zuletzt in den kälteren Monaten, wenn es für Ihr Kind keine Gelegenheit gibt, mit Wasser draußen zu spielen. So lange Sie in der Küche Schwierigeres machen müssen, wobei Ihr Kind nicht gut helfen kann, gestatten Sie Ihrem Kind glücklich und ausdauernd zu sein, indem Sie etwas Wasser in eines der Spülbecken lassen und ihm Gefäße geben, mit denen es das Wasser hin und her schütten kann. Da ein kleines Kind es so leidenschaftlich gern tut, wird es wieder kooperativ sein und bei Vorgaben mithelfen. Sie sagen, dass das Wasser nicht absichtlich auf den Boden geschüttet werden darf, sondern ins Spülbecken muss. Ihr Kind wird sich meistens daran halten; andernfalls machen Sie deutlich, dass es jetzt gerade nicht mit Wasser weiterspielen kann und wieder mit anderen Dingen, »unten« spielen muss. Etwas Toleranz braucht es natürlich, da aus Ungeschicklichkeit ab und zu etwas Wasser daneben läuft und der Fußboden nicht immer verschont bleibt. Aber kleine Kinder verstehen und kooperieren.

Neben der Begeisterung ist das Spiel mit Wasser für Kinder zugleich beruhigend und hilft ihnen, verschiedene Koordinationsfähigkeiten zu stärken.[67]

▶ Kneten: Nutzen Sie z. B. auch das Teigmachen, um kindliche Freude und Mithilfe zu stärken. Da kleine Kinder gerade bei dieser »Matscharbeit« begeistert helfen, können Sie wieder auf Kooperation bauen: Sie sind die (der) Chefköchin(-koch), haben also die Regie, in welcher Menge und wie schnell die Zutaten in die Schüssel kommen, aber das Kind darf Mehl, Zucker, Salz etc. nach Ihrer Angabe schütten. Kinder machen das so gern, dass sie die Weitsicht der Erwachsenen auch respektieren, um mitarbeiten zu können. Wenn Ihr Kind schütten und ab und zu rühren darf, macht es dies, ohne Chaos anzurichten. (Lassen Sie das Kind nur mit einem Löffel rühren. Sobald Sie ein Rührgerät mit Motor verwenden, setzen oder stellen Sie das Kind fürs Zuschauen so auf Abstand, dass es keinesfalls plötzlich in die Rührlöffel greifen kann.) Sehr zu empfehlen ist Hefeteig. Es ist spannend, ihn anzusetzen, und nachdem er aufgegangen ist und Sie ihn weiterverarbeiten, bekommt Ihr Kind sein eigenes Stück und wird es längere Zeit voller Konzentration kneten. Sie kommen zu Ihrer Arbeit, und daneben walkt Ihr Kind ruhig und hochkonzentriert, es »arbeitet« – wie Sie.

Dieses Arbeiten mit Wasser oder Teig können Sie ganz besonders an Tagen nutzen, an denen Sie oder Ihr Kind nicht gut in ruhige, gemeinsame Zeit finden, weil diese Tätigkeiten regelmäßig einem kleinen Kind leicht in hochkonzentriertes Spiel helfen. Das Gleiche gilt für das Hin- und Herschütten von trockenen Materialen.

Wenn Sie für all das an manchen Tagen keine Nerven haben, gibt es heute sehr gute Knetmaterialien, mit denen kleine Kinder ohne alle erwachsene Hilfe arbeiten können.

SPIELEN HEISST: NEBEN MAMA ODER PAPA ARBEITEN

DER AUFFORDERUNG: »GEH IN DEIN ZIMMER UND SPIELE«, kommen kleine Kinder nicht nach. Kleine Kinder spielen da, wo die Herde, also ihre Familie sich aufhält, das heißt in aller Regel, nicht alleine in einem Kinderzimmer. Und kleine Kinder spielen anders als größere Kinder. Am liebsten spielen sie »Nachahmen«, wollen also etwas Ähnliches machen wie das, was Sie gerade tun. Apropos Nachahmen: Diese Form des Spielens kann in dieser Zeit nur dann kindgerecht sein, wenn Sie als Eltern nicht stundenlang an Computern oder Handys sitzen.

Die meisten Kinder beginnen erst im Alter von zwei bis drei Jahren mit szenischem Spielen, das heißt mit dem »Ins-Spiel-Setzen alles Erlebten«. So entsteht mit Spielsachen eine kleine Ausgabe der erwachsenen Welt, dann kommt es erst etwas mehr zu einem eigenen Ort fürs Spielen.

Kleine Spiel-Gegenstände, ein kleiner Eimer, Besen, kleine Klammern, eine kleine Schüssel, kleine Küchenwerkzeuge usw. machen jetzt Spaß, weil sie Kinderhänden in der »Lehrlingsphase« mit ihrer Größe entgegenkommen. Aber die Freude Ihres Klein-kindes kommt nicht dadurch, dass es viele Sachen hat, sondern dadurch, dass es in Ihrer Nähe etwas Ähnliches wie Sie machen darf.

Spiel-Glück ist jetzt, wenn ein Kind ganz »echt«, also mit etwas Wasser im Eimer und einem kleinen Lappen für Kinderhände putzen, es einen Hammer oder eine Zange halten oder Stifte und Papier wirklich in die Hand nehmen darf. Wenn Sie einem Kind dieses echte Erlebnis einräumen, spielt es damit konzentriert und respektiert besser, dass es die ganz kostbaren Sachen noch nicht benutzen kann.

Alle Geschicklichkeit, die Sie mit Ihrem Kind jetzt und in den kommenden Jahren üben, bekommen Sie reichlich zurück, wenn Sie sich eines Tages wünschen, dass Ihr Kind ernsthaft bei etwas mitmacht. Ihr Kind kann das dann, weil Sie seine frühe Begeis-terung haben gelten lassen. So wird es noch lange sein in den nächsten Jahren, in denen Kinder beim Zuschauen so häufig sagen: »Ich will auch …« Sagen Sie am besten, wann immer Ihre Energie es zulässt: »Ja, du darfst auch.«

KONZENTRIERT BEI DER SACHE – SPIELEN MIT SPIELSACHEN

BEI DEN MEISTEN KINDERN im zweiten, ganz sicher aber im dritten Lebensjahr beginnt das »szenische Spiel«. Wieder sind die Band-breiten der Entwicklungsstufen sehr groß, das eine Kind beginnt früh, das andere spät. Spielsachen bekommen Faszination, das

Kind fängt an, eigene Welten aufzubauen. Noch ist wichtig, dass die Spielsachen nicht zu klein sind (kleinere Legosteine, zugehörige winzige Bauteile oder die kleinen Utensilien von Playmobil kommen erst später dran). Eine kleine Grundausstattung mit Puppe und Teddy und dem einen oder anderen weiteren Spieltier, einige Autos, Bagger, Laster, Traktor, erste Bausteine und alle Arten zum Bauen geeigneter Materialien – sie alle regen Kinder jetzt an und laden sie ein zu eigenen Fantasiereisen und Geschichten.

Hier einige Hinweise, damit ein Kleinkind in szenisches Spielen hineinfindet:

▶ Nehmen Sie die Spielsachen mit dort hin, wo Sie sich aufhalten.

▶ Beschränken Sie sich auf wenige Sachen, weil das Ihrem Kind auch jetzt besser ins Spielen hilft.

▶ Hat Ihr Kind zu viele Spielsachen, dann räumen Sie großzügig Dinge weg und tauschen Sie sie ab und zu aus. Sie werden dann wie neu erlebt. Abwechslung ist viel schöner und spannender, als zu vieles gleichzeitig zu haben.

Eine Beobachtung fasziniert mich seit Jahren: Mein Arbeitszimmer ist sehr klein und schon deshalb beherbergt es nur eine kleine Menge an Spielzeug. Dabei erlebe ich täglich mit Begeisterung, welch völlig unterschiedliche »Welten« kleine und größere Kinder mit diesen wenigen Dingen in Szene setzen.

Das konzentrierte Spielen Ihres Kindes können Sie auch fördern, indem Sie ihm behilflich sind, nicht zu schnell sämtliche Dinge aus Schrank oder Regal zu ziehen. In ihrer ungestümen Art neigen Kleinkinder dazu, alles zu holen, was für ihre Hände erreichbar ist. Schnell liegt alles unten, das kleine Kind beschäftigt sich aber mit jedem Gegenstand nur kurz, nimmt etwas in die Hand, lässt es fallen, stolpert darüber und landet nur in einem Durcheinander von Sachen.

Üben Sie also mit Ihrem noch kleinen Kind, dass Sie zusammen bestimmen, wie viele Spielsachen jetzt dran sind – das erleichtert ungemein. Während es für das neun bis etwa vierzehn Monate alte Kind noch berechtigt war, dass es einige Dinge aus dem unteren Regalfach räumen durfte (es musste ja noch die Erfahrung machen, dass es durch eigene Bewegung an Dinge herankommt), ist nach diesem Alter genau das kontraproduktiv für das Spiel.

Ihr Kind weiß jetzt, dass es an Dinge herankommt und sie mit den Händen greifen kann. Ab etwa 18 Lebensmonaten ist die neue Erfahrung viel hilfreicher, immer mehr die eigenen Hände zu steuern, mit ihnen also das eine zu tun, etwas anderes aber auch zu lassen. Dabei sollten Sie als Erwachsene Folgendes bedenken:

▶ Ihr Kind macht die Erfahrung, dass die Mitbestimmung von Mama/Papa hilfreich ist, weil es mit ein, zwei Dingen tatsächlich ins Spiel findet. Diese Ruhe im dann möglichen Spiel genießen auch kleine Kinder schon.

▶ Mit dem »Hilfs-Ich« durch die Eltern kommen Kinder schneller in die Feinmotorik. Zunächst durch Fragen oder fragende Blicke, schließlich immer mehr durch eigene Wahrnehmung selbst steuern zu lernen, was man nimmt und was nicht, hilft Kleinkindern zu bewussterem Umgang mit Dingen. Äußerlich bedeutet das weniger Chaos durch herumliegende Sachen; innerlich im Erleben des Kindes bedeutet es eine Zunahme an gezielter, ruhiger Wahrnehmung. Beides hilft, die Reste an Ungeschicktheit der Baby-Zeit loszuwerden und macht aus ungestümen Kleinkindern konzentriert spielende Kinder.

▶ Wenn wir wollen, dass Kinder unsere erwachsene Mitbestimmung akzeptieren, dann müssen sie unbedingt die Erfahrung machen, dass Erwachsene etwas erlauben, dass sie also auch »Ja« sagen; dass Fragen dazu führt, dass man als Kind nicht alles, aber einiges nehmen darf; und dass Fragen bedeutet: »Mama/Papa redet etwas dabei mit, wie viele und was für Sachen ich nehmen kann. Das hilft mir, besser zu steuern, was ich vorhabe.«

Wenn kleine Kinder sich ständig aufgrund ihrer Neugierde Neuem zuwenden, sind sie wie »kleine Flöhe in dauernder Unruhe«. Durch die Mithilfe der Eltern werden sie orientiert und konzentriert.

Auch durch gute Einfälle können Sie die Konzentration Ihres Kindes fördern. Ihre Haltung der »dialogischen Erziehung« kann sich in Ihren spielanregenden, fantasievollen Ideen ausdrücken, wobei Sie Ihr Kind auch dabei nicht zu häufig fragen sollten, ob es jetzt dieses oder jenes machen oder haben will. Auch bei Spielvorschlägen strengt zu viel Wechsel an und begünstigt Unruhe.

Wenn Ihr Kleinkind wegen der Spielzeugbegrenzung zunächst schmollt und nichts recht anfangen will, dann helfen Sie ihm ins Spiel, indem Sie z. B. sagen: »Schau mal, die Tiere sind heute noch gar nicht gefüttert worden. Willst du sie mal füttern?« Stellen Sie kleine Gefäße bereit – irgendetwas, das sich als Trog eignet – und spielen Sie »Füttern«, indem Sie die Tiere sagen lassen, wie herrlich es ist, dass das Kind ihnen etwas zu fressen gibt. Das Kind wird angesteckt, macht weiter und findet plötzlich Freude daran. Sie helfen nur noch, naheliegende Utensilien zum Füttern zu finden.

Oder wenn der Auto-Laster nur herumliegt und das Kind nichts damit anfängt, sagen Sie:»Da hinten sehe ich Bausteine, die müssen dringend an die Baustelle gefahren werden. Willst du mal hinfahren und sie aufladen?« Plötzlich lässt das Kind den Laster brummen und es findet sich in Ihrem Zimmer noch vieles, was auf- und abgeladen werden muss und womit plötzlich eine»Baustelle« entstehen kann – die Folge ist hoch konzentriertes Spiel.

DAS LÄSTIGE AUFRÄUMEN

IRGENDWANN IST AUCH DAS THEMA AUFRÄUMEN DRAN. Nutzen Sie auch hier das»Gong-Prinzip«, kündigen Sie im Voraus an, dass das Spielen langsam zu Ende geht.

Am besten geht Aufräumen, wenn Sie sich in die kindliche Spielfantasie hineindenken. Sagen Sie besser nicht:»Du musst jetzt aber alles aufräumen.« Leichter geht es, wenn Sie vorschlagen: »Jetzt fahren wir mal alle Autos in ihre Garage.« (Sie müssen dazu keine extra Spiel-Garage für Autos haben; es reicht, die Autos unter das Bett oder die Kommode zu fahren, oder in einen Karton hinein, in dem sie bis zum nächsten Spiel warten.) Oder Sie sagen: »Die Tiere sind ja alle noch draußen! Komm, wir bringen sie in ihren Stall, damit sie heute Nacht auch gut schlafen können«, und räumen sie ins Regal. Oder Sie lassen den Teddy oder die Puppe ein wenig jammern, weil sie noch völlig ungemütlich irgendwo auf dem Fußboden herumliegen. Lassen Sie sie nach Ihrem Kind rufen:»Mama Anne/Papa Anton, du sollst mich ins Bett bringen.«

Kleine Kinder lieben das, verstehen sofort und machen voller Empathie bei solchen Spiel-Szenarien mit. Sie werden sehen: Da für Ihr Kind alle Spielsachen leben, helfen Ihre guten Ideen ihm, den Platz zu finden, wo alle Dinge »wohnen« und nachts »schlafen«, und Ihr Kind bringt sie dorthin, wo sie bis zum nächsten Spiel angemessen versorgt warten können. Kinder brauchen noch lange Hilfe beim Aufräumen. Wenn sie damit alleine sind, ist es ein Berg, den sie nicht bewältigen.

Wenn Kinder sehr intensiv gespielt haben und noch Spiel-Szenarien bestehen, ist es schön, wenn sie stehen bleiben dürfen. Man liebt es als Kind, wenn man am nächsten Tag da weiterspielen darf, wo man tags zuvor aufgehört hatte. Sie kennen das Gefühl bestimmt noch. Wenn das Weiterspielen erlaubt ist, ist ein Kind kooperativ und räumt Dinge etwas zur Seite, damit die alltäglichen Abläufe ungehindert stattfinden können. Dieses Prinzip eignet sich auch für alle kommenden Jahre; sofern Kinder sich mit ihrem Spiel wertgeschätzt fühlen, dauert es lange, bis nah an die Pubertät, wenn schließlich dieses sehnsüchtige »Dürfen wir weiterspielen?« aufhört.

AUFTANKEN IST FÜR EIN KLEINKIND WICHTIG

WENN IHR KIND IN ENTSPRECHEND HOHE KONZENTRATION findet, dann beschäftigt es sich im zweiten Lebensjahr zwischen 30 und 40 Minuten, im dritten Lebensjahr zwischen 30 und 60 Minuten. Ein dreijähriges Kind spielt in Zeiträumen bis zu einer ganzen Stunde oder auch schon länger.

Nach diesen Zeitfenstern ist die kindliche Konzentration derzeit noch am Ende, und auch Kleinkinder möchten durch Nähe auftanken. Es braucht also kleine Pausen und etwas Zeit für kleine Spielereien oder Gespräche. Danach ist Ihr Kind wieder für längere Zeit mit hoher Konzentration bei seinen Dingen. Im sicheren Wissen, dass Sie nach einer Weile gemeinsame Zeit zulassen, lässt Ihr Kind das Nebeneinander-Arbeiten, jeder für sich, auch wieder zu. Wenn die Pausen verlässlich sind, beginnt ein Kind nicht so schnell, zu quengeln. Sagen Sie daher besser nicht: »Gleich ...«, und brauchen doch lange (das machen wir Erwachsenen leider oft und wundern uns dann, dass Kinder ungeduldig reagieren). Stellen Sie besser Ihren Küchenwecker bis dahin; wenn der dann klingelt, wissen Sie beide: »Jetzt ist die gemeinsame Pause, die Zeit füreinander.« Nach gemeinsamem Auftanken arbeitet jeder viel leichter konzentriert wieder für sich.

SPIELEN MIT ANDEREN KINDERN

DAS SPIELEN UNTER MEHREREN KLEINKINDERN ist noch immer nicht ganz entspannt, weil Kinder in ihren Gefühlen auch in diesem Alter noch ungestüm sind und die Fähigkeit des »Szenischen Spiels« bei den Ein- bis Zweijährigen noch nicht wirklich ausgeprägt ist. Wundern Sie sich also nicht: Das Zusammen-Spielen ist für Kleinkinder noch schwer. Ab zwei, zweieinhalb Jahren nimmt die Fähigkeit der Kinder zu, gemeinsam in klassische Kinderspielszenen hineinzufinden. Irgendwann zwischen zwei und drei Jahren ist es dann so weit, dass Kinder hingebungsvoll lange miteinander spielen.

Kleinkinder geben zusammen gerne ihrer Bewegungsfreude nach, z. B. indem sie sich gegenseitig fangen, Verstecken und

Wiederfinden spielen, irgendwo hinaufklettern und herunterhüpfen oder aus Polsterelementen, großen Kissen und Decken Höhlen bauen, um sich darin zu verstecken (oder sonstwo in der Wohnung). Sie verschwinden in kleinen Innenräumen, in Ecken, hinter Vorhängen usw., kriechen in Höhlen oder Röhren erst hinein und anschließend wieder heraus, um sich gegenseitig wiederzuhaben. Dann beginnt das Ganze von vorne, und es klappt längere Zeit und mit großem Vergnügen. Gut, wenn Sie ihnen für Verstecke und Höhlen entsprechende Dinge zur Verfügung stellen. Und gehen Sie bei nahezu jedem Wetter an Orte, an denen Kleinkinder mit Sand, Erde und Wasser spielen können, und zwar so, dass sie wirklich mit Schaufeln, Sieben und Eimern etwas selbst verändern können. Wenn Sie einen Garten oder Balkon haben, sorgen Sie früh für eine größere Kiste Sand und spendieren Sie eine gewisse Menge Wasser. Mit Sand und Wasser versenken sich kleine Kinder lange, und zwar allein und auch gemeinsam mit anderen kleinen Kindern in ihr Spiel. Im Miteinander beginnt oft erstes szenisches Spiel, indem sie gemeinsam rühren, backen und kochen wie in der Küche und anfangen, sich darüber auszutauschen.

Bei allem Spiel untereinander hilft nach gewisser Zeit etwas Unterstützung durch einen Erwachsenen oder besser durch größere (Geschwister-)Kinder. Sing- und Kreisspiele sind zum Beispiel eine gute Gelegenheit für gemeinsames Spiel.

Die zuverlässige Sicherheit, dass jemand Großes in gewissen Abständen wieder Zeit hat für Gemeinsames, fördert die Fähigkeit von Kleinkindern, eine Zeitlang auch mit Gleichaltrigen auf ihre Art zu spielen.

AGGRESSION IM SPIEL – MÖGLICHE WEGE

ES PASSIERT – JE NACH TEMPERAMENT, beim einen Kind mehr, beim anderen weniger – dass Kleinkinder andere hauen, beißen, zwicken, kratzen oder an den Haaren ziehen. Es wird allmählich seltener, kann aber auch bei Zwei- bis Dreijährigen noch vorkommen. Neben angeborenem Temperament geht es bei diesem Verhalten manchmal um Ängste. Kleine Kinder sind in der Gruppe mit anderen Kindern noch unsicher. Bevor ein Kind selbst Momenten ausgesetzt sein könnte, die es fürchtet, geht es kurzerhand zum Angriff über. Außerdem zeigt sich da das schnelle »Eintauchen des Pinsels in alle Farbtöpfe«. Das kleine Kind spürt plötzlich seine Aggression und lebt sie genauso plötzlich am Gegenüber aus. Mit ein, zwei Jahren ist die Fähigkeit, sich in sein Gegenüber hineinzuversetzen, noch nicht stabil ausgeprägt. Es ist sinnvoll, Kinder, die zu plötzlichem Hauen, Beißen und Zwicken neigen, im Auge zu behalten und ihre aggressiven »Schübe« gegenüber anderen möglichst zu verringern, indem man sein Kind etwas mitsteuert. Wenn es trotzdem passiert ist, sagt man zu seinem Kind, das aggressiv war: »Schau, du tust dem Mädchen/dem Jungen weh. Sie/er weint. Wir müssen ›Heile, heile Segen‹ machen, damit es wieder gut wird.«

Aber: Bleiben Sie als Erwachsener darauf gefasst, dass sich der Zwischenfall wiederholen wird. Machen Sie sich keine Sorgen. Ihr Kind wird deshalb nicht gewalttätig. Wenn die Fähigkeit, sich in andere hineinzuversetzen, und generell die innere Sicherheit zunehmen, wird dieses unvermittelte Ausleben von Aggressionen bei kleinen Kindern abnehmen. Auch die Zunahme an Sprache wird helfen.

Eltern, deren Kinder stark zum Ausleben ihrer aggressiven Anteile neigen, haben in Gesellschaft mit anderen leider die schwierigere Aufgabe, denn ihre Kinder werden gefürchtet, weil Menschen zu schnell denken, ein Kind entwickle sich zu einem Unhold. Hilfreich für alle: Wenn Sie mit Ihrem Kind die oben genannten Gesten der Versöhnung leben, tun Sie alles, was man in diesem Alter tun kann. Zu anderen Eltern könnten Sie sagen: »Wir üben, dass es nicht mehr passiert. Aber im Moment klappt es nur manchmal, Sie wissen, wie das ist ...« Wenn deutlich wird, dass Sie mit Ihrem Kind ernsthaft daran arbeiten, werden Sie von anderen Eltern weniger misstrauisch beäugt. Im Stillen dürfen Sie sich auch sagen: »Wer weiß, wofür mein Kind sein Temperament und seine Vehemenz eines Tages vielleicht noch braucht.« Nicht alle Menschen sind leise und vorsichtig im Leben – später braucht es auch diejenigen, die natürlich ebenfalls Sozialverhalten gelernt haben, aber auch zu Widerstand fähig sind. Wir wissen ja nicht, wie viel Temperament und Vehemenz unsere Kinder für ein menschliches Zusammenleben unter Erwachsenen noch aufbringen müssen.

Aggressionen treten, wie erwähnt, auch auf, weil Kleinkinder ihre Wünsche noch unvermittelt durchsetzen, das Gegenüber sie dabei aber stört, also auch in der Kindergruppe. Wir Erwachsenen steuern deshalb mit, bieten immer wieder Hilfe an, damit die Kinder in friedliches Zusammen-Spielen zurückfinden, machen Vorschläge wie z. B.: »Jetzt gerade hat Marie den Wagen. Ich stelle die Uhr und wenn sie in ein paar Minuten klingelt, dann bekommst du den Wagen, so wechselt ihr ab. Jedes Kind darf damit spielen, aber nacheinander.« Allmählich, indem Sie durch Wiederholung verlässliche Regeln einführen, die jedes Kind zu seinem Recht verhelfen, lernen kleine Kinder, wie es gehen kann.

Generell ist es hilfreich, bei heiß begehrten Spielsachen einzuführen, dass alle sich abwechseln. Sie investieren dadurch in die Fähigkeit Ihres Kindes, auch später im Spiel begehrte Dinge mit anderen gemeinsam zu benutzen. Das vermindert langfristig manches an Streit, Stress und Missgunst – und macht alles Spielen ruhiger. Auch wenn es manchmal anstrengend sein kann, üben Sie ausreichend oft mit mehreren Kindern, denn durch gutes Kinderspiel bekommen Sie Freiräume für Ihre eigenen Tätigkeiten!

STREIT MUSS SEIN

BEI ALLEM ANGESTREBTEN FRIEDEN – Kinder untereinander, vor allem Geschwister, müssen ab und zu streiten. Durch Streit lernt Ihr Kind seine Aggressionen kennen und übt den angemessenen Umgang mit ihnen. Streit gehört also dazu. Das Schöne ist: Kinder streiten und versöhnen sich kurz darauf wieder, sind nicht nachtragend, spielen kurzerhand weiter.

Ich halte es nicht für richtig, immer zu mahnen, man dürfe als Kind nicht streiten, auch nicht hauen. Unter Kindern, gerade auch unter Geschwistern, muss es sein. Da Kinder alles sehr körperlich erleben, halte ich es für kindgemäß, dass Kinder ab und zu durch Hauen ihre Aggressionen untereinander leben. Auch der Umgang mit Aggression verändert sich erst im Lauf von Jahren, allmählich weg von sehr konkret körperlichen Ebenen hin zu mehr Sprache und Verhandeln. Die beständige Beziehung zu Geschwistern ist ideal für die Erfahrung: Trotz Streit und dem einen oder anderen körperlichen Kampf gehören alle weiterhin zusammen! Geschwister hat man – also kann und muss keiner gehen.

Vielleicht erinnern Sie sich auch daran: Man musste sich manchmal mit seinen Geschwistern wirklich sehr streiten, weil man sie in jenem Moment so unglaublich unerträglich fand. Dennoch brauchte man sie natürlich weiterhin, um mit ihnen stundenlang spielen zu können. Beides existierte nebeneinander; genau so muss es sein, denn es ist ein guter Weg, um als Kind die Integration von »guten« und »schlechteren«, also freundlichen und aggressiven Anteilen in sich zu bewältigen.

Bei größeren Kindern ist es das Beste, sich als Erwachsener nur selten einzumischen – dazu im nächsten Kapitel (»Kinder zwischen vier und sechs Jahren«) mehr. Kleinkinder brauchen ab und zu noch Hilfe durch Erwachsene, weil das Aushandeln untereinander noch nicht gelingt und sie bei Streit zu extrem entgleisen. Dabei sollten Sie sich immer gegenüber allen Kindern erkennbar gerecht einmischen und durch ausgleichende Vorschläge gut vermitteln, so dass das Spielen weitergeht. Schlagen Sie sich nicht auf die Seite eines Kindes (besonders nicht auf die des »lieberen« Kindes), sondern suchen Sie besser »salomonische Regelungen«, bei denen ausgleichende Gerechtigkeit spürbar ist. Wenn nur ein Kind sich gemaßregelt fühlt, dann heizt diese Kränkung und die daraus erwachsende Eifersucht allen Streit erneut, oft noch verstärkt, an.

Noch kleine Babys muss man im Zusammensein mit ein, zwei Jahre älteren Kleinkindern im Auge haben, denn Eifersucht und unvermittelte Aggression des Kleinkindes können bei allem Ungestüm etwas sehr Grobes haben.

Wenn das Baby anfängt zu krabbeln und parallel ein zwei- oder dreijähriges Kind gerade beginnt, versonnen zu spielen, kommt es häufig zu handgreiflichen Auseinandersetzungen. Krabbelnde Babys wollen zu allen Spielsachen hin und mitmachen, können aber den Spielszenarien des größeren Kindes noch nicht folgen, sondern fassen nur alles an und zerstören – aus Sicht des größeren Kindes – das Spiel. Geschrei und Empörung sind dann groß und das Zwei- oder Dreijährige wird vor Zorn grob. In diesen Altersstufen kann keines der Kinder sich kontrollieren, also bleibt nur, dass Sie als Eltern steuern und das krabbelnde Baby zu sich nehmen.

Zwar sind manche kleineren Kinder einem Baby gegenüber durchaus einfühlsam und rücksichtsvoll, lassen es etwas »mitspielen«, aber es ist eher die Ausnahme; es generell zu erwarten, überfordert das Kleinkind. Als Hilfe könnte man zum größeren Kind sagen: »Gib ihm irgendetwas von deinen Sachen ab – ich trage unser Baby etwas von dir weg, damit es woanders damit spielt.« Es ist ein Kompromiss, der Ruhe bringt – mehr ist nicht drin.

»UNSER KIND HAUT MICH« – WAS TUN?

KLEINKINDLICHE UNVERMITTELTE AGGRESSION geschieht natürlich auch gegenüber den Eltern. Manchmal ist es eine unvermittelte Aggression oder sie erfolgt aus Absicht, aus kindlicher Empörung. Unter Kindern ist körperliches Ausleben für die oben beschriebenen Lernprozesse verständlich, im Umgang mit Erwachsenen geht es zuallererst um gegenseitigen Respekt. Sagen Sie also klar, dass Sie nicht gehauen werden wollen. So wie man heutzutage seine Kinder nicht mehr hauen soll und darf, ist es logisch, deutlich zu vertreten, dass man umgekehrt als Eltern vom Kind auch nicht körperlich angegriffen werden will: »Ich haue dich nicht und genau so will ich nicht, dass du mich haust. Wenn du auf deine Hände (Beine) nicht selbst aufpasst, dann passe ich jetzt auf sie auf und muss sie gerade mal festhalten.« Das könnten Sätze sein, die manches zurechtrücken und den Respekt vertreten.

Da kleine Kinder oftmals nicht zügig umsetzen, was sie hören, hilft es, wenn sie spüren, was wir meinen. Nicht, indem wir sie schlagen, sondern indem wir sie an ihrem Handeln hindern. Gehindert zu sein, nicht machen zu können, was man als kleines Kind gerade will, ist Strafe genug. Seien Sie deutlich, auch streng mit Worten: »Mama/Papa und Kinder treten sich nicht gegenseitig, ja?« Durch Ihre eindeutige, entschiedene Haltung, verbunden mit Handeln, wird rasch klar, dass körperliche Angriffe und respektloses Verhalten zwischen Eltern und Kindern tabu sind.

GEFÜHLSAUSBRÜCHE

SCHREIEN, SICH ZU BODEN WERFEN, WEINEN ..., diese Gefühlsausbrüche sind also an der Tagesordnung, erfolgen wie Dramen, vehement und explosiv, erfolgen wie tägliche Gewitter und Wolkenbrüche. Genervt zu sein, ist verständlich, aber bleiben Sie so oft wie möglich ruhig in Ihrer Grundhaltung.

Fangen Sie besser nicht an, mit dem Kind zu argumentieren oder auf es einzureden. Wolkenbrüche und Platzregen nimmt man besser als etwas, dessen Verlauf man zunächst nur abwarten kann.

Trotzdem dürfen Sie auch bei kindlichen Gefühlsstürmen dafür sorgen, dass es keine »Überschwemmungen« gibt und das Kind durch sein Schreien nicht alles überflutet. Manche Kinder sind sehr dramatisch. Wenn es also auf Sie so wirkt, als löse sich Ihr Kind gewissermaßen in seinem Gefühl auf und ertrinke gewissermaßen darin, dann sagen Sie nach einigen Minuten durchaus einen Satz wie zum Beispiel: »Komm mal her zu mir, jetzt ist es doch wieder gut.« Nehmen Sie das Kind auf den Schoß oder sorgen Sie auf sonstige Weise für Körperkontakt, damit es sich selbst und Sie wieder spürt, denn das begrenzt inneres Überschwemmtwerden. Dazu helfen warmherzige, aber klare, nüchterne und entschiedene Worte, z. B.: »Ganz so schlimm war es jetzt aber nicht, finde ich. Jetzt hör mal auf zu weinen und zu schreien. Hörst du mich? Setz dich mal zu mir, dann wird es schon wieder besser.«

Wenn Sie einen guten Einfall haben, nutzen Sie ihn und lenken Sie die Aufmerksamkeit vom Drama ab. Ein gemeinsamer Blick aus dem Fenster kann helfen: »Schau mal, dort draußen sitzt ja ein Vogel auf dem Baum – hast du den schon gesehen?« Oder Sie nehmen den Teddy oder die Puppe zu Hilfe und lassen sie zum Kind sprechen: »Ja, wer weint denn da so? Ich will auch auf deinen Schoß …« Wenn Teddy oder Puppe plötzlich etwas Nettes oder Spaßiges zum Kind sagen, wirkt das Wunder, und das Kind antwortet. Oder Sie gehen zusammen nach draußen und unternehmen etwas, auch ohne viel Aufwand.

Bei allem Mitgefühl für die Vehemenz kindlicher Gefühle: Ein Kind erfährt so, dass Gefühle einen nicht völlig beherrschen, sondern allmählich steuerbar werden. Sie sind wieder zusammen auf dem Weg, wenden sich anderem zu, ohne das soeben Geschehene lang zu besprechen; machen Sie irgendetwas Konkretes, ohne viel Worte über den Gefühlsausbruch zu verlieren, mit sonnigem Gemüt.

WENN IHR KIND NICHT IN DIE KITA WILL

VIELE KINDER GEHEN GERNE IN IHRE KITA. Ab und zu gibt es aber auch das:»Nein, ich will nicht!« Manche Kinder weigern sich nur gelegentlich, in die KiTa zu gehen. Andere protestieren täglich, manche weinen. Wie viel tägliches Gleichmaß und Konsequenz ist jetzt gefordert?

Das Nein eines Kindes kann Verschiedenes bedeuten: Dass es heute keine Lust hat, sich aber schnell gut einfindet, wenn es erst dort ist; dass es zu jenen gehört, die langsam abnabeln und mehr Zeit mit den Eltern brauchen; dass ihm der Trubel unter vielen Kindern zu viel ist; dass die Chemie zwischen diesem Kind und den Erwachsenen dort nicht stimmt – auch das kommt vor – oder dass ein Baby zu Hause ist und das größere Kind ebenfalls bei den Eltern sein will. (Nicht nur, weil es eifersüchtig ist, sondern auch, weil größere Geschwister von Babys fasziniert sind, wollen sie alles spüren und miterleben, was mit dem kleinen Geschwisterkind geschieht.)

Wenn ein Kind sich manchmal weigert, in die KiTa zu gehen, geben Sie nach, lassen Sie es bei sich zu Hause. Oder wenn das an diesem Tag gar nicht geht, weil Sie Termine haben, bestehen Sie darauf, dass Ihr Kind an dem betreffenden Tag dennoch in die KiTa geht, vorausgesetzt Sie wissen, dass es sich dort in der Regel schnell fängt. Freundliche, erklärende Sätze helfen und trocknen Tränen zügig, und baldiges Wiederabholen hilft auch.

Häufig helfen Kompromisse. Vielleicht kann Ihr Kind kürzere Zeit am Tag oder weniger Tage in der Woche zur KiTa gehen, also einfach mehr Zeit zu Hause bei Ihnen haben; oder wenn Sie als Eltern täglich weg müssen, ist zu überlegen, ob Ihr Kind bei individuellerer Betreuung, also in kleinerer Gruppe oder bei Tageseltern, sich eher einlassen mag. Es kommt aber auch vor, dass ein Kind noch nicht reif ist für das Weggehen und stattdessen doch Nähe und Verbundenheit braucht.

Wenn das kleinkindliche »Nein« längere Zeit anhält, gilt nicht der Satz: »Über Ja oder Nein von Betreuung entscheiden allein die Eltern.« Es reicht, wenn die Pflicht mit der Schulpflicht beginnt, wir müssen sie nicht aus Prinzip verlangen. Kindgemäßer wäre, anzuschauen, was das Kind traurig oder lustlos macht. Langfristig ist es auch in diesem Alter noch besser, wenn Menschen sich nicht zu früh zusammennehmen und funktionieren müssen. Überlegen Sie, wie gute Lösungen mit mehr Leichtigkeit für alle aussehen könnten. Kinder fordern uns heraus, uns zu verändern; nicht immer, aber immer wieder haben sie mit ihrem Widerstand gegen das, was wir geplant haben, recht. Es kann für dieses Kind durchaus richtig sein, zu Hause seine Tage zu verbringen. Es ist für alle eine Chance, wenn wir über kindlichen Widerstand nachdenken. Im Zweifelsfall und wenn Sie auf frühe Betreuung angewiesen sind, lassen Sie sich von einer Fachperson beraten, die sich mit den großen Bandbreiten psychischer Entwicklung von Kleinkindern auskennt, mit Ihnen Ihre gesamte Situation und die Ihres Kindes einschätzt und nach allen Seiten hin empathisch bespricht. Es werden freundliche Lösungen zu finden sein – seien Sie sicher.

MANCHMAL SIND ERWACHSENE UND KINDLICHE BEWEGUNG schwierig zu vereinbaren. Kinder erleben Räume und Entfernungen weitaus größer als Erwachsene. Sie laufen zwar gerne, sind bei längeren Strecken aber darauf angewiesen, genug zu erleben, zu entdecken und zu beobachten, damit das Laufen nicht öde wird. Es ist also gut, wenn Erwachsene Wege wählen, die für kindliches Erleben ausreichend Interessantes zu bieten haben.

Wenn Sie sich an Wege der Kindheit erinnern, dann fällt Ihnen wahrscheinlich ein, wie lang asphaltierte Straßen sein konnten. Vielleicht sind Sie als erwachsener Mensch eines Tages einen Weg erneut gegangen, der Ihnen als Kind »unendlich« schien, der Ihnen in Ihrem heutigen Erleben jedoch nur als eine kurze Distanz vorkommt.

Bei zu tristen Wegen hilft es, wenn Sie für Abwechslung sorgen, wenn Ihr Kind – wie die Großen – etwas schieben, fahren oder hinter sich herziehen kann, den Kinderwagen, einen Puppenwagen oder ein Lauf- bzw. Dreirad, das es schon selbst richtig steuern kann. Wenn es zu wenig zu erleben gibt und die Kleinkinderbeine deshalb plötzlich lustlos und müde werden, hilft kein Zureden, sondern nur das Gefahrenwerden. Auch nach dem KiTa-Besuch kann es sein, dass Sie irgendein Hilfsmittel brauchen, um nach Hause zu kommen, weil Ihr Kind müde oder hungrig oder beides ist. Der Heimweg mit Bewegung unter freiem Himmel ist trotzdem immer gut, weil offener Himmel den menschlichen Organismus und das Schlafen stärkt;[68] dazu vielleicht noch eine kleine Portion »Wegefutter« – unterzuckert kann jeder Heimweg schlechte Laune machen.

KINDER LIEBEN EIN RITUAL am Beginn und Ende der Mahlzeit: einen Vers, ein Lied, ein Gebet – was immer Ihrer Überzeugung entspricht. Auch wenn man mit einem Kind nur zu zweit am Tisch ist, sind Rituale schön und unterstreichen die Erfahrung: Wir starten gemeinsam.

Das Üben mit Löffel und Gabel, das jetzt beginnt, ist zeitweise zu anstrengend, braucht manchmal Hilfe oder bei Müdigkeit schlicht die Beendigung durch Füttern. Bei Brotmahlzeiten hilft es, mundgerechte Stücke zu schneiden, die ein Kind in den Mund stecken kann. Viel Spaß macht es, sie auf dem Teller zu drapieren und kleine Geschichten dazu zu erfinden, wie sie in den Mund wandern. Die alten Rituale helfen auch: »Ein Stückchen für Mama, ein Stückchen für Papa, ein Löffel für Oma, ein Löffel für Opa ...« Oder, wenn noch ein letzter Bissen in den Mund soll, kann man ihn wie einen kleinen Schmetterling oder Hubschrauber in den Mund fliegen lassen. Natürlich machen kleine »Faxen« Spaß. Denken Sie daran: Ein Kind darf kindlich üben und auch noch ab und an mit dem Essen spielen.

Für alle Kleinen, die sich schwer damit tun, beim Essen still zu sitzen, wird es auch mit zwei, drei Jahren noch leichter, wenn sie auf den Schoß dürfen. Körperkontakt hilft in die Ruhe.

Dass man beim Essen nicht spielt – das ist die langfristige Perspektive. Aber jetzt gibt es Ausnahmen, denn manchen Kindern hilft es für ihren Appetit, wenn geliebte Spielzeuge zumindest dabei sein dürfen. Also, seien Sie nicht zu streng. Puppen und Teddys müssen sowieso ab und zu gefüttert werden. Und wenn die Trennung eines Kindes von Auto oder Bagger nicht klappt und es daher nicht essen kann, dann werden Auto und Bagger eben auch am Tisch »gefüttert«. So lange Sie nicht ganz extreme Faxen machen müssen, sondern ganz nebenbei auch etwas Spielzeug mit von der Partie ist – warum nicht?

DER MITTAGSSCHLAF

BEI ALLER FREUDE AM SPANNENDEN LEBEN – auch Kleinkinder brauchen Schlaf. Erst in der zweiten Hälfte des zweiten Lebensjahres, also ab etwa 18 Monaten, reicht es, einmal am Tag zu schlafen. Etwas Dämmeratmosphäre und als Eltern entschieden auf Mittagsruhe bestehen – beides führt letztlich trotz Widerstand zu einem Mittagsschlaf.

In diesem Alter beobachten Sie, dass ein Kind vor dem Einschlafen mit Teddy oder Puppe noch erzählt. Aber auch mit Baggern oder Autos kann man babbeln. Jetzt andere »Gefährten« als die Eltern mit im Bett zu haben, macht Kinder viel unabhängiger.

Wenn Ihr Kind sich sehr schwer damit tut, liegen zu bleiben, können Sie sich von den Südamerikanern etwas abschauen: Dort hat jede Familie eine Hängematte. Mit stabil befestigten Haken quer über eine Zimmerecke gespannt, hat eine Hängematte in jedem Raum Platz. Auch jenseits des Babyalters werden Kinder ja gerne gewiegt und geschaukelt. Wenn Sie mögen, legen Sie sich einfach mit hinein, die Hängematte tut allen gut. Und lesen Sie doch die Geschichte: »*Nein, ich will noch nicht ins Bett!*«[69] vor, dann wird herrlich klar, dass alle irgendwann und irgendwie schlafen. Mit einem an der Wand befestigten Seil können Sie sich beide immer weiter sanft ins Schaukeln bringen.

EINSCHLAFEN AM ABEND

EIN EIGENER SCHLAFPLATZ kann mit zwei, drei Jahren von Kindern akzeptiert werden. Aber die meisten Kinder wollen auch jetzt noch nicht weit entfernt alleine einschlafen. Wenn Sie auf zwei Stockwerken wohnen, ist es für ein Kind mit zwei, drei, durchaus auch mit vier Jahren oft noch zu weit weg, wenn es oben alleine einschlafen soll.

Sie können also entweder auch oben sein (hörbar anwesend reicht, mit zwei oder drei Jahren braucht es nicht mehr direkten Körperkontakt, Puppe oder Schmusetier übernehmen das) oder aber wieder in Ihrer Nähe, unten, einen Schlafplatz einrichten. Ein »Alkoven« wie in österreichischen Berghäusern im Wohnraum wäre ideal, der durch einen kleinen Vorhang geschlossen werden kann. Bei geschlossenem Vorhang hat man als Kind sein eigenes Schlaf-Reich, ist aber weiterhin in der Nähe aller seiner Lieben. Dies ist nur ein Hinweis, welche Art Nähe für Kleinkinder hilfreich wäre. Folgen Sie bezüglich Schlafnischen in Ihrer Wohnung Ihren guten Ideen.

Auch wenn Freunde etwas anderes behaupten: Kinder, die zunächst im eigenen Bett einschlafen, kommen doch alle noch bis ins dritte, vierte Jahr oder länger nachts zu ihren Eltern ins Bett gekrochen. Das ist ganz menschlich!

KINDER ZWISCHEN VIER UND SECHS JAHREN

ENTWICKLUNG UND ERLEBEN DES KINDES

BEI KINDERN IM ALTER VON DREI, VIER JAHREN sieht man erste Anzeichen dafür, dass sie flügge werden. Sie fangen offensichtlich an loszulassen, und es zieht sie ins Spiel mit anderen Kindern. War es in den ersten Jahren die Aufgabe der versorgenden Erwachsenen, dass ein Baby und dann Kleinkind sich getragen und dabei geborgen fühlte, so geht es jetzt darum, dass Erwachsene die »Flugfähigkeit« ihres Kindes gedeihen lassen. Die kindliche Bereitschaft, beschützt an elterlicher Hand zu gehen, lässt deutlich nach.

Auch Babys und Kleinkinder haben Spaß daran, unter Kindern zu sein – aber sie suchen trotzdem noch häufig die Nähe von Erwachsenen, um sich von dem sicheren Ort aus mit Interessantem zu beschäftigen. Im Alter von drei, vier Jahren werden Kinder ohne Wenn und Aber durch Faszination »weggetragen« zu anderen Kindern, und sei es nur, um als jüngeres Kind bei den älteren zuzuschauen. Mit fünf, sechs Jahren spätestens sind sie darauf aus, erste »Ausflüge« zu machen. Wenn man sie lässt, spielen sie stundenlang mit anderen Kindern, möglichst ohne Aufsicht.

VERGNÜGLICHE LEHRSTUNDEN FÜR ERWACHSENE

UM INTENSIV NACHZUEMPFINDEN, wie man sich als Kind fühlt, wenn man mit etwa vier Jahren in der Welt unterwegs ist, mit welchen Augen man sie sieht und welche Gedanken man sich macht, zu welch echten Unternehmungen man schon fähig ist, lesen Sie am besten *Die Kinder aus der Krachmacherstraße*.[70] Die Kleinste, *Lotta, kann fast alles*[71] – und entsprechend geht sie auch los und regelt das eine oder andere, was geregelt werden muss. Auch die Unternehmungen von Lisabeth, der kleinen Schwester von *Madita*[72] führen uns auf anschaulichste Weise vor Augen, wie ein Kind mit drei, vier Jahren denkt und loslegt mit seiner Art, in der Welt mitzumischen: Es geht als Kind darum, ernst genommen zu werden, nicht mehr nur bei den Kleinen, sondern am besten überall dabei zu sein. Die Michel-Geschichten sind eine Reise in das Erleben und Denken der Fünf- bis Sechsjährigen;[73] in die Tatkraft, die eigene Logik und natürlich in das viele echte Hantieren, das »Arbeiten« und schließlich Spielen, das Kindern in diesem Alter eigen ist. *Die Kinder aus Bullerbü*[74] schließlich führen uns die Gefühle und das Erleben von Kindern vor, die das Glück haben, als feste Gruppe alles Mögliche zusammen machen zu können; Kerstin, die Jüngste und in dem Alter, um das es hier geht, will unbedingt dabei sein, wenn die Größeren spielen und Spaß haben. Am besten lesen Sie diese Geschichten gar nicht gleich vor, sondern zunächst einfach nur für sich selbst. Es fördert das Gefühl für Kinder und macht außerdem ziemlich viel Spaß. Astrid Lindgrens Bücher sind für uns Erwachsene wirklich die allerbesten Lehrbücher. Astrid Lindgren lotst uns durch ihre Geschichten immer wieder in das entsprechende Lebensalter von Kindern und kann uns – durch ihre einzigartige Gabe, die sie hatte, sich in jedes Alter zurückzuversetzen – kindliches Fühlen und Denken bis in feinste Nuancen hinein wiedererleben lassen. Es hilft, wenn wir noch einmal fühlen, wie es war. Sich ans Kind-Sein zu erinnern, ist ein sehr guter Weg, um herauszufinden, was Kindern guttut, womit sie sich wohl fühlen und wie sie sich mit uns Erwachsenen arrangieren können.

SPIELEN, SPIELEN, SPIELEN – WICHTIG FÜR DIE ENTWICKLUNG

KINDER SOLLEN ETWAS MACHEN, SICH BEWEGEN, wenn möglich draußen, mit anderen Kindern und dort, wo sie mit Elementarem zugange sind: mit Wasser, Sand, Erde, Pflanzen, Tieren – bei Licht und Luft, Wind und Wetter.

Freies Spielen wird in Zeiten kindlicher Förderkurse als nicht so wichtiger Zeitvertreib betrachtet, fast stiefmütterlich behandelt und Kindern wird immer weniger Zeit dafür gelassen. Es ist aber gut, wenn wir Erwachsenen uns bewusstwerden, wie hilfreich das Spielen für die kindliche Entwicklung und das Zusammenleben mit anderen ist. Außerdem hat Spielen den sofort spürbaren Effekt, dass es sehr viel Anstrengendes, auch Kompliziertes zwischen Eltern und Kindern entspannt und entzerrt. Bevor Kinder einem mit ihrer Lebhaftigkeit und immerwährenden Ausdauer zu anstrengend werden, gibt es eigentlich immer den konstruktiven Ausweg: »Ab mit dir zu den anderen Kindern, zum Spielen.« Erinnern Sie sich, dass Sie den Satz als Kind auch gehört haben?

Spielen nährt und stärkt Psyche und Körper von Kindern gleichermaßen. Das Kind hat sich während seiner ersten Jahre verankert, hat quasi »Wurzeln« ausgebildet und ist durch das Kümmern seiner Eltern (und aller anderen, die es versorgten) ausreichend angekommen in der »Welt«. Es hat innere Stärke getankt und ist jetzt in der Regel sehr neugierig auf Kontakt mit Kindern. Gleichzeitig drückt es Verbundenheit mit allem und allen aus, mit denen es lebt. An manchen Tagen bekommt man als Eltern starke Liebeserklärungen und Kinder zeigen, kaum ihren Windeln entwachsen, bereits Fürsorge gegenüber der »nächsten Generation«, indem sie ihre Puppen, ihre Teddys oder andere Schmusetiere lieben und umsorgen. Verankerung, Verbundenheit, Selbstvertrauen sind zentral, denn dadurch werden Erkundungen und Entdeckungen ihrer nahen und etwas ferneren Umgebung möglich. Jetzt wollen sie in Eigenregie etwas machen, weiter weg von den Erwachsenen …

Das alles geschieht parallel zu ihrer körperlichen Entwicklung: Sie sind herausgewachsen aus der Hilflosigkeit der Babyzeit und den Ungeschicklichkeiten des Kleinkindalters. Sie erleben Stabilität in ihrem Körper und spüren, dass sie ihn steuern können und sich in ihm sicher fühlen. Ein Kind kann jetzt Alltagsdinge weitgehend selbst ausführen, es kann sich selbst anziehen, braucht keine Hilfe mehr beim Essen, kommt selbst an Dinge heran usw. Das grundlegende Körpergefühl ist:»Ich steuere meinen Körper und seine Bewegungen und ich habe alles, um ganzer Junge, ganzes Mädchen zu sein.« Aus diesem Körpergefühl heraus sind Kinder begierig auf reichlich weitere Körpererfahrungen, die dieses Gefühl untermauern und verstärken. Sie sind auf Bewegungsfreuden aller Art aus, auf Balancieren, Wippen, Hüpfen, Hangeln, Klettern, Schwingen und weiterhin auf Nähe und Körperspiele, auf Balgen und Raufen mit Kindern und Erwachsenen.

Eltern beklagen in Gesprächen über Erziehung heute jedoch entweder ihre Kinder spielten nicht bzw. nur, wenn sie mitspielten, oder sie als Eltern seien mit einem oder zwei Kindern in jeder Hinsicht ausgelastet und sehr erschöpft, sie hätten einfach keine Kraft mehr. Doch was macht das alltägliche Zusammensein mit Kindern eigentlich derart zäh? Was war früher – neben allen Schwierigkeiten – am Leben mit Kindern vielleicht einfacher? Warum sind Kinder heutzutage wenig im Spiel, berichten Eltern mehr von Erschöpfung?

Eins hat sich massiv verändert: Bereits kleine Kinder haben heutzutage volle Wochenpläne und wenig freie Zeit. Sie haben kaum Muße, kommen nicht zum Tagträumen und finden schlechter in ihr Kinder-Spiel. Eltern erleben ihre Kinder als fordernd oder latent quengelnd. Jedes fünfte Kind zeigt inzwischen Auffälligkeiten – emotional, sozial oder körperlich.[75] Der Kinderarzt Michael Hauch stellt in seinem Buch *Kindheit ist keine*

Krankheit[76] fest, jeder dritte Junge, jedes vierte Mädchen zeige bei Vorsorgeuntersuchungen mit fünf Jahren erhebliche Bewegungs- und Koordinationsschwächen, könne keine drei Meter auf einem Bein hüpfen, nicht rückwärts laufen oder einen Ball fangen.

Statt auf eigenen Beinen zum Spielen, gehen Kinder immer häufiger in Therapie (Ergo-, Physio-, Logotherapie, um die häufigsten Arten zu nennen), zusätzlich gibt es Förderkurse, auch für die Jüngeren, lange vor der Schule, die inzwischen ebenfalls früher startet. Kinder werden zu allem schnell gefahren, immer an der Hand der Eltern, ohne eigene Bewegung. Bei all den Terminen bleibt keine Zeit fürs Spiel – nicht allein, nicht frei unter Kindern, nicht stundenlang und nicht im Freien. Die Kindheit wird verplant und verschult. Eltern mühen sich für ihre Kinder ab und die Kinder finden keine Muße angesichts der vielen Vorhaben und Verpflichtungen.

Dabei kann man sagen: Spielen ist der »Königsweg« kindlicher Entwicklung. Spielen senkt den Stresspegel im Äußeren wie im Inneren, es stärkt ein gutes Körpergefühl, hilft der geistigen Entwicklung[77] und führt in mehr Ruhe für alle. Joachim Bauer, Neurobiologe und Arzt, drückt es in einem Plädoyer für mehr Muße, Ruhe und Kreativität im Aufwachsen von Kindern so aus: »Man kann sagen: Multi-Tasking macht dumm. Die Fähigkeit, Probleme in Ruhe zu lösen, kann nur zunehmen, wenn wir immer wieder die Ruhe und Muße haben, uns mit einer Sache zu beschäftigen. Man kann das in der Hirnforschung zeigen, dass das permanente Auf-dem-Sprung-Sein nicht gut ist für das Gehirn.«[78] Andreas Weber drückt es poetischer aus: »Spielen ist kein Zeitvertreib, sondern schöpferisches Einverleiben der Wirklichkeit.«[79]

SPRICHT MAN MIT ERWACHSENEN in KiTas oder bei Fortbildungen über kindliche Entwicklung, dann wird es interessant, wenn man sie zuallererst erzählen lässt, was sie als Kinder am liebsten gespielt und gemacht haben. Mit verschmitzt lachenden Augen schildern die Anwesenden voller Vergnügen: »Am allerschönsten war es, mit anderen Kindern draußen unbeaufsichtigt zu spielen, Lager zu bauen, Wohnungen einzurichten, in kleinen Banden umherzuziehen, sich Abenteuer auszudenken und zusammen zu erleben – tagelang. Am besten war, wenn wir gleich am nächsten Tag wieder raus zu den anderen und zusammen weiterspielen konnten, wo wir tags zuvor aufgehört hatten; wenn wir nur noch zum Essen nach Hause kamen und die Erwachsenen gar nicht wussten, was wir machten und wo wir waren.«

Hier erinnern sich Erwachsene genau an das, was Kinder schon immer ins Spielen getrieben hat: dass sie Erfahrungen mit allen Sinnen machen – in ihren Spiel-Szenarien, ohne Anleitung, ohne Wissen der Erwachsenen, in eigenständiger, vielfältiger Bewegung; unter Kindern, an Orten, wo sie nicht dauernd beaufsichtigt werden, um dort Dinge zu tun, die ihnen Intensität im Gefühl und Momente ermöglichen, an die man sich erinnert.

Dass kleine Kinder seelische und körperliche Nähe zu Menschen brauchen, mit denen sie sich tief verbunden fühlen, hat sich in den letzten Jahren herumgesprochen. Genau so muss sich herumsprechen, dass Kinder Erfahrungen mit allen Sinnen, mit anderen Lebewesen, draußen in der Natur brauchen. »So wie sie (Kinder) ihr Modell von Menschlichkeit von jenen übernehmen, die sie lieben, so übernehmen sie von anderen Lebewesen das Gefühl aktiver Lebendigkeit. Andere Wesen, ja selbst Flüsse, Steine und Wolken lehren Kinder eine Form der Selbsterkenntnis, die sie in einer allein menschengemachten Welt nicht erwerben können.«[80]

Im Grunde wissen und spüren Erwachsene das alles. Es zeigt sich daran, dass sie beim Vorlesen am liebsten zu Büchern greifen, bei denen ihnen selbst kein bisschen langweilig wird. Das sind Bücher, die von echten, spannenden Kinder-Erfahrungen erzählen. Sie wissen es, weil sie so, wie sie von ihren Spielerinnerungen erzählen, auch erzählen, wie sie abends *Tom Sawyer* oder *Huckleberry Finn, Emil und die Detektive* und *Kalle Blomqvist* verschlungen haben – unter der Bettdecke, wenn sie längst das Licht löschen und schlafen sollten.

Die Zeiten von Bullerbü und Co., von solchen Abenteuern und schönen Welten[81] seien nun einmal vorbei, heißt es, manchmal mit Bedauern, meist aber nüchtern, wenn das Gespräch mit Erwachsenen auf diese Seiten von Kindersehnsucht kommt.

Um kein Missverständnis aufkommen zu lassen: Es geht nicht um Nostalgie oder Romantik, sondern darum, zu verstehen, was Kindern heute fehlt, was sie brauchen, damit sie vergnügt, verspielt und dabei gesund bleiben, nicht verstärkt Beruhigungspillen (die Gabe von Ritalin steigt) bekommen und die Zahl ihrer Therapiestunden wieder abnehmen könnte. Außerdem geht es um die Frage, was ihre Eltern stärkt, so dass ihr Gefühl, mit den Kräften am Ende zu sein, nicht weiter um sich greift.

Astrid Lindgren betonte ein Leben lang in ihren Interviews, dass sie als Kinder einfache Bauernkinder waren, es bei ihnen nicht romantisch zuging, sondern sie vielfältig helfen mussten in Haus und Hof;[82] dass sie aber gleichzeitig frei und unbeaufsichtigt waren, mit erreichbaren, aber arbeitenden Erwachsenen, die eine gute Portion an Warmherzigkeit, Humor und Sinn für kindliche Fantasie und Spiel hatten. Ihre dadurch möglichen Kindheitserlebnisse und -gefühle waren der Stoff, aus dem sie ihre Bücher schrieb, in denen von Kindern erzählt wird, die ernsthaft tätig und doch frei sind, um in ihren Welten unterwegs zu sein. Obwohl sie gerne davon lesen, fällt es Erwachsenen heutzutage schwer, Kinder in entsprechende Erfahrungswelten gehen zu lassen. Vielfältige Befürchtungen haben die Oberhand gewonnen, und der Kinderalltag sieht mit Förder-Programmen und Kursplänen tatsächlich ganz anders aus.

Die Kinder haben sich nicht geändert, sie sehnen sich immer noch nach intensiven Erfahrungen und Aufgaben. Kinderseelen sind sich treu. Astrid Lindgrens Bücher sind so aktuell wie eh und je, und sie ist immer noch weltweit (!) die meist gelesene Kinderbuch-Autorin.[83] Wir Erwachsenen haben guten Grund, ernst zu nehmen, wovon sie mit viel Gespür, mit Temperament und Humor zu erzählen verstand: wie Kinder sich fühlen, wie sie die Welt erleben, wonach sie sich sehnen. Kindersehnsüchte sind – das beweist die Lektüre von Lindgren-Büchern auf der ganzen Welt – unabhängig von früheren Lebensumständen oder bestimmten Kulturen.

Wenn wir Kinder mit vier, fünf, sechs Jahren loslassen, dann machen sie auch heute am liebsten das, wovon ihre Eltern erzählen, wenn man sie erzählen lässt:

- mit anderen Kindern ins Spielen zu finden;
- mit ihnen gemeinsam draußen etwas zu unternehmen, für die Vierjährigen in der näheren, später, ab fünf, sechs Jahren auch in der weiteren Umgebung;
- mit der Natur und ihren Elementen in körperliche Berührung zu kommen, zu spielen, zu bauen, mit Erde, Sand, Wasser zu matschen – und anschließend auch so auszusehen;
- als jüngere Kinder bei den älteren dabei sein zu dürfen, in ihrem Schlepptau mit unterwegs zu sein, um bei und mit ihnen von den »Abenteuern des Lebens« kosten zu dürfen;
- zusammen in Bewegung zu sein, zu rennen, zu laufen, klettern und balancieren zu können, Verstecken oder Fangen zu spielen;[84]
- »Als-Ob-Spiele« zu spielen, dieses »Du bist jetzt die Mama und ich bin ...«, das immer weiterlebende »Vater-Mutter-Kind-Spielen« samt seinen vielfältigen Abwandlungen;
- unter Kindern Regeln auszumachen und auszuprobieren;
- eine gewisse Ausstattung an Spielsachen zu haben, um Szenarien aufzubauen, sich dazu Geschichten auszudenken und in ihnen unterwegs zu sein;
- bei alledem unbeobachtet zu sein und dadurch ungeniert drauflos spielen zu können und in den Zustand des »Flows« zu geraten;
- zwischendurch Erwachsenen irgendwo bei der Arbeit zuzuschauen und schon dadurch »richtiges« Leben mitzubekommen, zu erfahren und zu begreifen;
- zeitweise etwas mitmachen zu müssen oder zu dürfen, wodurch man als Kind für »echte« Tätigkeiten schon taugt, im Wechsel mit freier Zeit für freies Spiel;

▶ Erwachsene in der Nähe zu haben, als Station für Wegzehrung, für die Frage nach Utensilien, Werkzeugen, Decken, Geschirr, also alles, was man braucht, wenn man als Kind intensiv spielt, manchmal auch ein Pflaster aufs Knie bzw. Hilfe bei größeren Konflikten: wenn sie sich sonst heraushalten, nicht zu viel nachfragen und die Kinder wieder ziehen und weiterspielen lassen;

▶ nur zu den Mahlzeiten wieder nach Hause zu kommen, so dass man Sonne, Wind und Wetter auf der Haut noch riecht und fühlt, wenn man abends im Bett liegt.

Wenn wir das begreifen, dann sind diese »Kinder-Welten« eine gute Mischung aus Eintauchen in Kreativität, Freiheit, Eigenständigkeit und Erfindungen, verbunden mit vielfältigem Ausprobieren, Hantieren, etwas Arbeit, reichlich Bewegung und ausreichendem Zusammensein mit anderen Kindern.

KINDHEIT HEUTE

IN DER VORBESPRECHUNG ZU ELTERNABENDEN[85] berichten Erzieher/ Erzieherinnen nicht nur in den Städten, sondern inzwischen auch auf den Dörfern, Eltern ließen ihre Kinder nicht hinaus und auf keinen Fall ohne Aufsicht draußen unter Kindern spielen, und wenn es um das Spiel auf dem KiTa-Außengelände gehe, dürften die Kinder sich kaum schmutzig machen. Dazu der dauernde Einsatz des elterlichen Autos: Die Kinder würden auch bei kurzen Distanzen mit dem Auto in die KiTa gebracht und geholt. Wenn KiTa-Wald-Tage stattfänden, klagten die Kinder schon bei kurzen Wegen stark über Müdigkeit und die Eltern fänden Laufen unzumutbar und führen ihre Kinder auch nur wenige hundert Meter an den Waldrand.

Wenig Bewegung, nicht mit anderen Kindern unterwegs sein, dauernd Erwachsene bei den Kindern – eine damit einhergehende ernüchternde Tatsache unserer Gesellschaft ist: Es ist still zwischen den Häusern, der Kinderlärm fehlt. Obwohl bei bestem Wetter Sommerferien sind, während ich dies schreibe, höre ich kein Kindergeschrei, sehe ich kein Kind draußen spielen.[86] Genau davon berichten auch Erzieher/Erzieherinnen. Stille.

STRIKTE TRENNUNG VON WOHNEN UND ARBEIT – AUCH IM LÄNDLICHEN RAUM

MIT DER IN DEN MEISTEN GEBIETEN vollständigen Trennung von Arbeiten und Leben werden Wohngebiete immer mehr zu ganz und gar ruhigen, aber auch unbelebten Wohn- und Schlafstätten. Manchmal scheint es, als würden Gärten und jegliche »Hausumrandungen« von Jahr zu Jahr noch gepflegter und steriler. Die Baulücken, die wilden Brachen zwischen Häusern sind weg, die etwas wilderen Gärten auch. Winkel, alte Schuppen oder Höfe, Klein- und Großtiere des bäuerlichen Lebens sind aus den Wohnbereichen längst verschwunden. Handwerksbetriebe, in denen es was zu sehen, zu riechen und zu bestaunen gab, sind heute konsequent in Industriegebiete umgesiedelt; für Kinder gibt es in Wohngebieten zwischen den feinen Gärten und akkurat geschnittenen Hecken nichts mehr, was ihre Sinne anregt, und nichts, was sie ungestraft tun könnten. Und die Arbeitswelt von Erwachsenen, bei der Kinder miterleben könnten, was die Großen tun, ist in der Regel weit entfernt.

Für Kinder gibt es in der Nähe des Zuhauses da und dort – nach TÜV-Kriterien gesichert –, freundlich gestaltet, aber sehr begrenzt, einen sorgfältig angelegten Spielplatz mit vorgefertigten Geräten, die schnell »fertig« gespielt sind. Spannende Gegenden, Verstecke, Nischen, Gemäuer und Höfe, geeignet für Kinderlager und Bandenspiele, werden von den Erwachsenen bereinigt und ersetzt durch umzäunte Spielareale nach Haftungsrecht und Versicherungs-Vorgaben, aber keinesfalls nach Erinnerungen an eigene, einstige Spielabenteuer.

ES FEHLEN ANDERE KINDER VOR DER HAUSTÜR

GRUPPEN VON KINDERN, draußen vor den Wohnungstüren, entstehen mangels Kinderzahlen nicht mehr von selbst. Die Kinderschwärme sind selten geworden (wie die Schwärme in der Natur übrigens auch). Kinder brauchen heute häufiger die Unterstützung von Erwachsenen, um den Weg zu anderen Kindern zu finden.

DAS ZUNEHMENDE RUHE-, SICHERHEITS- UND KONTROLLDENKEN

ELTERN LASSEN IHRE KINDER AUS ANGST vor Entführung und Missbrauch ohne Aufsicht nicht hinaus. Jeder kann die Angst, dass einem Kind etwas zustoßen könnte, nachfühlen. Aber es ist wichtig zu wissen, dass die Welt diesbezüglich nicht gefährlicher ist als in früheren Zeiten; Verbrechen dieser Art bleiben selten. Uns scheinen sie häufiger, weil wir durch die moderne Medienwelt alles erfahren, was irgendwo passiert. Die Zahl schwerer Delikte gegenüber Kindern nimmt nicht zu. Auch früher wurde Kindern mit Strenge eingeschärft, sich nicht ansprechen zu lassen, nicht mit Fremden mitzugehen und alleine nicht zu weit vom Haus wegzugehen. Als Kind wusste man, dass das Gefahr bedeutete und dass man bei aller »Streunerei« auf sich aufpassen sollte; sonst durfte man nicht gehen. So unerträglich es ist, sollte etwas passieren, es bleibt selten. Eltern täten daher gut daran, ihre Kinder wie einst mit anderen Kindern einfach hinauszulassen.

Aus haftungsrechtlichen Gründen muss die öffentliche Hand jede Spielumgebung, für die sie verantwortlich zeichnet, sichern. Kinder können sich auf den abgezirkelten Grundstücken lediglich nach Vorgaben bewegen und wenn sie doch unbändiger spielen, wird dies von der Umgebung schnell als Lärmbelästigung erlebt. Die meist anwesenden Eltern, die aus Sorge dort sitzen, wo Kinder sind, tun ihr Übriges, so dass Kinder nicht losgehen und eigenständige Erfahrungen unter anderen Kindern machen. Sollten sie Letzteres doch wagen, werden ihnen die Handys zum Verhängnis – denn damit werden sie von den Eltern jederzeit geortet und wiederum »an der Hand« behalten.

BEIDE ELTERN ARBEITEN –
KINDER WERDEN IN EINRICHTUNGEN BETREUT

VÄTER UND VERSTÄRKT AUCH MÜTTER sind aus existenziellen Nöten, aus dem derzeitigen Zeitgeist unserer Arbeitsgesellschaft heraus oder aus ureigenem Interesse mit Erwerbsarbeit randvoll eingespannt. Das bedeutet, der familiäre Tagesablauf ist eng getaktet und muss klappen. Wege werden schnell bewältigt, Kinder kommen in den Kindersitz und werden kurzerhand in ihre Betreuung gefahren. Da ist keine Zeit für trödelndes Gehen, Erleben und Entdecken bei täglichen Wegen, erst recht nicht im Tempo jüngerer Kinder. Wenn die Arbeit der Erwachsenen vorbei ist, am frühen Abend, werden Kinder müde aus der Institution geholt – das Draußen-Spiel mit anderen Kindern ist kaum mehr möglich. Der Rest des Tages muss reibungslos laufen, sonst wird alles Anstehende nicht mehr bewältigt.

DER HEUTIGE GLAUBE,
FRÜHE BILDUNG MÜSSE SEIN

DURCH FACHBÜCHER, ZEITSCHRIFTEN UND PROGRAMME wird Eltern derzeit nahegelegt, man müsse Kinder fördern. Inzwischen befürchten Eltern, ihre Kinder würden sich ohne ganz frühe Unterstützung nicht richtig entwickeln und ihre Zukunft nicht bestehen. Daher müssten Kinder früh zu Förderkursen, am besten zweisprachig. So werden manche Kinder bereits morgens zu Hause auf Englisch angezogen und gekämmt und auf ihre Kinderbeobachtungen und -fragen bekommen sie in modernen Elternhäusern Antworten mit wissenschaftlichem Hintergrund. Einst waren es Psychologen und Pädagogen, inzwischen kommen die Stimmen aus der Wirtschaft, die Eltern einreden, dass Kinder sich nur mit Förderung angemessen entwickeln. Hinter Programmen wie »*Das Haus der kleinen Forscher*«, die in KiTas zur Förderung eingesetzt werden, stecken Wirtschaftsunternehmen, die heute früh Einfluss darauf nehmen, wie ihre zukünftigen Arbeitnehmer ausgestattet sein sollen. Kindheit, auch die frühe, wird zur Zeit als Wirtschafts-Ressource entdeckt und von Muße und Spielerei befreit.[87]

Auf allen Kanälen wird Eltern signalisiert, dass aus ihren Kindern mehr zu machen sei. Die subtile Empörung, wenn Eltern frühe Bildung so nicht mitmachen, ist inzwischen eigentlich von allen Seiten groß. Hören Sie bei entsprechenden Diskussionsrunden in Fernsehen und Radio einmal genau auf die unterschwelligen Botschaften: Inzwischen äußern sich die meisten Erwachsenen so, als wäre es verantwortungslos, ein Kind nicht zur frühen Bildung woandershin zu bringen.

Die Eltern selbst bekommen Angst und geben den Druck an die Erzieher/Erzieherinnen weiter. »Wie, ihr habt nur gespielt?«, fragen sie beim Abholen der Kinder (so höre ich es oft von Erziehern/Erzieherinnen). Dem sei ein Satz gegenübergestellt, der dieser Tage an mein Ohr drang. Ein Deutscher, der Anfang der 1970er Jahre die erste Förderwelle als kleines Kind über sich ergehen lassen musste und heute dazu bemerkt: »Sie (die Fördernden) haben mir mein Kindheitsgefühl geraubt, dieses Üben und Lernen machte nur Stress und verdarb mir mein Lebensgefühl als Kind.«

Die Zeiten, in denen man als Kind verträumt, verspielt und intellektuell noch etwas ahnungslos in der Welt und einen Teil des Tages im Umkreis seiner Lieben einfach vor sich hin spielend

im Leben sein durfte, werden gerade zu einem kleinen Rest reduziert. Meist werden die verträumten, »banalen« Seins-Formen und
Lebensumstände für kleine Kinder als zu wenig bezeichnet und
durch Lernprogramme ersetzt. Und aus Angst, Kinder könnten
außen vor bleiben und keine »gute Zukunft« haben, macht die
Mehrheit bisher bereitwillig mit.

Dass es für manche Kinder eine Hilfe ist, mehr Anregung durch
ein vielfältigeres Umfeld als das ihres Zuhauses zu bekommen,
sehe ich natürlich und erkenne es an. Aber derzeit wird immer
wieder behauptet, Kinder hätten es durch Förder-Programme
besser als in ihren bisherigen Spielwelten. Auch auf den kindlichen Mangel an Bewegung wird mit Bewegungsprogrammen
für Kinder reagiert.[88] Diese Entwicklung hin zu Programmen[89]
muss uns alarmieren, denn sie greift die Zeit eines Kindes, in der
es voller Muße Kindsein erlebt, entscheidend an.

DIE BOTSCHAFT, ELTERN SEIEN FÜR DAS SPIEL MIT KINDERN ZUSTÄNDIG

DURCH FACHBÜCHER UND FACHLEUTE seit vielen Jahren immer wieder
nahegelegt, besteht landauf landab bei Eltern die Vorstellung, zuallererst müssten sie möglichst viel mit ihren Kindern spielen.
Dabei macht es Kindern viel mehr Spaß, wenn sie unter Kindern
sein und mit denen spielen können. Es war – so lange Kinder zu
streng erzogen und diszipliniert wurden – sicher richtig, Eltern
die Augen dafür zu öffnen, dass ein Kind Zuwendung und Spiel
braucht. Insofern waren und sind Eltern zwischendurch zum
Mitspielen oder bei größeren Kindern für das eine oder andere
Brettspiel manchmal als Gegenüber gefragt. Aber wichtiger als

große Leute ist die Gruppe kleiner Leute, mit denen man als Kind spielen kann, ohne die Großen.

KINDER WACHSEN MIT EINER VIELZAHL AN MEDIEN AUF, und Medien werden inzwischen bereits zur »Beschäftigung« von Babys eingesetzt – Hebammen können ein Lied davon singen. Es ist ein magischer Sog und ein Teufelskreis – Medien werden benutzt, um Kinder ruhig zu halten, und Kinder werden von den Filmen und Spielen angezogen. Wobei die Frage im Raum steht: Was ist die Ursache, was die Wirkung?

Wenn Erwachsene aufgrund von Erschöpfung oder Einsamkeitsgefühlen mit der Lebhaftigkeit von Kindern überanstrengt sind, dann sind Medien immer ein leicht verfügbares Hilfsmittel, um Kinder ruhig zu bekommen. Dazu kommt der Mangel an Kindern in der Nähe, mit denen man ins Spiel finden kann, und der Mangel an Anreizen in der Wohnumgebung. Entsprechend groß ist die Anziehung der Medien für das Kind. Immer dann, wenn menschliche Beziehungen lebendig und vielfältig gestaltet werden können und es überhaupt ausreichend Beziehungsmöglichkeiten und Anregungen gibt, sind Kinder weniger gefährdet, zu lange in die Medien abzutauchen.

DER MANGEL AN INTIMEM RAUM FÜR KINDER
UND IHR KINDLICHES SPIEL

WENN DIE ERWACHSENEN VERMEHRT DAFÜR EINTRETEN, dass Kinder lange Zeit am Tag unter Aufsicht sind, zwar mit kleinen Zeit-Inseln für einen Hauch Freispiel, jedoch nicht in ihrem, sondern in mehr oder weniger »öffentlichem« Raum – wo bleiben da die Erinnerungen der Erwachsenen, dass sie selbst als Kind nicht gesehen und beobachtet werden wollten mit ihrer ganz eigenen Art zu spielen?[90]

Als ich als Kind Mitte der 1960er-Jahre von den ersten Vorhaben der Erwachsenen hörte, Ganztagsschulen einzurichten, bekam ich einen ernsthaften Schreck. Ich hatte weniger Angst vor den Institutionen als solchen (in den Kindergarten oder die Schule ging man halbe Tage, die Erwachsenen dort waren ganz in Ordnung), sondern vielmehr vor dem Mangel an wirklich »privaten« Spielmöglichkeiten. Wann sollte man noch draußen durch sein Spielreich streunen, wann noch intensiv und innig mit Puppen spielen, wenn man weder wirklich frei und ohne Anleitung, noch mit anderen Kindern unter sich war? Meine damalige Angst vor den Erwachsenen und ihren derartigen Plänen kann ich noch heute fühlen.

Anders gefragt: Wäre es Ihnen in den Sinn gekommen, Ihre ganz eigenen Spieleinfälle und -fantasien unter Aufsicht von Erwachsenen zu spielen? Nach meiner Erinnerung spielte man als Kind nur dann hingebungsvoll die sehr persönlichen Als-Ob-Szenarien, wenn man sich in verborgenem, allerhöchstens in sehr persönlichem Raum befand, unter Menschen, von denen man sich geliebt fühlte und denen man sich somit zu zeigen wagte. Aber selbst da brach man fantasievolles Kinderspiel ab, sobald jemand es zu direkt beobachtete. Beim Spielen geht es für ein Kind darum, ganz und gar es selbst zu sein, in eigenen, intensiven Gefühlen. Diese persönlichsten Seiten von sich will das Kind nicht öffentlich sichtbar machen.

So wie es Britta, Inga und Lisa (*Die Kinder aus Bullerbü*)[91] unangenehm war, als Lasse, Bosse und Ole sie beim Puppenspielen belauscht hatten und sich als Jungs natürlich über die Mädchen lustig machten, fürchten Kinder erst recht, durch nicht vertraute Menschen beobachtet zu werden. Schon deshalb verkrümelt man sich als Kind.

Ein Grund für die beklagte Spielunlust ist also, dass die Kinder heute weder den intimen Raum noch die dafür notwendigen, langen Zeiträume zur Verfügung haben. Es hat alles mit der Vielschichtigkeit von Spiel zu tun – Kinder begeben sich intensiv hinein und wissen gleichzeitig, dass es für Außenstehende eigenartig wirkt.

UNTER AUFSICHT WAGEN KINDER KAUM, ZU EXPERIMENTIEREN

ZUSÄTZLICH FÜRCHTET MAN ALS KIND, dass Erwachsene den Spaß, den man als Kind unter Kindern hat, eingrenzen oder von vornherein untersagen werden. Als Kind wird man von Erwachsenen zu gutem Benehmen erzogen. Das ist ein »Lebensgesetz«. Das bedeutet aber schlicht und ergreifend: Erwachsene stehen im Lebensgefühl von Kindern für das »Erwachsensein« – das ist etwas völlig anderes, als ein Kind zu sein. Als Kind ist man in seinen Gefühlen, Wahrnehmungen, Ideen (hoffentlich) anders in der Welt. Das »wissen« Kinder und lieben es, als Kind kindlich zu sein; das zeigt sich unter anderem darin, dass sie sich gegen das Erzogenwerden (was ja auch heißt: wie Erwachsene zu werden) wehren. Warum können wir alle nachfühlen, dass Pippi Langstrumpf es ablehnte, in ein Kinderheim umzusiedeln? Weil wir sofort verstehen, dass sie,

Annika und Thomas weitaus besser spielen und viel mehr Einfälle umsetzen können, wenn eben keine erwachsene Person dauernd Aufsicht führt. Wir lesen das vor – aber wir räumen Kindern heute kaum echte Freiräume ein. Kinder müssen aber »spinnen«, Eigenes entwickeln, ausprobieren, und der dazugehörige Ungehorsam ist notwendig für die Ausprägung ihrer Persönlichkeit.

Mark Twains Huckleberry Finn, der zugegebenermaßen etwas älter ist als die Kinder, um die es hier geht, nimmt alle Unbilden und Unwägbarkeiten seines Lebens in Kauf, wenn er nur nicht unter den Anweisungen eines Erwachsenen zu stehen hat, denn seine unbedingte Freiheit ist sein allerhöchstes Gut. Dieses Gefühl haben Kinder aber auch schon im Kindergartenalter. Sie wollen sich aus dem Blickfeld und der Rufweite all jener entfernen, die Anweisungen geben können.

WARUM SPIELEN
KINDER STARK UND KLUG MACHT

WIE STÄRKT DAS FREIE SPIEL LEBENSGEFÜHL UND ENTWICKLUNG eines Kindes? Welche »Fäden« machen das »Gewebe« Spiel für Kinder so tragend und belastbar?

Um bei Hinweisen auf Pippi Langstrumpf oder Huckleberry Finn nicht gleich im Verdacht zu stehen, für Vernachlässigung einzutreten: Beim Plädoyer für die Freiheit von Kindern bleibt klar, dass Kinder Fürsorge und ihrem Alter gemäß Erwachsene brauchen, die behilflich sein können.

Zu guter Fürsorge gehört, dass wir wahrnehmen, was Kinder glücklich macht und wie sie aus diesem Gefühl heraus eine Persönlichkeit werden können (Michel aus Lönneberga war später einer der wohlhabenden und sehr geachteten Männer im Dorf[92]). Kinder werden als Erwachsene vielfältige Verantwortung haben. Sie werden ausreichend Stärke brauchen, Vertrauen in ihre Wahrnehmung, Stehvermögen, Zuversicht in ihre Handlungsmöglichkeiten, Ideen, dazu Einfühlungsvermögen, Warmherzigkeit und Umsicht, wenn sie eines Tages verantwortlich sind für anstehende Fragen und Probleme. Jedenfalls wären diese Qualitäten überaus hilfreich, um das Leben der Menschen auf der Erde zu sichern.

Die Wissenschaft hat eine Menge beizutragen, und glücklicherweise gibt es Menschen, die uns »Laien«, die mit Kindern leben oder arbeiten, das ganz logisch und anschaulich erklären. Die soeben genannten Fähigkeiten entwickeln wir Menschen anders als allgemein gedacht und keinesfalls dadurch, dass wir schon früh zu alltäglichen Themen Wissen vermittelt bekommen und uns damit immer weniger wie ein Kind fühlen dürfen. Wie kleine Menschen lernen, davon kann man seit einiger Zeit eine Menge durch die Wissenschaftler in der Hirnforschung erfahren: Menschen müssen sich als Kinder ausreichend geliebt fühlen und reichlich Gelegenheit haben, intensive Erfahrungen mit anderen Menschen und mit der Welt zu machen; Erfahrungen, die sie innerlich berühren.[93] Diese Erfahrungen sind genau das, woran Sie als Erwachsene sich erinnern und wovon wir alle erzählen, wenn man uns fragt, was uns bezüglich unserer Kindheit einfällt.

Flexibles, ein Leben lang kreatives Denkvermögen, die Fähigkeit, Lösungen für unterschiedlichste Anforderungen zu finden, dieses »Gewebe« wird durch Spielen und durch allgemeines Tätigsein von Kindern auf vielfältige Weise am besten gefördert, ja nur so überhaupt »gewoben«:[94] Für Sie als Eltern lautet die entlastende, erleichternde Nachricht aus der Hirnforschung: Kinder kann man getrost spielen und erleben lassen!

ABNABELUNG UND AUTONOMIEENTWICKLUNG – DIE EIGENEN IDEEN SPÜREN, WAGEN, ERPROBEN

NEBEN ELTERLICHER ZUNEIGUNG UND FÜRSORGE brauchen Kinder Freiheiten, Räume für kindliche Anarchie, brauchen Ungehorsam, um eigene Einfälle auszuprobieren, um Fantasien im Spiel auszudrücken und einiges an Plänen in die Tat umsetzen zu können. Es ist wichtig, damit Kinder sich abnabeln und nicht Anhängsel anderer Personen bleiben, sondern eigenständige Individuen mit eigenen Ideen werden können. (Früher nannte man Kinder, die aus ständiger Aufsicht nicht weg durften, eher mitleidig »Schoßkind«.)

Ohne Autonomieentwicklung ist für Kinder das Risiko deutlich erhöht, dass sie ein Leben lang Ja-Sager bleiben. Sie sind vielleicht ganz freundlich, werden aber eher Untertanen, die ausführen, was die Obrigkeit, die Chefs sagen ...[95] Wenn Sie daran denken, wie sich das Zusammensein mit Erwachsenen anfühlt, die nicht offen zu widersprechen wagen, die ohne eigenen Standpunkt bereitwillig zügig ausführen, was »von Oben« kommt, dann vermute ich, dass Ihnen ähnlich zumute ist wie mir: dass es Ihnen Sorge macht, wenn Ihr Kind keinen eigenen Kopf entwickelt, keine Freiheiten erlebt, es mit anderen Kindern nicht auf Entdeckungs- und Erfahrungstour gehen kann; dass es nicht wagt auszuprobieren, was in seiner Welt passiert, wenn es eigene Ideen und Überlegungen vertritt, sondern zuallererst erfüllt, was vorgegeben wird, damit es nicht auffällt und nicht herausfällt und nicht den gefürchteten Satz der Erwachsenen hört: »Ab auf die stille Treppe!«

SELBSTWIRKSAMKEIT

IN EIGENEM SPIEL ERLEBEN KINDER sich selbstwirksam, erleben, dass sie durch ihr Handeln ihre Umgebung beeinflussen können. Das ist generell eine zentrale Erfahrung für die Lust an Entwicklung, aber speziell zudem eine entscheidende Erfahrung für die Hoffnung auf Veränderung von Festgefügtem.

Während in einem Neubaugebiet mit akkurat gepflegten Gärten und dem obligatorischen Spielplatz in der Nähe kein Kind zu sehen ist, sind die Kinder des Viertels wenige Meter daneben auf dem Feld mit Ernte-Resten beschäftigt, ganz versunken in ihr Spiel. Auf dem Acker bauen sie »Wohnungen« und Lager aus Erde, Heu und Stroh. Und wenn das Wohngebiet noch nicht fertig angelegt ist, wenn noch Haufen von Sand oder Erde um die Häuser liegen, dann sitzen Kinder mit strahlenden Augen genau dort und hantieren glücklich mit ihren Werkzeugen. Nichts als Erde, Sand, Heu, Stroh – und ihre eigenen Pläne werden umgesetzt und gespielt! Anstatt für teures Geld Spielplätze zu bauen, wäre es bereichernder, Kindern eine Spielumgebung zu lassen, in der sie etwas tun und ihre Einfälle in Szene setzen können. Das fasziniert und zieht sie ins Spiel!

Warum hat nicht jedes Wohngebiet ein Anrecht auf Brachen, auf Verstecke, Hügel, auf Haufen aus Sand – dazu Wege, die so angelegt und motorfrei sind, dass Kinder loslaufen können, um die Umgebung zu entdecken? Kinder wären vermehrt draußen, in Bewegung – und stundenlang beschäftigt. Überall dort, wo eine etwas wildere Umgebung von Wohngebieten noch besteht, sehen Eltern von ihren Kindern (sofern sie sie hinauslassen) so gut wie nichts; aber sie erleben abends an den Spuren der Kleidung, den Schätzen in den Hosentaschen und am Ausdruck in den Augen ihrer Kinder, dass sie unterwegs waren, etwas getan und wirklich erlebt haben. Selbstwirksamkeit im Spiel ist eine der wichtigsten Erfahrungen, um das Selbst herausbilden und Vertrauen in die eigene Aktivität gewinnen zu können – von klein an.

IM SPIEL SIND KINDER ZWISCHEN FANTASIE UND REALITÄT

KINDER LEBEN MINDESTENS BIS SCHULEINTRITT, aber hoffentlich ihre ganze Kindheit über, in Fantasiewelten. Sie wissen zwar darum, sind also gleichzeitig sehr wohl im Kontakt mit dem Hier und

Jetzt, aber sie leben zeitweise in diesen Welten und sind froh, wenn man sie darin respektiert und nicht ständig mit der Realität konfrontiert. Das fantasievolle Denken lässt Lösungen zu, die ein Kind braucht, solange es Kind ist, solange es gewissermaßen eine Überbrückung schaffen muss, da es zu den »realen« Lösungen bei Schwierigkeiten in seiner Welt noch nicht in der Lage ist.

Es gibt auch Gestalten und Lebewesen, die mit ihm leben, seine Welt bereichern und ihm zur Seite stehen. So kann es sein, dass ein Kind sich mit unsichtbaren Tieren umgibt, täglich z. B. mit ihnen unterwegs ist und sie versorgt oder einen unsichtbaren Freund als dauernden Begleiter hat. Auch das ist normal: Ein Kind erlebt seine Puppe oder das Schmusetier als so durch und durch lebendig, dass sie wie echte Kinder bei allem dabei sein und mitversorgt werden müssen.

Das ist alles nicht besorgniserregend, sondern bietet dem Kind die Möglichkeit, die Welt reichhaltig zu gestalten, das, was zu einsam oder zu leblos wäre, zu beleben und seinen Gefühlen und allen Themen, die es beschäftigen, durch »lebendige Wesen« Ausdruck zu verleihen. In Wim Wenders' Film *Der Himmel über Berlin* heißt es dazu: »Als das Kind Kind war, wusste es nicht, dass es Kind war, alles war ihm beseelt und alle Seelen waren eins.« Astrid Lindgren erzählt in ihren Märchen[96] von solchen Dimensionen kindlichen Erlebens, wenn z. B. ein Däumling unterm Bett lebt und hervorkommt, wenn alle sonst aus dem Haus sind, oder eine Puppe anfängt, sich zu bewegen und zu sprechen, sobald man als Kind allein im Kinderzimmer ist; und natürlich erzählen Sagengestalten der Märchengeschichten weltweit von diesen Möglichkeiten menschlichen Seins (nicht nur für Kinder).

IM SPIEL SIND KINDER
IN AUSGEPRÄGTER WEISE SIE SELBST

KINDER SIND BEI INTENSIVEM SPIEL in ihrem Selbst versunken. Sie spielen und sprechen aus sich heraus, nach ihrem inneren Erleben und Empfinden, nach ihrer ureigenen Faszination.

Oftmals zeigen Kinder in ihrem fantasievollen Spiel erste Einfälle bzw. Handlungen, die sich in ihren Aufgaben später wiederfinden, etwas, was sie als »Berufung« empfinden und eines Tages vielleicht zu ihrem Beruf machen; sie setzen im Spiel um, was sie innerlich beschäftigt und womit sie, unter Umständen ein Leben lang, umgehen werden. Spielen drückt ihr Selbst, den Kern ihrer Person aus und trägt häufig Visionäres in sich.

IM SPIEL MACHEN KINDER ERFAHRUNGEN,
DIE »UNTER DIE HAUT GEHEN«

MENSCHEN BRAUCHEN VIELFÄLTIGSTE EIGENE ERFAHRUNGEN mit einhergehenden intensiven Gefühlen – dadurch wird das menschliche Gehirn »elastisch«, bildet vielfältige Verbindungen und Strukturen aus, wird fähig, mit unterschiedlichsten Anforderungen, die das Leben jetzt und später bringt, zurechtzukommen und dabei gute Ideen zu haben. Starke Empfindungen werden nicht von außen, nicht durch frühzeitiges Fördern, sondern durch eigene Erfahrungen ausgelöst, die sich im kindlichen Spiel einstellen. Genau das brauchen Menschen, um klug zu werden.[97] Sie brauchen das Spiel, gepaart mit dem Erleben, dass sie sich mit ihrer Art, in der Welt zu sein, mit allem, was sie spielen und tun, so wie sie sind, gemocht und verstanden fühlen.

Vielleicht erinnern Sie sich daran, wie schön es war, wenn man als Kind innig spielte, womöglich draußen, »mit sich selbst« unterwegs, ohne Anleitung Erwachsener.[98] Man konnte einfach da bleiben und irgendetwas machen oder beobachten, wo es einem selbst gefiel, wo man seine Nischen und Orte hatte, in aufregenden Ecken eines Stadtteils, auf Wiesen und an Bächen, die Gerüche der Jahreszeit in der Nase. Das hat Ihre Intelligenz befördert! Wie sonst kann es sein, dass Menschen Jahrtausende lang ohne Programme und Fachbücher groß wurden und kluge Erfindungen gemacht und Handwerke entwickelt haben? Wenn Sie, wie ich, gerne in Museen des Altertums und der Archäologie gehen, dann gehen Ihnen bestimmt ebenfalls die Augen über, wie reich und kunstvoll menschliche Erfindungen seit Jahrhunderten, Jahrtausenden sind – ohne frühe Bildungsprogramme.

Manche Menschen, die wir aufgrund ihres besonderen Könnens bewundern (im Freundeskreis oder in den modernen Medien) erzählen davon, wie sie früh als Kinder intensiv eigene Erfahrungen machten und wie sehr sie das prägte und bildete. Bei anderen bewundern wir es; aber wir ermöglichen es den eigenen Kindern derzeit immer weniger – aus Angst, Förderung zu versäumen.

IM SPIEL BEWEGEN KINDER SICH MIT LUST UND STÄRKEN IHRE GESUNDHEIT

WENN KINDER SPIELEN, besonders unter anderen Kindern, dann kommt alle Bewegung wie von selbst. Um es aus kinderärztlicher Sicht auszudrücken: Würden Kinder wieder mehr draußen ihre Kinderspiele spielen, würde sich vieles, was heute mit Physio- und Ergotherapie behandelt wird, von selbst zurechtrücken.[99]

Mit anderen Worten: Kinder müssen blaue Flecke an den Beinen haben. An Turnstangen hangeln und baumeln, Seilhüpfen, Gummitwist, Himmel und Hölle – all das sind vielfältige Spiele, die Kinder unwillkürlich in vergnügte Bewegung bringen und ihnen ganz nebenbei auch noch helfen, in ihre Körperbalance zu finden, also im wahrsten Sinn des Wortes »ins Gleichgewicht« zu kommen, »im Lot« zu sein, womit die deutsche Sprache bestens den körperlichen und psychischen Zustand ausdrückt.[100]

Gut sind natürlich Roller, Fahrrad, Rollerskates – alles Freuden, die Kinder in ihre Koordination und in ihr gutes Körpergefühl bringen, was man ihnen dann an ihrer aufrechten Haltung regelrecht ansieht. Bei spielender Bewegung geschieht es von selbst, dass körperliche Sinnesreize für ein Kind wahrnehmbar und erfahrbar werden; denn nur durch die damit verbundene (unbewusste) Auseinandersetzung stellt sich das Gefühl des Im-Lot-Seins ein. Durch Spiele wird geübt, werden alle erlebten Reize als Teil des Selbst und des Körpers verstanden und entsprechend koordiniert. Entscheidend ist dabei, dass es um vielfältige spielende Bewegungsarten geht, sie sind es, die helfen! Einen wichtigen Hinweis gibt G. Pohl uns heutigen Erwachsenen: Reines Toben, reines Außer-Rand-und-Band-Sein helfe dabei nicht, das bringe Kinder eher außer sich, weil es weniger die Selbstwahrnehmung und Koordination als vielmehr das Durcheinander und die Fahrigkeit in ihnen stärke.[101]

Das heißt: Tatsächlich sollten Kinder raus auf die Bäume[102], rein ins Spiel im Freien – denn damit erledigt sich das allermeiste, wofür sie von Eltern derzeit in Therapiestunden gefahren werden müssen, spielerisch von selbst. Diese Anregung taucht in der Fachwelt inzwischen mehr und mehr von vielen Seiten herkommend auf.

Sollten Sie dennoch je Sorge um die Förderung Ihres Kindes haben: Ein Kind schafft durch bewegendes Spiel nebenbei auch noch die Voraussetzungen, um Schreiben,[103] Lesen und Rechnen[104] zu lernen – alles Fähigkeiten, die die Koordination des Körpers im Raum voraussetzen. Man unterstützt ein Kind also auch in seinem schulischen Lernvermögen, wenn es vielfach draußen spielen, hüpfen, springen, hangeln und balancieren darf.

Zwei weitere Begleiterscheinungen lassen die Kinder gesund bleiben: Das menschliche Auge braucht zum einen Weite, Tageslicht und den Blick zu Himmel und Horizont, damit der Augapfel sich angemessen entwickelt und das Risiko für Kurzsichtigkeit sinkt.[105] Zum anderen setzt erholsamer Schlaf voraus, dass Menschen ausreichend am Tageslicht, unter freiem Himmel waren – und tiefer Schlaf ist die entscheidende Voraussetzung fürs Lernen und die Kreativität des Gehirns. Einstein und Goethe sollen viel geschlafen haben. Erholsamer Schlaf tut gut, stärkt und erhält vielfältige Stoffwechselprozesse des Menschen und damit entscheidend seine Gesundheit.[106]

IM SPIEL MIT ANDEREN ERPROBEN KINDER GEMEINSCHAFT

ELTERN BERICHTEN ES: Kinder sind darauf aus, untereinander ins Spiel zu kommen – die Kleinen wollen immer zu den Größeren, die Größeren nehmen sehr oft auf jüngere Kinder Rücksicht im Spiel (wenn deren ungestümes Ungeschick der Baby-Zeit vorbei ist). Man sieht immer wieder, wie freundlich die etwa fünf-, sechs- oder siebenjährigen Kinder die Drei- oder Vierjährigen beim Spielen unter ihre Fittiche nehmen. Die Kleinen sind voller Bereitschaft, sich an die Regeln zu halten, Hauptsache sie dürfen mitmachen, und die Größeren werden nachsichtiger. Eltern erleben dann, dass sie kaum gebraucht werden.

Nicht zuletzt haben Kinder im Aushandeln von Regeln etwas erfrischend Echtes und Ehrliches, ein feines Gespür dafür, wer sich wovor drückt, sich zeitweise zimperlich anstellt oder zu schnell hilfesuchend zu den Eltern rennt. Da Kinder im Spiel zu anderen Kindern dazugehören wollen, geben sie sich in der Gruppe schneller Mühe, sich Schwächen abzugewöhnen, als wenn Erwachsene mühsam an ihnen herumerziehen. Somit schleifen Kinder sich gegenseitig auf wohltuende Weise Ecken und Kanten ab und machen sich durch ihre Ehrlichkeit und Direktheit gegenseitig zu gut verträglichen Zeitgenossen. Erwachsene mischen sich besser nur dann salomonisch ein, wenn Kinder längere Zeit nicht selbst Lösungen finden.

IM SPIEL VERARBEITEN KINDER ERLEBTES

WENN MAN DIE CHANCE HAT, »Mäuschen« zu spielen und Kindern beim Spielen zuzuhören, dann hört man alle Erwachsenen, die Teil des Lebens von Kindern sind, in Tonfall, Stimme und Worten reden. Eltern hören, wie sie selbst reden und wie die Erzieher/Erzieherinnen der KiTa sind, und jene hören, wie bei den Kindern zu Hause geredet wird. Kinder zeigen unwillkürlich, wie sie uns erleben. Und natürlich hört man das manchmal mit Schrecken – aber seien Sie getröstet, bei niemandem ist alles perfekt.

Kinder tragen die Erfahrungen, die sie mit Erwachsenen machen, in sich und bringen sie durch ihr Spiel wieder aus sich heraus; sie verarbeiten durch Spiel alles Erlebte: Leichtes wie Schweres, Vergnügliches wie Ängste. Indem sie vieles immer wieder spielen, hilft dieses Durchspielen ihrem Inneren beim »Verdauen«. Das Erlebte im Spiel »durchzukauen« hält Kinder psychisch gesund.

DER ZUSTAND DES SPIELENS BRINGT RUHE UND KONZENTRATION

WENN KINDER GUT HINEINFINDEN, dann ist es plötzlich wunderbar zu spüren, wie hoch konzentriert sie in ihrer Welt des Spiels, im »Flow« sind, wie dieser Zustand heute genannt wird. Leidenschaftlich in ihrem Tun und bei hoher Konzentration – so schwindet ihnen jegliches Zeitgefühl. Ist Konzentration nicht das, was alle für die Zukunft der Kinder, besonders, wenn sie Schulkinder sind, gerne hätten? Im Spiel ist sie einfach da. Wir sollten Kinder nicht am konzentrierten Spiel hindern, nicht dabei stören, gar nicht um der Schule, sondern um ihrer selbst willen. Wer diesen Zustand kennt, sehnt sich danach, weil er Kreativität und Ruhe gleichzeitig ermöglicht, jegliche Zeit dehnt und »ewig« macht. Wenn man das erlebt hat, hat man auch als erwachsener Mensch Sehnsucht danach und eine höhere Chance, diesen Zustand wiederzufinden, sollte man ihn verloren haben.

Lassen wir Kinder das spielen, wonach ihnen ist, dann wird es leichter für die Erwachsenen und schöner für die Kinder. Wir dürfen Kinder nicht in eine Lebensart hineinchauffieren und ihre Tage, ihre Wochen mit Plänen zudecken, als wären sie Erwachsene. Wissensförderung, Lerninseln, Förderkurse und -programme können später nachgeholt werden – Kindsein nicht!

WIE SIE DEN ALLTAG GESTALTEN KÖNNEN

ES IST ANFÄNGLICH ANSTRENGEND UND VERUNSICHERND, wenn man sich gegen den Fluss der Allgemeinheit bewegt. Aber allmählich kommt überall an, dass etwas an neuen Standpunkten und Verhaltensweisen dran ist, der Strom dreht sich – und plötzlich wird Ausnahmewissen Allgemeinwissen in einer sich verändernden Gesellschaft.

Es würde heute niemand mehr wagen, Dinge zu tun, die vor dreißig Jahren noch völlig selbstverständlich waren. In den 1980er Jahren wurden Eltern rundheraus belächelt, wenn sie, angestoßen durch F. Leboyer, dafür eintraten, dass Geburten sanft begleitet werden sollten. Bis dahin war es üblich, ein soeben geborenes Kind an den Füßen zu fassen und es, mit dem Kopf nach unten hängend, durch einen Klaps auf den Po zum Schreien zu animieren. Das sei wichtig für die Vitalität des Kindes, sagte die Fachwelt. Dass Säuglinge nach der Geburt nicht weiterhin von den Eltern getrennt werden sollten, erstritten diese damals ebenfalls. Auch dagegen wehrte sich die Fachwelt, denn Neugeborene sollten ihrer Ansicht nach zur »Überwachung« im Säuglingszimmer bleiben und den Müttern nur alle vier Stunden zum Füttern gebracht werden. Danach kamen sie wieder zurück. Bei Krankenhausaufenthalten durften Eltern vor vierzig Jahren ihre Kinder, klein oder groß, kaum oder gar nicht besuchen, geschweige denn Tag und Nacht bei ihnen sein – medizinisch wurde das mit Hygienemaßnahmen begründet. Heute ist der Besuch, mehr noch, das dauernde Dasein der Mutter bzw. Eltern bei kleinen Kindern eine Selbstverständlichkeit. Als wir, ebenfalls in den 1980er Jahren, anfingen, Babys im Tuch am Körper zu tragen, wurden wir überall als »eigenartig«, manchmal auch als leicht verrückt eingestuft. Inzwischen hat sich das kindliche Bedürfnis nach Körperkontakt herumgesprochen und niemand – auch kein Mann – fällt mehr auf, wenn er ein kleines Kind so trägt.

Haben Sie also ruhig den Mut, vieles zu lassen, auch wenn Sie anfänglich nicht überall verstanden werden. Wenn sich dann in den nächsten Jahren herumspricht, dass Kinder auf viel freieren Wegen als mit dem derzeitigen »Muss« einer frühen Bildung körperlich und psychisch gesund bleiben und sogar klug werden, dann wird es sich allmählich durchsetzen, dass Kinder nicht die meiste Zeit von Erwachsenen beschäftigt werden dürfen, sondern dass Spielen und eigene Erfahrungen sie nicht nur ausreichend, sondern sogar besser fördern.

Alle Menschen und erst recht jüngere Kinder brauchen ruhigere Bedingungen als jene, die ihnen und ihren Familien mit getaktetem Alltag und großem (Arbeits-)Pensum abverlangt werden. Melden Sie also Ihr Kind durchaus von einem Kurs ab bzw. fangen Sie mit Kursen nicht so früh an. Es reicht, mit Schulbeginn ein Hobby zu erlernen. Auch dann gilt es abzuwägen, ob mit Nachmittagsterminen für ein Kind zu viel freie, grenzenlose Zeit zum Spielen verloren geht. Bei vielem reicht es, später anzufangen.[107]

Denken Sie nicht, nur Ihnen ginge es so. Auch anderen Familien ist nicht geheuer, was gerade mit Eltern und Kindern geschieht, was von allen an Gleichzeitigkeit erwartet wird und wie viel dabei auf der Strecke bleibt. Strecken Sie immer wieder die Fühler aus zu anderen Familien, brechen Sie gemeinsam das moderne Tabu, das

Credo:»Man muss sich früh anstrengen und alles wird für alle und besonders die Kinder möglich sein.«[108] Sprechen Sie zusammen über Ihr Lebensgefühl, inwiefern Ihnen die Entwicklung gefällt und gut tut. Seien Sie offen und wagen Sie es – wenn es Ihnen entspricht – Ihren Alltag nach ruhigeren Kriterien einzurichten als jenen, die Familien durch dauernde Berufsarbeit und frühe Bildung der Kinder angetragen werden. Trauen Sie sich, Ihr Gespür einzusetzen, und prüfen Sie bei anstehenden Entscheidungen in eigenem Interesse[109]:

▶ ob Sie für Ihre Alltagsabläufe noch genug Ruhe haben;
▶ ob für Sie ausreichend Freiheiten zur eigenen Gestaltung Ihres Alltags bestehen;
▶ ob Sie finanziell überhaupt gewinnen, wenn beide Elternteile sofort wieder arbeiten;
▶ ob das zusätzliche Geld für die Rahmenbedingungen (z. B. zweites Auto) und ein Mehr an Steuern wieder verschwindet;
▶ ob Sie in weiten Teilen selbst (bzw. zusammen mit anderen Eltern) entscheiden wollen, inwiefern ein Leben mit ausreichend Zeit füreinander, für Sie samt Kindern, möglich ist.

Übrigens: Ein Weniger an Berufsarbeit käme auch Ihren größeren Kindern zugute. Vergessen Sie Ihre berechtigten Forderungen gegenüber den politischen Entscheidungsträgern bezüglich einer finanziellen Besserstellung von Familien nicht.

DER ANGEMESSENE WOHNRAUM FÜR KINDER
UND IHRE ELTERN

ÜBEN SIE, WANN IMMER SIE KÖNNEN, am besten gemeinsam mit anderen Eltern, Einfluss auf Ihre Abgeordneten aus, damit diese sich dafür einsetzen, dass Wohnen ein Menschenrecht ist und Familien bezahlbaren Wohnraum bekommen. Es darf nicht sein, dass schon der hohen Mieten wegen (die den Finanz-Investoren gute Renditen bringen) keine Stundenreduzierungen oder Berufspausen für Eltern mehr möglich sind, weil durchgehend doppelte Gehälter gebraucht werden. In einem demokratischen Sozialstaat müssten den Familien mit Kindern bezahlbare Wohnungen gesetzlich zustehen. Sie sind es schließlich, die für die nächste Generation sorgen.

Sollten Sie bei der Wohnungssuche die seltene Chance der Wahl haben, bedenken Sie: Je mehr Familien es in der Umgebung gibt, umso leichter finden Kinder mit kurzen Wegen zu anderen Kindern. Eine ebenerdige Wohnung, bei der eine Tür von einem Wohnraum aus nach draußen führt, erleichtert den Alltag mit jüngeren Kindern sehr; wenn Erde, Wasser und Grün vor der Haustür sind, ist Ihr Kind schnell draußen. Sollten Sie das Glück eines Gartens haben: Eine kleine Hütte für das Lager einer Bande oder für die Puppenspiel-Wohnung lässt Kinderherzen höherschlagen.

Trauen Sie sich, im Interesse Ihrer Kinder dafür einzutreten, dass die Wohn-Umgebung weniger steril, sondern wilder, naturnaher gestaltet wird, damit Kinder draußen etwas machen können. Sie könnten mit den Nachbarn bei einem abendlichen Bier oder Glas Wein über Ihre einstigen Spielfreuden ins Gespräch kommen. Erinnern hilft, lässt vergnügt sein und erhöht die Bereitschaft, anderes zuzulassen.

Überall da, wo Kinder viele Möglichkeiten haben, zu spielen, erleben Erwachsene mit Kindern kaum Quengeln oder Langeweile, sondern stattdessen Ausgeglichenheit. Sollten Sie je ein Haus bauen, denken Sie mit einem Architekten daran, dass es den Familienalltag vereinfacht, wenn die Küche oder ein Hausarbeitsraum einen Ausgang nach draußen hat. Das Hinaus und Herein von sandigen Kinderfüßen erleichtert das sehr (die abendlichen Partys der Eltern übrigens auch!).

Wenn Sie an einen neuen Ort umziehen, geht es Ihnen schnell besser, wenn Sie herausfinden, wo die Treffpunkte für Familien sind; bei Familienbildungsstätten, Stadtteilzentren, Kirchengemeinden gibt es sie. Anschluss an Familien samt Kindern zu finden, erleichtert die Organisation des gemeinsamen Alltags und bringt damit Muße für alle.

Außerdem kann man zusammen besser als allein Ideen und Veränderungen in Angriff nehmen. Eine Idee könnte z. B. sein, mit anderen Eltern gemeinsam bei Stadtplanern und Gemeinderäten in Dörfern als Erstes vorzuschlagen, dass Wohnstraßen beruhigte Spielstraßen werden, und als Nächstes, dass Spielplätze weniger teuer, aber vielfältig veränderbar gestaltet werden (Anregungen hierfür unter www.draußenkinder.info oder bei »Kinderwildnis Bremen«: http://www.bund-bremen.net/themen_und_projekte/ kinder_jugend/kinderwildnis). Es braucht wenig: Bereiche für Kinderverstecke und Lager, Schaukeln und Turnstangen (hoch genug, dass man richtig dran hängen kann!), eventuell eine Wippe. Das Ganze muss nicht aufwändig sein. Hauptsache, die Kinder dürfen raus und losspielen. Wenn Sie den Planern in Dorf oder Städten erklären, warum letztlich einfache Veränderungen Kindern helfen, bin ich sicher, dass Sie nicht überall abgewiesen werden. Vieles könnte schnell angebracht werden. Außerdem: Ein großer Baum zum Schaukeln und Klettern ist aufregender als jedes fertige Gerät. Und Asphalt zum Radfahren oder Ballspielen ist ohnehin genug da. Wagen Sie den einen oder anderen Vorstoß, auch dafür, dass in Stadtgebieten Spiel- und Kinderwege für das Streunen draußen entstehen, um für Kinder gefahrlos den Radius des Erkundens und Umherwanderns zumindest etwas zu erweitern.

Ein größeres Projekt in Städten wäre, sich für Kinder- und Jugendfarmen einzusetzen, sie ersetzen Kindern manches, was sie an Tiererfahrung und Natur in der Stadt entbehren. Anregungen finden Sie unter www.bdja.org.

Wenn wir unsere Wohnviertel weiterhin vor allem für Autos gestalten, beschneiden wir Kinder ganz elementar, mit allen genannten Folgen. Gesunde Kinder mit schlau machenden Kindheitserlebnissen müssten uns eigentlich mehr am Herzen liegen. Bei aller Notwendigkeit von Autos ist eine quicklebendige nächste Generation der größere Schatz!

KINDER UNTEREINANDER

DIE NÄCHSTE FRAGE IST: Wie finden Kinder zueinander und in gemeinsames Spiel? Es ist relativ einfach: Lassen Sie Verabredungen unter Kindern – auch nach der KiTa-Zeit – reichlich zu und holen Sie am besten mehrere Kinder ab, damit das Spielen im privaten Rahmen weitergeht.

Mehrere Kinder abzuholen hat noch einen wichtigen Nebeneffekt: Kinder wollen oft nicht als einzelnes Kind mit ihren Eltern mit, wenn diese sie abholen kommen. Sie wollen im Spiel mit Kindern bleiben – wenn Mama/Papa dann als Erwachsener dasteht, und man als Kind weg soll aus der Spiel-Welt mit Kindern, rein in die Welt der Erwachsenen, dann berichten viele Eltern von Widerstand und Streit. Wenn man mehrere Kinder abholt und Weiterspielen, noch dazu draußen, in Aussicht steht, geht es besser. Unter befreundeten Eltern könnten Sie ausmachen, wer die Kinder der Familien wann nachmittags abholen und an Samstagen oder Sonntagen mehrere Kinder zu sich nehmen kann, um sie als Gruppe zu hüten. Wenn Sie die etwas älteren Freunde Ihres Kindes mit einladen, haben Sie den wunderbaren Nebeneffekt, dass das Zusammen-Spielen noch anregender ist.

Lassen Sie die Kinder in ihre Kinderwelten eintauchen und bitten Sie lediglich die Älteren, die Jüngeren nicht auszuschließen. Die meisten größeren Kinder sind freundlich. Sie verbreiten eine gute Atmosphäre und die Gewissheit: »Die Leitfigur der Herde ist da.« Dieses Gefühl behütet Kinder indirekt und lässt sie dadurch besser in ihr Spiel finden. Gut ist auch die Zusicherung: »Ich lasse euch in eurem Kinder-Reich in Ruhe und mische mich als Erwachsener nicht ein.« Ihre Bereitschaft genügt, Sie müssen die Kinder nicht mehr »bespielen«.

AM BESTEN DRAUSSEN ...

BESTÄRKEN SIE KINDER SO VIEL WIE MÖGLICH, draußen zu sein. Sollte sich die Umgebung Ihrer Wohnung für Spiel im Freien nicht eignen, dann könnten Sie den Kindern ab und zu mit einem weiteren Schritt helfen: Packen Sie Kakao und Butterbrote ein, vergessen Sie auf keinen Fall den guten Kaffee oder Tee für sich selbst, dazu eine Grundausstattung an eventuell notwendigen Arbeitsutensilien für draußen (Kinderschaufeln, Gefäße für Wasser, Schnüre, Taschenmesser, Pflaster, auch trockene Strümpfe braucht man manchmal ...), für Sie selbst ein gutes Buch oder etwas zu tun, was Ihrem Genuss oder Ihrer Arbeit dient.[110] Auch begleitende Freunde/Freundinnen sind wunderbar – und vereinbaren Sie mit den anderen Eltern, auf welcher Wiese, an welchem Bach oder in welcher Ecke eines Parks in der Stadt Sie zu finden sind, damit diese zu dieser Zeit ihre Kinder zum Spielen bringen können. Sie sind wieder nur die »Station« für Essen, Trinken und Notfall-Hilfe und lassen die Kinder losziehen in ihr Spiel in der Gruppe. Es reicht, ihnen zu sagen, dass sie aufeinander achtgeben sollen und dass Sie selbst dableiben und die ganze Zeit an diesem Ausgangspunkt verfügbar sind. Als erwachsene Person helfen Sie bei Hunger oder Streit, sollte es dazu kommen, aber davon abgesehen dürfen die Kinder gerne ganz für sich spielen. Dass dieses Spielen nicht ganz nah an großen Verkehrsstraßen stattfindet, sollte selbstverständlich sein.

Bei kleinen, ruhigen Straßen in der Nähe kann man vereinbaren, dass ältere Kinder mit darauf achten, dass ein gewisser Bereich, in dem Spielen möglich ist, von allen Kindern nicht verlassen wird. Angesichts von Ungestörtheit und einem Mehr an Freiheit, die winken, können Sie sich auf Absprachen mit Kindern, die innerlich gut im Lot sind, verlassen; und gelegentlich sieht man nach ihnen, zur eigenen und der Kinder Sicherheit, aber nur so, dass sie sich nicht dauerhaft beobachtet fühlen.

Schließlich gibt es eine Vereinbarung, wann die Kinder abgeholt werden oder heimgehen. Kinder ab etwa sechs Jahren, sofern sie nicht außer Rand und Band sind, helfen verlässlich für die Gruppe der Kinder mit, wenn sie wissen, dass sie nur dann so viel attraktive Freiheit genießen können.

Wenn Sie beim Eintreffen der anderen Eltern noch Zeit haben und der Ort es zulässt, machen Sie noch gemeinsam ein Feuer. Vielleicht essen Sie auch noch zusammen – das genießen alle; wenn jede Familie eine Kleinigkeit mitbringt, erspart es allen die Arbeit zu Hause. Wieder etwas, was Sie zusammen als Eltern entlastet – und noch dazu Spaß macht.

Bleiben Sie bei allen kreativen Vorschlägen nüchtern. Übernehmen Sie sich besser nicht, sondern fangen Sie erst einmal nur damit an, dass Kinder unter den heutigen Gegebenheiten zusammen den Weg für das Spiel im Freien finden; mit Begleitung und Erreichbarkeit einer erwachsenen Person werden andere Eltern dies zulassen. Das reicht und ist viel wert. Weitere Aktivitäten kommen eines Tages ganz von selbst dazu. Wechseln Sie sich ab – dann haben alle Elternpaare für Stunden, halbe oder sogar ganze Tage »Luft« und bekommen anschließend auch noch ausgeglichene Kinder mit leuchtenden Augen zurück. Und schon ist das »Dorf« da, das alle Eltern brauchen, um Kinder großzuziehen.

... ABER DRINNEN KANN MAN AUCH KREATIV SEIN

WENN IHRE KRAFT (WAS MENSCHLICH IST) oder die Kinder oder das Wetter es gerade nicht zulassen, draußen zu sein, dann wird natürlich drinnen gespielt, in Ihrer Wohnung. Wieder machen Sie es sich leichter, wenn Sie befreundete Kinder als Gruppe hüten, durch Absprachen mit anderen Eltern dafür sorgen, dass Kinder miteinander Zeit verbringen können – ein Erwachsener ist da, alle anderen Eltern haben frei. Wenn man sich abwechselt, gewinnen alle.

Geben Sie den Kindern für ihre Spielideen viele Utensilien (Decken, Kissen, Polsterteile ...), so dass sie sich Höhlen, Wohnungen oder Lager in einem Zimmer oder in geeigneten Winkeln der Wohnung oder des Hauses einrichten können. Auch etwas Geschirr ist willkommen (keine Angst, das Meißner Porzellan müssen Sie nicht rausrücken), so dass die Kinder-Ideen durch ausreichend Ausstattung hinreichend »Nahrung« haben.

Auch dabei wirken Absprachen Wunder: Erlauben Sie den Kindern, dieses und jenes in ihr Spiel einzubeziehen, machen Sie aber gleichzeitig mit ihnen aus, welche Dinge sie in Ruhe lassen sollen. Sie werden sehen: Es ist ein Geben und Nehmen. Wenn Sie Kindern Freiräume eröffnen und sie nach Notwendigem fragen dürfen, bekommen Sie kindliche Sorgfalt zurück – und dadurch Zeit für Ihre Arbeit. Sollte es zwischendurch zu ungestüm werden, rufen Sie den Kindern Ihre Absprachen ins Gedächtnis. Kinder erinnern sich bestens und sind schnell wieder kooperativ. Kommt es aus Versehen zu einem Missgeschick, seien Sie gnädig. Wirklich kostbare Gegenstände haben Sie sowieso aus dem Raum oder aus der Ecke des Hauses geräumt, wo Kinder spielen.

Spielideen setzen sich dort um, wo Kinder sich gerade »häuslich«, also mit Kinder-Spiel-Wohlgefühl einrichten. Das ist nie nur das Kinderzimmer. Es ist irgendwo im Haus, in belebten oder weniger belebten Wohnräumen, im Flur, auf dem Speicher oder ... Das ist wichtig, weil die Umgebung für die Kinder zu ihren Ideen passen muss. Ein einziges Zimmer ist zu wenig, denn spielende Kinder »reisen« durch die Wohnung oder das Haus.

DAS KLEINE »ZWISCHENREICH«

KINDER HABEN GROSSE FREUDE am Einsäen, Gießen, Beobachten, Bewundern ... und schließlich Ernten. Daher ist es eine gute Idee, drinnen Blumentöpfe und Blumenkästen einzusäen, draußen auch größere Kästen auf dem Balkon oder Beete im Garten anzulegen. So können Kinder Samen in die Erde bringen, Setzlinge einpflanzen und beobachten, wie etwas wächst;[111] sie fiebern den ersten kleinen grünen Spitzen entgegen – und erleben mit Spannung, was daraus wird. In jeder noch so kleinen Wohnung kann man Kresse in einem Blumentopf aussäen.

Großes Glück bedeuten Haustiere. Wenn Sie auch Freude daran haben – und nur dann – können Sie ein Haustier willkommen heißen. Verlangen Sie aber nicht, dass ein Kind alleine für ein Tier die Verantwortung übernimmt. Es ist wie beim Aufräumen – das geht nur gemeinsam. Im Zweifelsfall haben auch da die Erwachsenen den größeren Überblick.

DIE KITA – DAS ZWEITE ZUHAUSE?

ICH SCHÄTZE ERZIEHERINNEN IN DEN KINDERTAGESSTÄTTEN, ihr gutes Gespür für Kinder und ihr Können sehr und habe großen Respekt vor ihrer Arbeit. KiTas sind für Kinder wunderbare Einrichtungen, wenn sie sie großzügig als einen Raum für Kind-Sein und Spiel erleben können. Für Eltern sind sie hilfreich, wenn sie dort warmherzige Fachleute erleben, die die Familie bereichern und ergänzen und in Zeiten ihrer Abwesenheit für ihre Kinder sorgen, und für Erzieher/Erzieherinnen sind sie gut, wenn sie sich in ihrem Dasein für die Kinder wertgeschätzt fühlen. Am besten ist es, wenn alle Erwachsenen das Ziel haben, dass sich zuallererst ein gutes Lebensgefühl für alle einstellen kann; die allermeisten Profis, die warmherzig und leidenschaftlich im Leben sind, werden Ihren Kindern zum zweiten Zuhause. Unterstützen Sie die Erzieher/ Erzieherinnen darin:

▶ die Kinder oft frei und in altersgemischten Gruppen spielen zu lassen;
▶ mit den Kindern möglichst viel ins Freie zu gehen – wie soeben für die Eltern beschrieben;
▶ sich wenig einzumischen ins Spiel unter Kindern, sondern da zu sein für Versorgung und eventuelle Nöte, sollten einzelne Kinder nicht ins Spiel mit den anderen finden; manchmal braucht man auch konflikt-lösende Vorschläge, wenn einzelne Kinder zu sehr außer Rand und Band geraten;
▶ Erkundungen und Entdeckungen zu machen, Ausflüge zu Hand-werksbetrieben oder an sonstige Arbeitsplätze (vielleicht der Eltern) zu unternehmen, damit Kinder erfahren, was Erwachsene eigentlich tun, auch wie Dinge entstehen, die man benützt;
▶ Ihre Kinder einfach miterleben und mitfühlen zu lassen, was die Interessen der Erzieher/Erzieherinnen selbst betrifft; Begeisterung und Leidenschaft für handwerkliches Tun, für Musik, für Arbeiten und Unterwegssein draußen, das damit verbundene Glück – wenn Kinder das bei Erziehern/Erzieherinnen miterleben, steckt es sie an und wird zu einem Erlebnis, das unter die Haut geht; das fördert Neugierde, Lust, Begeisterung, Sinneserfahrung und Intelligenz;
▶ zu singen und ritualisierte Kinderspiele zu machen; es macht Spaß und gibt Sicherheit; mit drei, vier Jahren sind Kinder in dem Alter, in dem sie Zusammensein auch deshalb besonders genießen, weil Regeln

geübt werden und Soziales gelernt und verstanden wird; je rituali-
sierter das geschieht, umso mehr lieben sie es. Kreis-/Singspiele aller
Art ermöglichen das Ganze von selbst. Man muss Kinder viel weniger
erziehen, das meiste ihrer Erziehung zu sozialen Wesen erledigt sich
nebenbei.

Wenn es Sie auch begeistert, unterstützen Sie die Einrichtung eines
Wald-Kindergartens für Ihre Kinder oder bestärken Sie Ihre KiTa
zu vielen Wald-Tagen.

Zusätzlich können KiTas aller Art sehr schöne, gesellige Treffpunkte sein. Stoßen Sie einfach mal unter Eltern gemeinsame Essen
oder auch Spielrunden an (wie angenehm vergeht die Zeit, in der
man unter Erwachsenen spielt); treffen Sie sich, um weitere Eltern
kennenzulernen, Freundschaften zu schließen und sich zusätzlich
außerhalb der KiTa zu verabreden – das bringt Freiheiten.

Auch Erfahrungen mit Elterntreffs an KiTas sind sehr ermuti-
gend. Es braucht eine Person, die sich zuständig fühlt, einen Raum
mit freundlicher Atmosphäre öffnet, alle begrüßt, Kaffee und Tee
kocht und zum Schluss für alle ein kleines Abschiedsritual initiiert,
damit bei allen eine gewisse Verbindlichkeit bis zum nächsten
Treffen entsteht. Für alles Weitere entwickeln Eltern aus sich heraus herrliche Ideen: Sie machen zusammen Sonntagsfrühstücke,
Wanderungen, tauschen Zeitungen und Bücher aus oder (sehnen
sich danach nicht alle Eltern?) organisieren einen Vertretungs-
und Entlastungsdienst von Eltern für kranke Eltern. Eltern wissen
selbst am besten, was anderen Eltern hilft.[112]

Treten Sie für mehr Freiheit in Kindertagesstätten ein, damit
sie ein zweiter Lebensraum für Kinder und auch für Eltern sein

können, der dem Zusammensein aller dient. Gemeinsam durch Spiel und gemeinsame Erfahrungen eine tolle Zeit zu erleben, prägt sich Kindern nachhaltig ein, geht unter die Haut, macht sie klüger als alles, was ihnen jetzt an Wissen angetragen wird.

Ich wünsche mir für die KiTas der Zukunft,

▶ dass sie generell eine Art »erweitertes Wohnzimmer«[113] im Viertel für alle Familien werden;

▶ dass Kinder in ihnen das erweiterte Zuhause haben und Eltern in den Erziehern/Erzieherinnen und allen anderen Eltern das »Dorf«, das ein Leben mit Kindern viel leichter macht;

▶ dass Absprachen möglich werden, durch die KiTas ein Ort sind, von dem aus Kinder mehr »dürfen«; dass sie rausgehen können, um zu spielen; dass Eltern dies in Dörfern oder ruhigen Stadtvierteln erlauben; dass dort, wo es nicht möglich ist, das Gelände um die KiTa großzügiger, vielfältiger, wildnis-ähnlicher angelegt wird; dass Verstecke und Gebüsch da sind und reichhaltige Gelegenheiten für Lager und Wohnungen bieten, so dass Kinder im Außengelände »verborgen« spielen können;

▶ dass sie Stationen für Butterbrote, Kakao, Spiel-Utensilien und Hilfe sind, also offene Räume werden; dass KiTa-Türen und -Zäune nicht weiter nur fest verschlossen sind, wir den Kindern also nicht früh die Flügel stutzen und sie am »Ausschwärmen« in ihre Spiel- und Fantasiewelten hindern.

Um in allen Ebenen ihrer Person gesund und vital zu bleiben, brauchen Kinder Freiraum. An uns ist es, Regelungen zu finden, wie kein Kind verloren geht, keines zu Schaden kommt.

WAS IHR KIND IN DIESEM ALTER ZUM SPIELEN BRAUCHT

GRUNDSÄTZLICH GILT AUCH JETZT WIE IN DEN FRÜHEREN ENTWICKLUNGSPHASEN: WENIGER IST MEHR.

PUPPEN UND SCHMUSETIERE

PUPPEN UND SCHMUSETIERE haben einen besonderen Stellenwert unter allen Spielsachen. Sie sind – im Erleben von Kindern – lebendig. Zu jeder Zeit, immer. Auch wenn ein Kind sie zwischendurch stiefmütterlich behandelt oder sich zeitweise mit anderem beschäftigt,»lebt« eine Puppe (ein Schmusetier), sobald das Kind sich ihr (ihm) zuwendet. Es ist gut, das zu unterstützen und diese Spielgefährten wie »echte« Lebewesen mit zu bedenken. Kinder lieben das, weil sie sich dann in ihrer Fähigkeit, alles als lebend wahrzunehmen, ernst genommen fühlen.

Puppen und Schmusetiere brauchen – wie ein Kind – Nahrung, Kleidung (Schmusetiere weniger), einen Ort, wo sie schlafen; sie werden durchaus immer wieder auch gefüttert, abends mitbedacht, dürfen auf Wunsch beim Vorlesen dabei sein, werden gut zugedeckt, ihnen wird »Gute Nacht« gesagt, kurzum: Sie werden geliebt und entsprechend behandelt. Sie sind für Ihr Kind das »eigene Kind«, sind fühlende Begleiter und sollten – wenn Ihr Kind sich danach sehnt – ohne Wenn und Aber überall hin mitgenommen werden (das gilt auch, wenn ein Kind sie einem kurz darauf wieder überlässt, weil gerade anderes dringender ist als das Spiel mit der Puppe/dem Schmusetier). Zuneigung lässt sich nicht aufschieben, und Trennungsprozesse sollten nicht gegen den Willen des Kindes eingefordert werden.

Bei Mädchen steht die Zuneigung zu Puppen für ihr intuitives Wissen und Gespür, dass sie es sein werden, die später die Kinder bekommen können. Sie müssen noch nichts über konkrete Körperprozesse wissen,[114] dennoch »spüren« Mädchen es aus ihrem menschlichen Erbe heraus häufig früh, oft schon nach ihrem ersten Geburtstag. Ich erlebe regelmäßig schon mit ein-/eineinhalbjährigen Mädchen mütterliche Szenen mit einer kleinen Babypuppe, die bei mir im Zimmer in einem Korb liegt. Daneben stehen Bagger, Laster, Autos, alles zur freien Auswahl, aber auf die Puppe steuern Mädchen wie magisch zu, gerade erst auf eigenen Beinen. Angesichts solch frühen Verhaltens scheint mir, dass es von innen kommt.

Es ist gut, dass Mädchen sich von Babys und Puppen angezogen fühlen – ihre Lust macht möglich, dass sie sich nach Babys sehnen. Lange hat man solche Muttergefühle von Mädchen und ihre Freude an Babys kritisch gesehen und befürchtet, dass sie dann zu wenig Bildung bekommen würden. Dabei brauchen Mädchen beides: Schule und Puppen, Lernmöglichkeit und Lust auf Babys. Es ist ihr weibliches Potenzial, das sich, wie alles Wichtige im Leben, über Lust und Leidenschaft entfaltet. Mädchen, die gerne mit Puppen spielen, spüren ihre Kinder-Lust an Babys, spielen sie durch und stärken dabei ihr Gespür für ihre weibliche Seite. Sie »erspielen« sich quasi das Baby-Thema, um – nach Kindheit und Pubertät – als Erwachsene weiterhin Lust gegenüber Babys zu empfinden.

Mädchen brauchen sie, Frauen erst recht: respektvolle Lebensumstände für die Entfaltung ihres Potenzials, wertschätzende Bedingungen, ausreichend Anerkennung, genügend Zeit und als erwachsene Frauen mit Babys schließlich angemessene existenzielle Bedingungen. Mädchen sind im Spiel im Kontakt mit der Tatsache: »Ich bin weiblich, also mit der Fähigkeit ausgestattet, ein Kind zu gebären« – nicht einziges, aber wesentliches Potenzial von Mädchen. Daher bin ich dafür, das Spiel von Mädchen mit Puppen selbstbewusst zu stärken, es als wertvoll anzusehen und für den »intimen« Raum einzutreten, den es braucht.

Wenn Jungen mit Puppen spielen, sind auch sie in diesem Spiel wertzuschätzen; sie tun es weniger, weil sie ebenfalls intuitiv ihr Anders-Sein wahrnehmen, und weichen daher eher auf Schmusetiere aus. Man achtet ihr Spiel mit ihrem Lieblingstier jedoch gleichermaßen und stärkt sie in ihrer liebevollen Art.

Ganz allgemein zeigen Mädchen wie Jungen im Umgang mit Puppen oder Schmusetieren, wie einfühlsam und fürsorglich ihr Erleben ist. Oder wie Psychologen sagen würden: Sie erhalten und stärken im Spiel ihre Empathie-Fähigkeit, ihre emotionale Intelligenz.[115] Sie sind froh, wenn man sie darin respektiert und lässt. Das ist nicht nur in der frühen Kindheit so, sondern bleibt ihnen auch als Grundschulkind erhalten, sofern sie sich dabei lange genug ernst genommen und von Erwachsenen nicht abgewertet fühlen. Auch mit größeren Kindern mache ich regelmäßig Erfahrungen, wie sie liebend gerne ihrer Fürsorge im Spiel nachgeben, wenn man ihnen den Raum dafür gibt.[116]

Als Grundausstattung für das Spiel mit Puppen (oder Schmusetieren) reicht: ein Puppenbett oder Schlafkorb, ein Tragetuch, damit man sein »Kind« wie die Erwachsenen am Körper tragen kann. Ein Puppenwagen macht glücklich, weil Kinder (mit einem solchen meist nur Mädchen) bei Spaziergängen draußen stolz und versonnen sind.[117] In aller Regel braucht es Kleidung. Wer sein

Kind mit Empathie versorgt, will es dem Wetter gemäß anziehen. Neulich erzählte mir jemand von einem Kind, das zum Geburtstag reichlich beschenkt worden war; am größten aber war die Freude darüber, dass seine Puppe von der Großmutter einen selbst genähten Bademantel bekommen hatte.

Wenn man Kinder in solch kindlichem Erleben und den zugehörigen Gefühlen ernst nehmen und dementsprechend reagieren will, hier einige Vorschläge, die erprobterweise von Kindern beiderlei Geschlechts geliebt werden:

Feste feiern

Alle Kinder bringen – in eines der Elternhäuser oder in die KiTa – ihre »Kinder« mit. Man improvisiert kleine Tische (Kisten, Fußbänke), Sitzgelegenheiten, deckt den Tisch mit Tischtuch und kleinem Geschirr; hat, sofern Zeit und Lust da waren, mit den Kindern kleine Kuchen gebacken (auch mit Gekauftem macht's Spaß) und inszeniert ein gemeinsames Essen aller – wie bei den Großen. Sie werden staunen, was ihnen die Kinder alles über Essensvorlieben und Verhaltensweisen ihrer »Kinder« erzählen, wenn man als erwachsene Person nicht aus der Rolle fällt.[118]

Ärztliche Sprechstunde für Schmusetiere und Puppen

Kinder richten ein »Wartezimmer« ein, jemand ist die Person des Arztes/der Ärztin (es steigert den Ernst der ärztlichen »Autorität«, wenn diese Rolle die älteren Kinder der Gruppe einnehmen). Alle Kinder melden sich an, bekommen (per Telefonattrappe?) einen Termin, warten etwas, kommen dran und stellen ihr »Kind« vor, erzählen, was es hat. Interessant, was Kinder alles von Krankheiten wissen! Puppe oder Schmusetier werden untersucht, bekommen Medizin, Rezepte werden bekritzelt, »Elterngespräche« geführt. Eine kleine Apotheke hat man mit den Kindern hergerichtet; dort bekommt man alles, was auf den Rezepten steht. Für die Apotheke reichen Kleinigkeiten an Tuben, Packungen, Gläschen, die Ihnen da und dort begegnet sind und die Sie für solche Spielszenarien sammeln. Die kindliche Fantasie nimmt und verwandelt alles im Nu, und Kinder sind intensiv bei diesem Spiel dabei.

Puppenkleider-Wäsche

Auch wenn wir heute das meiste mit der Maschine waschen, Kinder sind dennoch begeistert dabei, wenn sie von Hand waschen dürfen; noch dazu lernen sie Verschiedenes begierig.

Machen Sie bei gutem Wetter an entsprechend geeignetem Platz draußen mit Kindern per Hand eine Wäsche aller Puppensachen. Diverse Schüsseln und Waschpulver braucht es, eine Wäscheleine in Kinderhöhe ebenfalls, kleine Klammern gibt es im Handel. Die Puppen werden ausgezogen, die Puppen-Bettwäsche abgezogen und Sie werden angetan sein, wie konzentriert und ernsthaft Kinder mit Ihnen arbeiten: Sie zeigen ihnen, wie man etwas einseift, rubbelt, auswringt; dann alles so oft spült, bis keine Seife mehr aus der Wäsche kommt, noch einmal wird alles ausgewrungen. Kindern solche alltäglichen Techniken genau zu zeigen, erweitert ihre »Arbeits«-Möglichkeiten, jetzt und später; schließlich hängt man alles auf die Leine. Idealerweise wird dann auch noch gebügelt, und mit einem Reisebügeleisen, das für Kinder zum »Kinder-Bügeleisen« wird, sonst eignet sich jedoch ebenso jedes normale Bügeleisen – damit können Kinder bei mittleren Temperaturen zumindest die Bettwäsche bügeln; setzen Sie Ihr Bügelbrett einfach auf Kinderhöhe (dazu der Kommentar eines 5-jährigen Jungen, Abbildung 4 im Anhang).

Sie haben es insoweit im Auge, dass ein Kind sich nicht wehtut an der Hitze; aber auch da sind Kinder bei allem Aufpassen kooperativ, weil sie wieder ganz »echt« arbeiten dürfen. Empathisch wie Kinder alles erleben, muss man dran denken, dass Puppen oder Schmusetiere (soweit sie angezogen waren) ohne Kleidung frieren; man versorgt sie, bis die Wäsche trocken ist in ihren Betten oder Schlafkörben. Am nächsten Tag werden alle wieder angezogen; zusammen feiern Sie bei Kindergeschirr und Imbiss, dass alle Arbeit getan ist, und alle genießen Gaumenfreuden und haben den frischen Duft von Wäsche in der Nase.

MATERIALIEN ZUM HÄUSER- UND LAGERBAUEN

DAS MEISTE, WAS ZUM BAUEN NÖTIG IST, HAT MAN sowieso im Haus oder bekommt es leicht. Um sofort ein kleines »Kinderwohnhaus« herzustellen, braucht man nur einen großen Karton (der Elektrohandel hat z. B. solche Kartons), in den man Fenster und Türen hineinschneidet. Etwas Stoff an die Fenster, und fertig ist ein kleines Wohnhaus.

Um Lager bzw. Wohnungen einrichten zu können, brauchen Kinder Decken, Tücher, kleine Kisten, die zu Mobiliar werden; fürs Lager noch Latten und Bretter (Schreinereien haben Reste), dazu ausreichend Seile und Bindfaden; bei jüngeren Kindern manchmal etwas erwachsene Mithilfe, um alles aneinander zu nageln oder zu binden. Ausrangiertes Geschirr ist sehr begehrt für das eigene Lager, die eigene Wohnung!

HEISS GELIEBT UND WICHTIG SIND UTENSILIEN FÜR PIRATEN, Ritter, Indianer und Cowboys. Man kann aus alten Tüchern oder Gardinen Umhänge machen. Federn kann man kaufen, spannender ist es, man findet sie draußen. Schwerter und Schilde können Sie gemeinsam aus dicker Pappe oder Brettern bauen, man kann sie aber auch auf Flohmärkten finden und natürlich in Spielzeugläden. Beim Spiel mit Waffen geht es wieder um die Auseinandersetzung mit Aggression, das heißt um das Malen mit allen Farben, auch mit Rot und Schwarz. Noch einmal: Kinder wollen »ganz« sein und alle Seiten in sich spüren. Die Frage, ob Kinder als Jugendliche oder Erwachsene real zu Gewalt neigen, entscheidet sich nicht an Spielzeugwaffen, die man als Kind für Piraten-, Cowboy-, Indianer- und Ritterspiele nun mal braucht. Ob Kinder sich hin zu Gewalttätigkeit entwickeln, hat vielmehr mit vielfältigen, belastenden Erfahrungen zu tun, denen sie dann über Aggression versuchen, gegenzusteuern. Weiterhin ist für Kinder Aggression, jetzt auch bewusst verbunden mit Tod, Teil des Lebens – wird also durchgespielt.

Sollte das Töten tatsächlich der einzige Inhalt im Spiel sein (was eher die Ausnahme ist), dann kann man irgendwann eingreifen. Zunächst könnten Sie Friedensverhandlungen vorschlagen, dann eine »Friedenspfeife« anfertigen und rauchen, das finden Kinder toll. Winnetou, Häuptling der Apachen, lässt grüßen. Sollten Sie sehr häufig destruktives Spielverhalten beobachten, tut unter Umständen mehr Unterstützung gut, so dass Kinder den Kampf mit fairen Regeln lernen können.

Flohmärkte sind übrigens die beste Quelle für gute, ältere Kleidung und Schätze, um Kinder auszustatten. Für die kindliche Lust an Verwandlung und Verkleidung eignen sich Sachen, die einst echten Männern und Frauen gehört haben, besser, als die rundum fertige Verkleidung aus dem Spielzeugladen. Es ist, als spürten die Kinder das ehemals »richtige« Leben darin, und das spornt ihre Fantastereien noch mehr an.

Besonderen Spaß bereitet ein Räuber- oder Piratenessen. Als Erstes verkleiden sich alle (auch die Erwachsenen) zu entsprechenden Gestalten; als Nächstes verwandelt man ein Mittag- oder Abendessen zu einer echten Räuber- oder Piratenmahlzeit. Der Tisch wird mit Packpapier gedeckt, vielleicht bekommt jeder gerade noch einen Teller und Löffel, oder aber man verzichtet auch darauf und beschließt, dass nur ein rustikaler Topf für alle auf den Tisch kommt. Zu essen kann es alles geben, was Kindern Appetit macht, bevorzugt Dinge, die man in die Hand nehmen kann und die »Wildnis« verkörpern, z. B. Hühnerbeine (»Fleisch an Knochen«), Kartoffeln oder Möhren, alles so groß wie möglich geschmort, kann man bestens aus der Hand essen. Ausdrücklich unerwünscht sind alle Tischmanieren, es darf also unbändig zugehen.

Zusätzlich bekommen alle am Tisch einen Räubernamen – entsprechend kann man sich bei der Unterhaltung ansprechen und zurufen. Endlich mal ist Wildheit gefragt und sind gute Sitten überflüssig. Sogar bei den Erwachsenen. Sie können das Ganze noch mit einer Schatzsuche verbinden, die besonders spannend ist, wenn man den zu suchenden Schatz dadurch anhäuft, dass man sich vorher gegenseitig Dinge stibitzt – wie echte Räuber oder Piraten eben.

EIMER UND SCHAUFEL FÜR DRAUSSEN

WERKZEUGE ZUM BUDDELN, SAND UND WASSER – mehr braucht man nicht, um Flüsse, Rinnsale und Seen entstehen zu lassen; und mit Wasser und Pflanzen, also allem Grünzeug in der Umgebung, kann außerdem noch »Essen« gekocht werden. Keine Sorge – Kinder essen normalerweise diese »Suppen« nicht, stellen sie aber begeistert her. Wenn Sie je Sorge haben, sagen Sie etwas – Kinder verstehen schnell. Selbstverständlich sind Bagger und Laster draußen unentbehrlich. Mir scheint, als gäbe es bei Menschen-Jungen vielleicht doch ein »Bagger-Gen«.

EINE KUGELBAHN FÜR DRINNEN

KUGELBAHNEN EIGNEN SICH FÜR STUNDENLANGES, verträumtes Spiel von Kindern. Immer wieder erstaunt es mich neu, wie lange sich Kinder mit Kugelbahnen beschäftigen können, kleine wie große. Wenn Sie eine Kugelbahn (eine einfache reicht) im Haus haben, haben Sie oft Auszeit, weil Ihr Kind damit hoch konzentriert spielt.

EINE GRUNDAUSSTATTUNG FÜR SZENISCHES UND KONSTRUIERENDES SPIEL

DIE ERSTE GRUNDAUSSTATTUNG FÜR ALLES, was man bauen kann – zum Beispiel Legosteine – ist für viele Kinder eine reichhaltige Quelle stundenlangen Spielens. Die Vielfalt von Playmobil, mit den vielen winzigen Details, die Kinder jetzt benutzen können, regt die Kinderfantasie an, oder Holzspielzeug: Tiere, Menschen, Bauernhöfe und Puppenmöbel; dazu eine Grundausstattung Holz und Klötze sowie Material und Dinge, die man draußen findet und aus denen kindliche Fantasie alles »herstellt«, am besten von allem ein wenig. Kinder, die gerne spielen und gut ins Spielen finden, mischen einfach alle Arten von Bau- und Szene-Spielsachen auf ihre Weise. Es ist faszinierend, die aufgebauten Spiel-Szenarien zu sehen, die sich ausbreiten und die Innenwelt von Kindern preisgeben. Unglaublich, wie schnell ein Fußboden zur Prärie oder zum Fort oder Garten eines fernen Landes wird und was sich dort dann alles abspielt.

Bitten Sie vor dem nächsten Kindergeburtstag, Familie und Freunde, nur kleine Schätze bzw. Spielsachen zu schenken. Alle kennen den Anblick: Kinder zwischen Geschenkpapier und Verpackungen samt vielfältigem Inhalt, aber gleichzeitig sind sie mit dem Zuviel überfordert. Intensiver erlebt ein Kind, wenn es nur mit dem einen oder anderen kleinen »Lieblingsding« beschenkt wird und die Gäste besagtes Kinderkonto bedenken.

SO MACHT DER KINDERGEBURTSTAG DEN GROSSEN UND DEN KLEINEN SPASS

DER KINDERGEBURTSTAG IST INZWISCHEN ein solches Großereignis geworden, dass der Gedanke daran den meisten Eltern sofort den Schweiß auf die Stirn treibt. Aber mit den Anregungen und Vorschlägen aus den vorigen Kapiteln sind sie gut gerüstet für ein entspanntes Fest.

Machen Sie wenig und vor allem Dinge, bei denen es zu tun gibt und Kindern das Herz aufgeht. Angefangen von Wettspielen, vielleicht mit winzigen Gewinnen. Verstecken und Fangen sind Dauerbrenner bei kleinen wie größeren Kindern, weil beides mit Gefühlen von Anspannung, Angstbewältigung und Angstüberwindung zu tun hat. (»Wie weit kann ich mich wegtrauen in ein

Versteck und wie lange halte ich es dort allein aus?«). Wenn Sie für einen Geburtstag gerade mehr Kraft haben, dann eignen sich alle auf den letzten Seiten beschriebenen Spielszenarien. So wird es nicht langweilig.

Mein Rat lautet: Machen Sie immer nur das mit Kindern, wozu Sie selbst Lust haben, was Ihnen Vergnügen macht. Denn da haben Sie die meiste Energie und die lustigsten Ideen. Wenn der Geburtstag in den Sommer fällt und Sie keine Lust haben, mit den Kindern zu spielen, dann laden Sie dorthin ein, wo man Feuer machen kann und Sie nur für den Rahmen sorgen; die Kinder schwärmen aus und spielen, spielen, spielen. Sie sind die »Station« für Würstchen und Geburtstagskuchen, dazu Limonade, fertig ist der Geburtstag.

Wer von den Eltern Zeit und Lust hat, kommt dazu. Wenn jemand ein Instrument spielt, machen Sie zum Abschluss noch Musik; wenn nicht, tun es auch einfach Lieder – gemeinsam singen, das macht allen Spaß. Keine Bange, die Kinder werden mit strahlenden Augen dabei sein und die anderen Eltern sind dankbar, dass endlich jemand aufhört, diese riesigen Events zu veranstalten. Es sind die einfachen Dinge, die allen unter die Haut gehen, alle entspannen und klug machen.

Wenn Jahreszeit oder Wetter nicht mitmachen, dann können Sie mit Kindern drinnen eine Weile einfache Dinge spielen (Verstecken, Verkleiden, »Blindekuh«, Topfschlagen usw. – für Kinder aller Zeiten faszinierende Spiele, nicht zuletzt, weil sie in allen Variationen mit sozialen Themen spielen wie Verschwinden, Finden, Blind-Vertrauen usw.); danach folgt wieder die Freiheit kindlichen Spielens untereinander. Auch drinnen kann selbstgemachte Musik der krönende Abschluss sein (Töpfe eignen sich bestens für eine »Percussion«). Da es in der kälteren Jahreszeit früh dunkel wird, schaffen Laternen oder Kerzen zusätzlich Atmosphäre. Sie könnten bei Kerzenschimmer zum Abschied noch eine, dem Alter der Kinder entsprechende, also nicht allzu schwierige Geschichte oder ein Märchen vorlesen. Kinder werden Ihre »Geburtstagsfeiern« nicht vergessen.

DIE KINDER SELBST LATERNE-LAUFEN LASSEN

EIGENARTIGERWEISE IST DAS LATERNE-LAUFEN inzwischen zu einer Unternehmung geworden, bei der immer Erwachsene dabei sind. Der eigentliche Clou des Laterne-Laufens war einst, dass das Kind unter größeren und kleineren Kindern als Gruppe noch hinausdurfte, obwohl es schon dämmerte. Erwägen Sie, ob Ihr Mut es gestattet und Sie Kinder (dafür müssen Größere, also Schulkinder in der Gruppe sein) in der herbstlichen Dämmerung hinauslassen, um ohne Erwachsene Laterne laufen zu können. Gute Absprachen mit anderen Eltern erlauben, dass Kinder dort, wo es auf Dörfern, in Stadtvierteln und ruhigen Wohngegenden mit wenig befahrenen Straßen denkbar ist, als Gruppe mit Laterne oder Kürbisgeist[119] in die Dämmerung ziehen dürfen. Reflektoren an der Kleidung erhöhen zusätzlich die Sichtbarkeit. Das leichte Schaudern, wenn der Abend sich ankündigt, man auf eine Laterne oder einen Kürbisgeist mit Kerze aufpassen muss (kein elektrisches Licht, sondern Kerzen nehmen, das erhöht für Kinder die Spannung) und mit anderen Kindern durch Straßen und Winkel geistern darf – das ist eine der größeren Freuden im Herbst. Große Kürbisgeister halten Kinder dabei an den Einschnitten der »Ohren« oder balancieren sie begeistert auf dem Kopf. Bei einer guten Mischung aus älteren und jüngeren Kindern in der Gruppe, können Sie beruhigt sein. Die Kinder können Laterne laufen und passen nicht schlechter auf als ihre Eltern oder Großeltern. Sie erinnern sich an den Radius von Kindergenerationen noch vor dreißig, vierzig Jahren?

Schließlich gibt es im November auch den großen Laternenumzug, wirklich im Dunkeln, mit großen und kleinen Menschen, St. Martin auf dem Pferd und reichlich Liedern – wer freut sich darauf nicht? Dann ist es schön, wenn auch die Eltern dabei sind.

REGELMÄSSIGKEIT HILFT – TAGESABLÄUFE

MIT KINDERN IN JEDEM ALTER GILT: Regelmäßigkeit erspart Diskussionen. Außerdem tut sie Kindern und Erwachsenen gut. Wenn klar ist, wann abends gegessen wird, ist auch klar, wann Spielen zu Ende geht. Zugegeben, Tages- und Wochenrhythmen sind in Zeiten, in denen ständig alle irgendwohin müssen, schwierig. Noch ein Grund, das Leben mit Kindern nicht mit zu vielen Terminen vollzupacken – alles gemeinsame Leben kommt sonst extrem unter Absprachen-Druck. Verhandeln Sie so gut wie möglich an Ihrem Arbeitsplatz über feste Zeiten, die bei allen Mitarbeitern der Familie gehören. In skandinavischen Ländern wird das umgesetzt.[120]

WAS TUN MIT DEN MEDIEN?

IHRE KINDER SIND KINDER DER HEUTIGEN ZEIT und es wäre nicht richtig, sie aus der Welt der modernen Medien fernzuhalten. Es gäbe ihnen das Gefühl, dass sie und ihre Eltern nicht in dieser Zeit leben – und das finden Kinder sehr problematisch. Besser ist es, eine Zeit am Tag einzuführen, in der Ihr Kind für eine ausgemachte Zeitspanne – in diesem Alter eine kurze Zeit – die Medien benutzen, etwas anschauen oder spielen darf. Wenn Kinder ausreichend Interessantes für das Spiel untereinander haben, dann sind sie auch in der Lage, die Geräte nach der vereinbarten Zeit, wenn auch nicht immer gerne, wieder auszuschalten. Wenn Spiel-Erfahrungen warten, die anregen und aufregen, dann haben ganz »normale« Spielwelten in diesem Alter große Anziehungskraft, und die Angaben der Eltern werden respektiert.[121]

Auch in diesem Alter sind elterliche Regeln noch Gesetz. Absprachen mit Eltern der Spielkameraden für in etwa gleiche Regeln senken den Stress zwischen den Kindern. Medien sind ein hochinteressantes Thema für Elternabende in der KiTa, um sich auszutauschen; Referenten helfen dabei.[122]

Trotz Medien-Hype gilt noch: Je reicher Kinder in diesen Jahren an versonnener Spielerfahrung unter Kindern sind, desto resistenter sind sie gegen Langeweile. Kinder, die ausgedehnt spielen, haben viel inneren Reichtum, der sie ausfüllt, ohne ein Zuviel an Medien. Ihr reiches Innenleben erleichtert es ihnen noch lange, zu spielen. Und noch etwas: Weil sie reichlich Erfahrungen mit ihrer Kreativität und ihrem Ideenreichtum gemacht haben, sind Menschen auch nach der Kindheit ideenreich, was ihnen einen festeren inneren Boden für den Umgang mit Medien gibt.

ANZIEHEN, WASCHEN UND CO.

LIEBLINGSSACHEN ERLEICHTERN DAS MEISTE, denn sie sind das, was beim Baby der »Kokon« war. Richten Sie sich darauf ein, dass alle spielenden Kinder schmutzig werden, also geben Sie die Idee auf,

Ihre Kinder müssten täglich »wie neu« aussehen. Für alle ist das weniger anstrengend, denn Kinder sind handelnde Wesen, deren Kleidung eine Art »Arbeitskleidung« ist. Handwerker/Handwerkerinnen sieht man ihr Handwerk ja auch an. Die Kinder brauchen das bestärkende Gefühl, dass Schmutzigwerden sein darf, sonst fassen sie nicht recht zu (Erzieherinnen singen ein Lied davon!). Außerdem sollte man etwas angeschmutzte Kleidung nicht bei jedem Fleck gleich ausziehen. »Lieblingsdinge« zeigen nun mal Spuren des Lebens. Andere erleben dasselbe bei ihren Kindern. Anstatt *Pippi Langstrumpf* als Buchgestalt zu bewundern, ist es besser, wenn man entdeckt, welche kleine Pippi Langstrumpf (oder welcher Karlsson vom Dach) da mit einem lebt. Es ist gut für Ihr Kind, wenn es die immer gleiche, vielleicht auch etwas sonderbare Kleidung anziehen darf, um dann mit eigenen Einfällen aus sich heraus spielen zu können, es also sein darf, wie es ist. Außerdem sparen Sie noch dazu Nerven und Kraft, wenn Sie weniger waschen müssen.

Wenn Eltern sich darauf verständigen, muss es keinem mehr peinlich sein, wenn das eigene Kind nicht wie »aus dem Ei gepellt« aussieht. Die Nerven aller Eltern schont es, die Waschmaschine auch und, bei weniger Wäsche, die Flüsse und das Leben darin noch obendrein. Kinder interessieren sich übrigens für alles Leben, auch das im Wasser.[123] Für die Erwachsenen ist es hilfreich, das Thema Kinderkleidung bei Elternabenden zu besprechen.

Den Kindern reicht eine Katzenwäsche; die Spuren von Sonne und Wind draußen auf der Haut zu riechen, das ist abends herrlich; ab und an Duschen oder Baden genügt. Putzen Sie die Zähne, so gut es geht – Kinder-Zahnärzte beraten Sie dabei.

Da Kinder mit vier, fünf Jahren ein ausgeprägtes Körpergefühl von »Ganzheit« haben, kann es sein, dass sie bei – für unser Auge fast unsichtbaren – Rissen an ihrer Haut ein großes Schreien anfangen. Da hilft nur: alle Wunden schnell verschließen und zwar mit einem Pflaster auf die Haut. Es ist für das kindliche Gefühl: »Mein Körper ist vollkommen und hat und kann alles«, in diesem Lebensalter elementar wichtig.

LOSLASSEN VON KLEINKIND-GEWOHNHEITEN – DER SCHNULLER KANN GEHEN ...

WENN KLAR WIRD, dass man zu den »größeren« Kindern gehört und nicht mehr zu den Kleinkindern, ist es ein Leichtes, den Schnuller als Baby-Teil wegzugeben. Ganz leicht, ihn dorthin zu legen, wo der Osterhase wahrscheinlich sein Nest ablegt, oder in jenen Schuh zu stecken, den man für den Nikolaus vor die Tür stellt. Tatsächlich, am nächsten Morgen ist er weg, Osterhase oder Nikolaus haben ihn wirklich mitgenommen! Bei Osterhase oder Nikolaus ist ein »geliebter« Schnuller bestens aufgehoben. Nicht nur verblüfft, nein, stolz ist man auch noch als Kind, dass man jetzt groß ist.

HELFEN MACHT SPASS – MITARBEIT IM HAUSHALT

AUCH IN DIESEM ALTER HELFEN KINDER noch begeistert bei allem mit, was es in Haus und »Hof«, Bad, Keller, Speicher oder Küche zu tun gibt. Es nährt ihr Gefühl von Tüchtigkeit, wenn wir sie nicht nur als »Hilfsarbeiter« einsetzen. Niedere Arbeiten (wie Müll oder Flaschen wegtragen) machen alle, Kinder und Erwachsene, denn Kinder an den wirklich interessanten Tätigkeiten aktiv teilhaben zu lassen und sie ihnen teilweise schon zu überlassen, bestätigt ihren Selbstwert und fördert weiter ihre Fähigkeiten.

Nicht immer hat man Zeit und innere Ruhe, um ein Kind mitmachen zu lassen. Aber Kinder können vieles schon richtig gut und genießen die Erfahrung, dass sie für Erwachsene hilfreich sind. Deshalb will Ihr Kind den Staubsaugerschlauch führen, die Eier in den Kuchenteig aufschlagen, das Mehl in angesagter Menge abfüllen, Gewürze da oder dort hineinrieseln lassen, im Topf auf dem Herd richtig rühren, Wäsche mit aufhängen, bügeln, die Säge benutzen, eine Schraube aufdrehen usw.

Wenn es um Gefahren geht, z. B. am Herd, passen Sie ja selbst auf, dass nichts passiert. Im nächsten Schritt erinnern Sie auch das Kind daran, dass ein Herd heiß ist und man zusammen entsprechend gut arbeiten muss. Beim Einsatz von Maschinen muss man selbstverständlich Kinder deutlich anleiten, damit sie mit Händen und Nasen ausreichend Abstand halten. Alles bleibt in elterlicher Verantwortung. Wenn man Kinder dieses Alters an Gefahren erinnert, sind sie sehr bemüht. Kinder, ruhig, mit Umsicht einbezogen, sind hoch kooperativ. Es ist einfach zu interessant zu sehen, was beim Kochen und Handwerken geschieht, also hilft Ihr Kind ernsthaft und mit besagter Vorsicht mit.

Das gilt für alle Tätigkeiten im und ums Haus. Es freut und stärkt Kinder, ihre Hände werden geschickt, ein Leben lang hilft es ihnen auf allen Ebenen, und Sie bekommen es durch Geschicklichkeit und Umsicht zurück, wenn Sie später Hilfe brauchen.

GEMEINSAM GEHT ES BESSER –
AUFRÄUMEN

ZU IHRER BERUHIGUNG: Viele Kinder sind überfordert, wenn sie ganz alleine aufräumen müssen. Und allen Menschen (mir übrigens auch) tut es gut, wenn jemand hilft.

Erwachsenen fällt – wegen ihres größeren Überblicks und ihrer größeren Schnelligkeit – keine Perle aus der Krone, wenn sie abends auf dem Boden herumkriechen und Sachen suchen. (Wenn Sie das Aufräumen ärgert, lesen Sie vorher bei Pippi,[124] wie sie Sachensucherin ist. Ich schwöre Ihnen, schon ist Ihre schlechte Laune weg! Und in Zukunft werden Sie jedes Mal schmunzeln, wenn Sie beim Einsammeln aller Dinge da und dort feststellen, was für ein guter Sachensucher Sie sind, zumindest für den Anfang und auf den Fußböden Ihrer Wohnung.) Auch noch mit vier, fünf oder sechs Jahren lieben es Kinder übrigens, wenn man die Spielsachen weiterhin als lebendig behandelt, also sagt: »Komm, wir versorgen schnell alle, es ist Abend und alle brauchen ihren guten Platz für die Nacht.« Manchmal hat man weniger Lust und Energie, dann sucht man die »Schlafplätze« schneller und schweigender. Aber wenn es geht, hilft es, eine freundliche Atmosphäre und Liebenswürdigkeit gegenüber den Spielsachen zu verbreiten (wie für Ein- bis Dreijährige beschrieben); bringen Sie gemeinsam die Puppen ins Bett und die Tiere in den »Stall«, die Fahrzeuge in ihre »Garagen«. So erfahren Kinder jeden Abend: Gemeinsam geht es besser. Und wenn Tiere und Puppen versorgt werden, dann erleben Kinder, dass wir angemessen mit Sachen umgehen. Nicht nur unterstreicht es die Fürsorge gegenüber »beseelten« Dingen, sondern es stärkt die Sorgfalt der Kinder im Umgang mit ihren

Sachen generell. Und es bestärkt die bessere Wahrnehmung von allem, womit Kinder spielen. Nicht zuletzt hilft das allabendliche Aufräumen, damit nach Trubel und tatkräftigem Arbeiten und Spielen überall wieder Struktur (feste Plätze für alles) und Ruhe (Gute-Nacht-Sagen) einzieht. Spielszenarien fürs Weiterspielen am nächsten Tag bleiben stehen.

Aufräumen im Äußeren hilft, dass Kinder auch im Inneren zur Ruhe kommen. (Und den Seelen der Großen tut es ebenso gut.) Kinder lernen zusätzlich, Sachen gut zu unterscheiden und zu sortieren, merken sich hervorragend Systematiken usw. (In meinem Arbeitszimmer wissen manche Kinder inzwischen besser, wo welche Spielsachen sind, als ich.) Ein wichtiger Punkt ist die Empathie, dieses stete »Gemeinsam geht es besser« – es läuft als »Faden« abends mit. Wenn auch die, die das Sagen haben, also »die Chefs«, sich nicht zu gut sind, selbst mit anzupacken, macht Arbeit bessere Laune. Und Ihr Kind erfährt allabendlich, was gute Zusammenarbeit und eine gute Chefin/einen guten Chef ausmachen …! Dazu gehört übrigens auch, dass Sie, wenn Ihr Kind in diesem Alter abends sehr müde ist, als »Chef« kurzerhand etwas mehr aufräumen.[125]

GERECHT UND GÜTIG – KONSEQUENZEN AUFZEIGEN

AUCH IN DIESEM ALTER GILT DAS PRINZIP: »Wenn das jetzt nicht geschieht, kann dies oder jenes nicht stattfinden.« Seien Sie durchaus konsequent, aber dabei weder kalt noch zu hart. Härte heizt Kinderängste und neuen Streit an. Logik reicht. Es genügt in aller Regel, wenn Kinder den »großen Bogen«, die Richtung guter Erziehung im Wesentlichen mitbekommen, man muss dann nicht kleinlich werden. Kinder sind klug und verstehen schnell. Sie wissen auch, wenn sie zu weit gegangen und zu sehr über die Stränge geschlagen sind und akzeptieren dann auch allemal die Konsequenzen. Generell ist man klug beraten, bei aller Eindeutigkeit und Strenge »Gerechtigkeit und Güte« walten zu lassen, das stärkt den gegenseitigen Respekt.

Für das Maß an Güte bzw. bei Unsicherheit, ob Sie sich Ihrem Kind gegenüber mehr durchsetzen müssen, hilft die Frage: Geht eine Seite »beschädigt« aus der Situation hervor? Dabei ist das Maß immer: Respekt und Würde aller sind wichtig. Keiner beschädigt oder demütigt den anderen, Eltern ihre Kinder nicht, aber ein Kind seine Eltern auch nicht.

VON EXTRAWÜRSTEN UND TISCHMANIEREN

AM BESTEN ERLEDIGT SICH DAS THEMA ESSEN, wenn Kinder so oft wie möglich mit anderen Kindern am Tisch sitzen. So lernen sie am schnellsten, sowohl vieles zu essen, was es für alle gibt, als auch, sich an Regeln zu halten.

Was sollten Kinder essen müssen? Am besten kochen Sie für Kinder ganz »normal«, mit etwas Rücksicht darauf, was Kinder manchmal gar nicht mögen (man muss z.B. nicht zu oft Fisch essen, wenn Kindern das nicht schmeckt, auch geht manches Gemüse nicht, wie der klassische Spinat – der Kinderarzt H. Renz-Polster erklärt uns, warum[126]). Aber kochen Sie nicht ausschließlich nach Kindergeschmack. Ihr Kind soll ja nach und nach die ganze Palette von Speisen kennenlernen. Man kann die Regel einführen:

Jede/jeder isst alles oder versucht zumindest ab und zu, ob es inzwischen vielleicht doch schmeckt. Die Regel kann auch sein: Es gibt, was für alle auf dem Tisch steht; aber wer das Essen einmal gar nicht essen kann – als Kind hat man andere Geschmacksnerven als Erwachsene – bekommt alternativ ein Butterbrot.[127] Das hat den klugen Nebeneffekt: Kein Kind muss je hungrig vom Tisch, Butterbrote sind keine Extrawürste, die andere Kinder ständig neidisch machen könnten.

Wenn Kinder ganz allmählich üben, ihre Zunge mit allen möglichen Geschmacksrichtungen bekannt zu machen, erhöht das wieder ihren Radius und ihre Unabhängigkeit, denn sie können ohne weiteres bei anderen Leuten mitessen, wenn sie dort am Tisch sitzen. Für andere Eltern ist es ebenfalls eine Erleichterung, denn es ist für alle anstrengend, wenn Kinder zu langfristig wählerisch bleiben. Eltern müssen den Gasteltern dann regelrechte »Gebrauchsanweisungen« für ihr Kind mitgeben.

Unkompliziert essen zu können, ist auch deshalb gut, weil man dadurch Respekt füreinander lebt. Respekt demjenigen gegenüber, der/die kocht, indem man isst, was er/sie für alle Anwesenden mit Zeit und Arbeit gemacht hat (mit den kleinen Ausnahmen, wenn ein Kind etwas gar nicht essen kann). Vergessen Sie dabei nicht: Vielfältig zu essen, wird im Lauf von mehreren Jahren gelernt.

Wie gesagt, lieben Kinder ab drei, vier Jahren es, Regeln zu lernen. Weil sie stolz sind, dass sie soziale Regeln jetzt verstehen, achten sie genauestens darauf, dass jeder sie einhält. Dies ist also ein geeignetes Zeitfenster, um mit Ihrem Kind Tischmanieren zu lernen; denn Sie selbst bekommen sie auch wieder beigebracht (»Mama, man darf nicht mit vollem Mund reden!«).

Als Kind im Lauf der Jahre die allgemeinen Tischsitten zu lernen, ist sinnvoll. Mir ist noch die Begründung unserer Kindertage im Ohr: »Wenn ihr eines Tages bei der englischen Königin eingeladen seid, dann hat jeder nur wenig Platz an der Tafel, da müsst ihr mit anliegenden Armen gut mit Messer und Gabel essen können«. Als Besuch bei einer echten Königin? Bei der Aussicht staunte man in dem Alter nicht schlecht und übte … Ob bei der Queen oder bei Bewerbungs- oder Arbeitsessen – man hat als Erwachsener weniger Schweißausbrüche und ruhigeren Boden unter den Füßen (egal wie angenehm man die Gesellschaft letztlich findet), wenn man gute Manieren als Kind erlernt hat. So wie Kinder in allem anderen ihre Geschicklichkeit üben, machen sie das in diesem Alter auch gerne bei Tisch. Sie als Eltern müssen recht wenig tun, außer es richtig vorzumachen. Aber, lassen Sie Ihrem Kind Zeit.

Sollten Sie angesichts mangelnder Manieren je zu schnell ungeduldig werden, ein Vorschlag für Ihren gemeinsamen Spaß: Veranstalten Sie mit mehreren Kindern ein »feines Essen«, indem Sie sich besonders fein anziehen, sich mit besonders feinen oder witzigen Namen anreden, also ausschließlich »Sie« zueinander sagen und füreinander Anreden wie Frau Rosenblatt oder Herr Lindgrün oder Frau Prof. Dr. Lebensfroh oder Ähnliches gebrauchen. Alle sollen richtig spüren, wie vornehm die Gesellschaft ist, die auf besondere Weise hier zusammensitzt. Sie werden merken, das macht allen »Gästen« ziemlich viel Vergnügen und ganz nebenbei werden auch noch gute Sitten geübt. Man kann es ausdehnen, indem ein, zwei Kinder den Kellner/die Kellnerin spielen. Sie werden staunen, wie gerne auch vier- oder fünfjährige Kinder solch eine Rolle übernehmen und genauestens beobachtet haben, was Erwachsene in dieser Rolle tun, was für die Bedienung anderer dabei hinsichtlich Sprechen und Gestus nötig ist. Kinder spielen exakt nach! Man hat viel zu lachen und es macht gute Laune.

Verbindliche Rituale zu Beginn und Ende jeder Mahlzeit tun allen gut, sowie die Regel: »Alle Kinder dürfen vom Tisch, wenn alle Kinder fertig sind«. Die Kinder spielen dann wieder, die Erwachsenen plaudern.

Beim Tischabräumen ist statt der weit verbreiteten Regel: »Jeder bringt seinen Teller zur Spülmaschine«, besser, ein oder zwei Kinder haben abwechselnd Tisch- oder Küchendienst. Kinder lernen dann nämlich, für alle in der Gruppe zuständig zu sein und allein oder besser zu zweit für mehrere etwas zu erledigen und dabei an alle und alles zu denken. Und sie lernen wahrzunehmen, ob für alle alles gemacht ist. Dabei brauchen Vier- oder Fünfjährige da und dort noch Hilfe durch Erwachsene oder größere Kinder. Ab etwa sechs Jahren können Kinder vieles schon gemeinsam, ohne Erwachsene erledigen. Jetzt ist die Zeit, in der es Kindern Spaß macht, mit Sorgfalt und Umsicht etwas vollständig selbst zu machen. Auch für die Zukunft ist das gut, weil man auch später mit so tatkräftigen, umsichtigen Leuten gerne zusammen ist.

FÜR ALLE ERHOLSAMER – URLAUB IN DER KARAWANE

FÜR ERHOLSAME FERIEN MIT KINDERN ist es das Beste, mit befreundeten Familien das »Dorf« dabei zu haben. Mit Kindern reist man nun mal als »Karawane« weitaus besser! Jede Familie sollte sich ins eigene »Zelt« zurückziehen können, aber man ist doch nah genug beieinander, dass die Kinder sich auf einfachste Weise gegenseitig finden. Vielleicht können Sie besonders weite Wege meiden, denn auch da sind Kinder noch immer genauso wie eh und je und fragen bei der ersten Oase: »Sind wir jetzt daaaa?« Schöne Ferien mit Kindern sind nicht unbedingt weit entfernt.

Wenn Sie dann »da« sind und bei Ihrer Reiseplanung daran gedacht haben, dass der Weg nach draußen und zueinander für jüngere Kindern leicht sein sollte, dann erhöht das den Erholungsfaktor für alle Eltern enorm. Gleich ist da wieder die Gruppe der Kinder, die schon geübt ist im Zusammenspielen, die nichts von den Erwachsenen will, außer spielen, spielen, spielen zu dürfen. Sie als Eltern haben sofort die ersehnte Urlaubs-Ruhe zum Lesen, Plaudern, Shoppen, Dösen oder Spielen unter Erwachsenen.

Je reichhaltiger und intensiver die Natur- und Tierwelt ist, umso weniger sehen Sie von allen Kindern. Weitaus abenteuerlicher als jedes Kinder-Ferien-Animations-Programm ist das sowieso. Übrigens: Bei einer solchen Karawanenreise begegnete uns mal ein Zahnarzt, der Büsche verzaubern konnte, so dass sie neben den Blättern Schokolade austrieben. Wir alle staunten täglich nicht schlecht, dass ausgerechnet bei einem Zahnarzt Schokolade auf Ästen wuchs!

Eltern, die stundenweise ohne Kinder die »Karawane« verlassen, sollten trotz aller Urlaubsgefühle verlässlich im Wiederkommen sein. Kinder neigen dazu, sich Sorgen zu machen, in der Fremde unter Umständen plötzlich auch mit der Fantasie: »Wer sorgt für mich, wenn Mama/Papa was passiert und ich hier alleine bleibe?«

KINDER BEWÄLTIGEN VIELE ÄNGSTE, indem sie sich in ihren Fantasien »Begleiter« schaffen, so dass sie nicht allein sind. Das muss Sie nicht beunruhigen. Fantasierte Begleiter sind genau wie Puppen oder Kuscheltiere deshalb so wichtig für Kinder, weil sie ihnen aus mancher Not heraushelfen. (Bei *Lotta aus der Krachmacherstraße*[128] kann man diese wichtige Bedeutung eines Teddys nachlesen, der genau genommen, ein rosa Schweinchen ist.)

Kinder machen sich vielfältige Gedanken zu vielfältigen Gefahren und denken daran, wie ausgeliefert sie wären, sollte ihnen eine dieser Gefahren womöglich wirklich geschehen; manchmal gehen ihre Fantasien sehr weit. Ihre Rettungsfantasien und Begleitgestalten sind die eine Sorte Hilfe – die, die sie aus sich selbst heraus haben. Aber, Kinder wissen auch, dass manche Gefahren ganz real bestehen und womöglich nichts und niemand ihnen ohne weiteres helfen könnte. Da ist es dann gut, einfühlsame Erwachsene zu haben, die sich hineindenken können in ein Kind – das ist die Hilfe, die sie von außen bekommen können.

Besonders denken Kinder, etwas Schlimmes könnte eintreten und sie selbst hätten Schuld oder Mitschuld daran. Vieles, was sich in einem Kinderleben ereignen kann, bezieht ein Kind auf sich selbst und meint, etwas sei geschehen, weil es als Kind z. B. noch so kindlich unordentlich oder so frech oder so mühsam ist. Es hat mit Entwicklungsprozessen der kindlichen Psyche zu tun und ist nicht zu ändern. Kinder sprechen ihre Gedanken in der Regel nicht aus, für sie ist es, wie es ist. Die meisten ihrer Fantasien machen sie mit sich alleine aus. Auch das ist so. Am ehesten erzählen sie anderen Kindern, was ihnen durch den Sinn geht.

Auch wenn wir uns einfühlen, erfassen wir nicht immer, was in einem Kind vorgeht. Aber es ist gut, wenn wir uns in bestimmten Situationen immer wieder klar machen, dass Kinder sich Sorgen machen. Und wenn wir uns daran erinnern, dass sie das, was gerade geschieht, auf sich selbst beziehen, dann können wir durch hilfreiche Äußerungen die »stillen« Sorgen eines Kindes entlasten.

Wenn Sie als Eltern unvermittelt wohin aufbrechen, sollten Sie Ihrem Kind auch in diesem Alter noch versichern, dass Sie zu einem bestimmten Zeitpunkt wiederkommen. Machen Sie bei Vier- und Fünfjährigen noch eine Zeitangabe, die Ihr Kind nachfühlen kann, also nicht: »In drei Stunden«, sondern: »Vor dem Mittagessen, nach der Mittagsruhe, bevor es Abendessen gibt … sind wir wieder da.«

Häufig bekommt ein Kind, dem gerade ein Missgeschick passiert ist, inneren Stress. Sagen Sie zu ihm etwas wie: »Du kannst jetzt gar nichts dafür, es wäre meine Sache gewesen, daran zu denken, dass …« Besonders wichtig ist das, wenn Missgeschicke nicht zu Hause passieren, denn auch jüngeren Kindern ist es sehr unangenehm, wenn sie durch ihr kindliches Verhalten bei anderen Leuten Schaden anrichten.

Bei existenziellen Sorgen, wenn jemand krank wird (ganz besonders ein Elternteil) denken Sie daran, dass ein Kind gleich heftigere Gedanken hat und sich größere Sorgen macht, dass Mama oder Papa womöglich sterben könnte. Also versichern Sie Ihrem Kind: »Mach dir keine Sorgen, Mama/Papa hat nur eine Grippe, ein Bein gebrochen …« Erklären Sie so gut wie möglich, was jetzt zur Heilung unternommen wird, wie die Lösungen für zu Hause aussehen, sollte ein Elternteil im Krankenhaus bleiben müssen. Dann kann Ihr Kind einschätzen, was derzeit passiert und was geplant wird. Klarstellende, Fantasien eindämmende Sätze helfen Kindern sehr.

Sollte es um richtig ernste Dinge gehen (bei schwerer Krankheit, echten Existenzängsten, Arbeitslosigkeit, Trennung, Lebenseinschnitten), ist es wichtig, wahrheitsgemäß – Kinder spüren sehr genau, wenn es ernst ist, ihr Gespür lässt sich nicht trügen – und doch kindgerecht zu sagen, was los ist. Kindgerecht heißt dann: nicht zu dramatisch zu sein und zügig zu vermitteln, dass die Erwachsenen sich kümmern, dass sie ihr Möglichstes tun, damit sich vieles wieder gut entwickeln kann.

Wir können als Erwachsene natürlich nicht alles regeln, das weiß ein Kind. Das heißt, wenn Sie nicht wissen, wie Schwieriges ausgeht, sollten Sie nicht versprechen: »Es wird alles wieder gut.« Besser sagen Sie: »Wir Erwachsenen kümmern uns, damit alles wieder besser werden kann. Wir schauen auch die ganze Zeit nach dir/euch und suchen Lösungen, die für dich/euch möglichst gut sind.« So oder ähnlich könnte ein ehrlicher Satz sich anhören. Erwachsene sind in aller Regel ernsthaft darum besorgt, Schaden von ihren Kindern fernzuhalten. Ein als »ehrlich« empfundener Satz wird von einem Kind jedoch auch als haltgebend, versorgend erlebt.

Sollten Sie als Elternteil mit etwas derzeit zu sehr belastet sein, dann bitten Sie unbedingt Großeltern oder Tanten/Onkel oder Freunde der Familie, dass sie die haltgebenden Funktionen für ein Kind übernehmen. Wenn man mit Kindern gut zuhörend im Gespräch ist, dann zeigen sie oft selbst, was ihnen hilft.

Das folgende ganz alltägliche Beispiel kennen alle am Abend. Wenn Zimmerecken in der Fremde oder auch Zuhause voller ängstigender Gestalten sind, hilft es bei Vier- und Fünfjährigen nicht, nur zu sagen: »Die Gespenster gibt es alle gar nicht.« In diesem Alter sind Geister und Gespenster noch da, sie sind gewissermaßen innere Bilder für bestehende Ängste (z. B. vor Gefahren, die da sind, sobald man als kleines Kind allein ist) und sind als solche für ein Kind real. Den Weg mitzugehen, den ein Kind einschlägt, also mit einem Schmusetier (am besten noch einem, das Stärke ausdrückt) zu sprechen, hilft durchaus: »Ja, Bär? Du passt auch im Dunkeln auf Anton auf, machst du das?« Mit dem Bär im Bett hat Ihr Kind noch einen Gesprächspartner, der hilfreich ist, um Ängste fernzuhalten.[129]

Aber auch in komplizierteren Situationen dürfen Sie als Eltern Ihrem Gespür vertrauen, denn häufig erahnen Sie, in welcher Weise Ihr Kind Halt und Antworten braucht. Sehr oft hat man einen siebten Sinn und dadurch hilfreiche Eingebungen, auch Bilder, mit denen Kinder Gefühle und Ängste in Worte fassen. Bilder eines Kindes beantwortet man am besten ebenfalls mit Bildern.

»WARUM?« UND ANDERE FRAGEN – GESPRÄCHE MIT IHREM KIND

NICHT NUR ÄNGSTE, SONDERN GENERELL DIE GROSSEN FRAGEN des Lebens beschäftigen Kinder jetzt häufig. Freuen Sie sich darauf, es sind tolle Zeiten. Ich finde Gespräche mit Drei-, Vier-, Fünfjährigen, die noch nicht ausschließlich realistisch denken, sondern zwischen inneren Bildern und realen Beobachtungen frei hin- und hergehen können, gehören zum Interessantesten, was man erleben kann. Mal früher, mal später, aber etwa mit drei Jahren haben Kinder die große »Warum«-Frage-Zeit. Sie werden feststellen, dass auf jede Antwort, die Sie geben, ein neues »Warum?« folgt. Antworten Sie nicht zu kompliziert, geben Sie naheliegende, in die kindliche Vorstellungswelt passende Antworten. Folgen Sie Ihrem Kind mit zu den inneren Bildern auf seinen Fantasiereisen – also sagen Sie nicht nur Dinge, die sachlich korrekt sind; formulieren Sie einfach und sagen Sie manchmal auch etwas, was Ihnen im Moment humorvoll in den Sinn kommt. Kinder lieben es durchaus, wenn die Realität und Erklärungen dazu, sich mit Witz und Fantasie paaren. So behauptete unser Großvater einmal bei Tisch, zu der Frage, wie herum eine Tasse zu halten sei: In der Stadt, in der er lebte, gäbe es in Kaufhäusern ganze Regale mit Tassen, die hätten den Henkel links. Wir Kinder staunten nicht schlecht darüber. Keine einzige Tasse mit dem Henkel rechts? Gleichzeitig ahnten wir, dass Großvater irgendwo einen Spaß versteckt hatte – nur wo?

Genau diese Mischung aus »echt« und »fantasievoll« macht Kindern in diesem Alter knisternde Gefühle und ausgesprochen viel Freude.

Bei den Vier- und Fünfjährigen tauchen dann zusätzlich Fragen auf, die regelrecht philosophisch sind. »Wo war ich, als ich noch nicht auf der Welt war?«, ist eine klassische Frage, die Kinder in diesem Alter stellen. Die Antwort: »Du warst in Mamas Bauch…«, beantwortet die Frage einerseits irgendwie naheliegend und durch körperliche Geborgenheit auch beruhigend. Aber man spürt andererseits, dass ein Kind in diesem Alter weiter, größer, tiefgründiger nachdenkt. Wo waren wir, als wir noch nicht auf der Welt waren?

Ihr Kind will in diesem Alter den »großen Fragen« nachgehen, und gar nicht unbedingt fertige Antworten parat haben. Seien Sie unerschrocken, gehen Sie innerlich mit Ihrem Kind mit und nehmen Sie dazu Bilder, Vorstellungen, die zu Ihnen passen. Unternehmen Sie mit Ihrem Kind zusammen innere Reisen und gehen Sie dadurch gemeinsam den großen Fragen des Lebens nach. Sie werden wunderbare Gespräche haben, die Sie weit über wissenschaftlich korrekte, realistische Antworten hinausführen werden. Kinder geben reiche Antworten aus ihrem Empfinden für die Welt heraus.

So kann es sein – und das nicht nur bei Kindern, die religiös erzogen werden – dass ein Kind auf die Frage, wo es war, bevor es auf die Welt kam, die Antwort gibt: »Ich habe ganz weit oben im Himmel gesessen und euch alle von oben ganz genau gesehen und euch zugeguckt.« Kinder im Vorschulalter sind noch so nah an allen ihren Gefühlen und haben ein gutes Gespür, wie sich die Dinge in der Tiefe verhalten. Sie sind mit ihrer Art, zu sehen und zu denken, den großen Wahrheiten vielfach noch näher als alle nüchternen Erwachsenen. Nicht umsonst unterhalten sich Quantenphysiker mit asiatischen Weisheitslehrern. Denn zwischen dem Beobachten und Wissen im Hier und Jetzt und dem Nachdenken über die fast unbegreiflichen Dimensionen des Lebens besteht eine erstaunliche Nähe. Genau so eine Mischung von Staunen, Sich-Wundern und Wissen tragen Kinder im Vorschulalter in sich – wenn man sie lässt.

Wenn Sie dann genug gesprochen haben und Sie – wir Erwachsenen sehnen uns manchmal schneller danach als ein Kind – etwas Ruhe haben möchten, Ihr Kind aber nicht zu reden aufhört, dann bitten Sie Ihr Kind, dass es jetzt eine Pause zulässt. Immer nur zu reden birgt die Gefahr, Dinge zu zerreden, und strengt alle an. Bei allem Verständnis für interessante Fragen, für Diskussionen oder Erörterungen – manche Kinder neigen dazu, ständig zu reden.

Sollte Ihr Kind zu dieser Art »Dauerredner« gehören, sagen Sie ruhig, dass Sie jetzt fünf bis zehn Minuten einfach Ruhe brauchen. Um fünf bis zehn Minuten besser abwarten und einschätzen zu können, hilft es, den Küchenwecker zu stellen. Mit ihm sieht Ihr Kind, wie die Zeit läuft, und wenn der Wecker klingelt, kann wieder geredet werden. Bis dahin – mal wirklich keinen Piep! Mit humorvoller Mimik können Sie dem Kind klar machen, dass der eigene Mund jetzt gar nicht sprechen kann (er ist quasi wie zugeklebt). Ihr Kind erlebt dann, dass Stille für eine Weile möglich ist und – vorbeigeht. Für manche Kinder (und deren Eltern) ist es hilfreich, das Ruhig-Sein in kleinen Einheiten zu üben. So wie manche Babys durch zu viel Zappeln überdrehen, so »zappeln« manche größeren Kinder durch Sprechen, was auch nervös macht. Jetzt hilft Kindern die Erfahrung, dass man sich gegenseitig hat, auch wenn man nicht dauernd durch Reden aktiv im Kontakt ist.

Kinder können Stille natürlich auch geheimnisvoller erfahren: wenn Sie zum Beispiel an einem Morgen, an dem Sie früh wach sind und sich des Lebens freuen, mit Ihren Kindern in die Wiesen oder in den Wald gehen, um gemeinsam zu erleben, ob Sie Tiere sehen. Zu früher Tageszeit sind diese ja noch da und zeigen sich manchmal, wenn man mucksmäuschenstill ist.

ZUM SCHLUSS NOCH EINMAL DAS THEMA SCHLAFEN, das so viele Eltern mit Kindern heute beschäftigt. Wie kommt man zu erholsamem Schlaf?

Viel Licht im Freien macht Menschen tagsüber blitzwach und aufnahmefähig, und Licht unter offenem Himmel schafft gleichzeitig die Voraussetzung, dass man nachts tief schlafen kann. Für körperliche Gesundheit und die Aufnahme-/Lernfähigkeit von Kindern ist Tageslicht entscheidend. Auch ein inzwischen häufiges Problem, die Gewichtszunahme, hat mit Stoffwechselprozessen zu tun – mangels Tageslicht.[130] Es gibt also ausreichend Argumente dafür, dass Kinder im Freien spielen müssen.

Auch jetzt ist noch gut, dass Kinder über Mittag eine Pause machen, sich auch schlafen legen, so lange jüngere Kindern es mitmachen. Die Kleineren schlafen (manche Vierjährige tun es durchaus), die Großen machen etwas Ruhiges. Das alles in möglichst gemütlich-wohliger Atmosphäre, denn das macht Mittagspausen zu etwas Schönem. Die schaukelnde Hängematte hilft allen, die sich in Bezug auf Pausen schwerer tun.

In aller Regel haben Kinder jetzt ihr eigenes Bett. Trotzdem sind und bleiben Kinder kleine Herdenwesen. Als solche wollen sie weiterhin gerne die Nähe von anderen spüren. Das heißt, es ist nicht wichtig, dass ein Kind allein in einem Zimmer schläft. Das kommt viel später – wenn es sein soll, es muss gar nicht immer sein. Zusammensein ist für Kinder wohltuend. Auch wenn sie streiten, wohnen Kinder gern lange mit ihren Geschwistern in einem Zimmer. Das Für-sich-Sein ist ein Bedürfnis von Jugendlichen und Erwachsenen, es ist ganz selten ein Bedürfnis von

Kindern. Schlafen geht weiterhin besser, wenn da jemand ist, das heißt, wenn Kinder beieinander schlafen dürfen.

Die Einrichtung von einzelnen Kinderzimmern für jedes einzelne Kind ist daher unnötig. Kinder spielen ja sowieso nicht nur im Kinderzimmer, sondern da, wo das Leben »spielt«. Man kann aus einem Zimmer das Kinder-Schlafzimmer machen, in dem alle jüngeren Kinder des Hauses und die, die zeitweise zu Besuch kommen, gemeinsam schlafen. Das ist vergnüglich, denn so können Kinder vor dem Einschlafen reden und kleine Albernheiten machen, das hilft bei Ängsten aller Art, gerade gegen die »Geister« des Alleinseins. Und: Mehrere Kinder in einem Zimmer entlasten auch die Eltern. Denn Kinder, die sich beim Einschlafen gegenseitig haben, brauchen keine Erwachsenen.

Sie als Eltern haben jetzt Feierabend und können sich Ihren eigenen Dingen widmen: Ihrer Zeit, Ihrer Liebe, Ihren Interessen, worauf immer Sie Lust haben. Und am nächsten Morgen, nach einer verträumten Nacht, bleiben Sie in Ihrem guten Gefühl, bleiben sich treu. Lieben Sie das Tagträumen! Und vielleicht denken Sie daran: Wirklich Kind sein zu dürfen, über viele Jahre, auch noch lange während der Schulzeit, lässt Kinder reich an Gefühlen und Ideen sein. Sie haben Ihr Kind gern, wie es ist, auch mit aller kindlichen Schwäche. Es tut ihm gut, weil es Kind-Sein nicht als »zu klein«, »zu viel Mühe«, »Noch-nicht-Funktionieren« erlebt, sondern vielmehr als kreatives Potenzial. Bei Eltern wie Ihnen ist es »richtig« und darf die ganze Kindheit über Kind sein. Diese Erfahrung bewahrt Ihr Kind davor, zu früh »cool« werden zu müssen. Und in Ihrem Zusammenleben mit aller

Trödelei hat es eine gute Ausstattung für alles, was noch kommt in seinem Leben.

Und ich erlaube mir jetzt wieder, zu meinen anderen Büchern zu gehen, zuallererst zu meinem Lieblingsdichter Fritz, der sich schon zu seiner Zeit sehr für menschliche Freiheit, gegen Funktionalisierung und Spezialisierung von Lebensläufen aussprach. (Wir, Sie und ich, samt neurobiologischen Hirnforschern sind also in bester Gesellschaft.)

Nach allem, was ich aufgeschrieben habe und Sie jetzt gelesen haben, können wir es auch kurz und knapp sagen:

»Der Mensch spielt nur, wo er in voller Bedeutung des Worts Mensch ist, und er ist nur da ganz Mensch, wo er spielt.«

Friedrich Schiller (1759–1805)
Über die ästhetische Erziehung des Menschen

DANK

HERZLICHEN DANK SAGE ICH ZUALLERERST UNSEREN ELTERN, die uns Kinder im Spiel respektierten, mittendrin im Haus, uns aber auch sehr weit weg verschwinden ließen; ebenso dafür, dass sie als Paar Respekt lebten und uns so die Erfahrung ermöglichten, dass Sorge für Kinder ganz gleichberechtigt ist zur Arbeit außer Haus. Vielen Dank an meine große Familie für die Vielfalt an Erfahrungen mit Kindern und Erwachsenen.

Ich danke meinen Lehrern, Mechthild Behren, Jörg Scharff, Mechthild Papoušek, Luise Reddemann, Karl Bender, Thomas Harms und Franz Renggli, die mich auf ihre jeweilige Weise die Vielschichtigkeit menschlichen Erlebens gelehrt haben.

Dem Landkreis Tübingen danke ich für den Kooperationsvertrag, der die Arbeit für Familien auf vielen Ebenen stärkt.

Der Stadt Tübingen danke ich für den respektvollen Bürgerdialog, der bewirkt, dass viele der hier beschriebenen Anregungen real stattfinden: Elisabeth Stauber für die warmherzige Zusammenarbeit im Bündnis für Familie, besonders für ihr Engagement gegen Armut von Familien; Uta Schwarz-Österreicher für ihr immer offenes Ohr für Belange sozial schlechter gestellter Menschen und ihren Mitarbeiterinnen dafür, dass wir die Elterntreffs an KiTas zügig umsetzen konnten; allen Engagierten dort für ihr Engagement und ihre Zeit; Gertrud van Ackern für ihre Unterstützung für naturnahe Spielorte; Albert Füger dafür, dass er unser Anliegen diesbezüglich sofort aufgriff und stetig umsetzt; den Stadtplanern generell für ihre familien- und spielfreundliche Quartierplanung, die Kinder zueinander finden lässt; Christine Arbogast dafür, dass sie, kaum im Amt, sich für das Thema Freiheit von Kindern einsetzt; Boris Palmer, der mit Beginn seiner Amtszeit die Schirmherrschaft für das Bündnis für Familie Tübingen übernahm; dem Gemeinderat der Stadt und allen ehren- und hauptamtlich Engagierten im Bündnis für Familie gilt mein ganzer Dank für ihren vielfältigen Einsatz für Familien.

Bettina Jellouschek-Otto danke ich sehr für die lange, konstruktive Zusammenarbeit in der Ausbildung von Familienhebammen und dafür, dass sie hier die entscheidende Hebamme war; Helga Schweitzer, Leiterin a.D. der Staatl. Hebammenschule Tübingen dafür, dass sie ab Ende der 1980er Jahre mit mir den Dialog führte und mir Gelegenheiten bot, für eine verbesserte Situation für Eltern und Säuglinge einzutreten; Magdalene Weiß, Präsidentin a.D. des Deutschen Hebammenverbandes für die hoch interessanten Tagungen, die mir entscheidende Impulse gaben; Helga und

Magdalene und allen Lehrhebammen Tübingens herzlichen Dank für alle unterstützenden Gespräche!

Meinem Arbeitgeber danke ich für den Rahmen und sämtliche Voraussetzungen, die mir die hier beschriebenen Erfahrungen und die Hilfe für Schwangere und Familien mit Babys überhaupt ermöglichen. Meinen Freunden allen, stellvertretend Irmela Gehrke, Hannele Hampel und Gudrun Freigang, danke ich sehr für die stete Versorgung mit körperlicher und seelischer Nahrung im vergangenen halben Jahr; Dietlinde Ellsässer für ihre herrlich inspirierende Post! Meiner Verlegerin Mathilde Fischer gilt mein herzlicher Dank für ihre freundliche, anhaltende Ermunterung, auf alle Fälle zu schreiben, und Dorothee Dziewas für ihr feinfühliges Lektorat; Jana Eisele und Mirjam Seits mit Kindern danke ich sehr für ihre Bereitschaft, Modell zu stehen.

Last but not least gilt mein herzlicher Dank allen Schwangeren und Eltern mit kleinen Kindern, die mir ihr Vertrauen entgegenbringen.

ANMERKUNGEN

1 Studien dazu in L. Janus (2011): Wie die Seele entsteht; T. Verny (1981): Das Seelenleben des Ungeborenen; ganz konkret nachzulesen ist das in: M. Szejer (1997): Platz für Anne.

2 70 % aller Bundesbürger wollen im Alter zu Hause bleiben und am besten von Angehörigen (mit ambulanten Diensten) versorgt werden. Pressemitteilung der R+V-Versicherung, 29.7.2013.

3 Fast jede zweite Anstellung erfolgt inzwischen befristet. Vgl. U. Renz (2013): Die Tyrannei der Arbeit.

4 Unter www.deutscher-familienverband.de finden Sie einen sehr freundlichen, kleinen Einführungsfilm und eine Kampagne (www.elternklagen.de), die Sie in Ihren regulären Ansprüchen als Eltern unterstützt.

5 A. Lindgren (1972): Immer dieser Michel.

6 Mehr und ausführlicher hierzu: S. Garsoffky/B. Sembach (2014): Die Alles ist möglich Lüge.

7 Das ändert nichts daran, dass Sie weiterhin an Ihrem Beruf interessiert sind und sich z. B. während der Elternzeit weiterbilden, wenn die Sorge besteht, dass Sie den Anschluss an die Arbeitswelt verlieren. Würden wir das Gesagte zulassen, wäre es nicht möglich, von Eltern zu verlangen, dass sie sich sieben Tage nach der Geburt für den ersten Abschnitt der Elternzeit festlegen müssen, wie viel Zeit mit Kind sie brauchen werden.

8 Familien- und Arbeitnehmerverbände stehen zur Verfügung, so dass Eltern sich nicht alleine einsetzen müssen.

9 Vgl. U. Renz (2013): Die Tyrannei der Arbeit. Im Übrigen erlebe ich, dass der Wunsch nach Zeit mit Kindern ein wesentlicher Grund dafür ist, warum viele Mütter sich mit mehr Arbeitszeit zurückhalten und mit Karriereschritten zögern; Väter haben ebenfalls Interesse an Zeit mit ihren Kindern, fühlen sich parallel jedoch meist an erster Stelle für die Existenzsicherung der Familie zuständig.

10 J. Korczak (1979): Von Kindern und anderen Vorbildern, S. 106.

11 Vgl. G. Hüther/H. Renz-Polster (2013): Wie Kinder heute wachsen.

12 Vgl. T. Verny (1981): Das Seelenleben des Ungeborenen.

13 Vgl. L. Janus (2011): Wie die Seele entsteht.

14 Schwangerenberatungsstellen finden Sie in Ihrer Umgebung unter www.dajeb.de

15 Vgl. G. Hüther/I. Weser (2015): Das Geheimnis der ersten neun Monate.

16 Dies sind die Gründe, warum Hebammen für eine Zurückhaltung in Bezug auf Eingriffe unter Geburten wie auch für den ruhigen Geburtsort eintreten. Sie wissen, welch wichtige »Geburtshelfer« Ungestörtheit und Geborgenheit

unter einer Geburt sind. Zur weiteren Information (für alle werdenden Eltern) gut zu lesen: V. Schmid (2008): Der Geburtsschmerz; und M. Odent (1995): Geburt und Stillen.

17 H. Fischer (2003): Atlas der Gebärhaltungen, S. 12 ff.

18 Am meisten gelehrt hat mich diesbezüglich meine Freundin Angela Gehrke da Silva, Schülerin von F. Leboyer und Pionierin der Sanften Geburtshilfe Brasiliens; Angela Gehrke da Silva (2003): Als Hebamme in Brasilien.

19 Auf diesem Weg geborene Kinder werden durch eine normale Geburt »vitalisiert«, sie nehmen aktiv den Weg nach draußen, werden u. a. für das Leben außerhalb des Bauches mit Bakterien »geduscht«, die Lungen werden »ausgestrichen« für die Atmung.

20 www.kaiserschnitt-netzwerk.de oder www.isppm.de oder www.nach-dem-kaiserschnitt.at, www.kaiserschnitt.ch oder www.emotionelle-erste-hilfe.org oder B. Meissner (2012): Geburt – ein schwerer Anfang leicht gemacht.

21 www.dajeb.de, weitere Anlaufstellen unter www.gaimh.de, www.trostreich.de, www.isppm.de, www.emotionelle-erste-hilfe.org

22 M. Schnedl, C. Rungg, S. Perkhofer (2014): »Auswirkungen von Stress auf Mutter und Kind«, in: Die Hebamme; T. Verny (1981): Das Seelenleben des Ungeborenen; L. Janus (2011): Wie die Seele entsteht; J. Bauer (2009): Das Gedächtnis des Körpers. M. Papoušek, M. Schieche, H. Wurmser (2004): Regulationsstörungen der frühen Kindheit, S. 62 ff.

23 Hilfreich für Paare: B. Jellouschek-Otto/H. Jellouschek (2014): Familie werden – Paar bleiben, S. 31 ff.

24 Testreihe zu Tragehilfen im »Hebammenforum«, Heft 1/2013: »Sehr gut«: »Bondolino« der Fa. Hoppediez.

25 M. Papoušek, M. Schieche, H. Wurmser (2004): Regulationsstörungen der frühen Kindheit, S. 89 ff.

26 Das neu eingeführte »Elterngeld-Plus« samt Bonusmonaten soll Eltern darin bestärken, dass beide früh wieder arbeiten. Lassen Sie sich beraten. Unter Umständen haben Sie zwar einen schnellen Berufseinstieg nach der Geburt Ihres Kindes, aber nur einen geringen oder keinen finanziellen Vorteil. Schwangerenberatungsstellen sind erste Anlaufstellen.

27 Sämtliche Beispiele im Buch sind anonymisiert.

28 Die Erinnerung an frühe Kindheit, an damals, geschieht über Körpergefühle jetzt. Unser Körper erinnert sich. Vgl. J. Bauer (2009): Das Gedächtnis des Körpers; F. Renggli (2013): Das Goldene Tor zum Leben.

29 Vgl. T. Harms (Hrsg.) (2000): Auf die Welt gekommen: Die neuen Baby-Therapien; F. Renggli (2013): Das Goldene Tor zum Leben.

30 Vgl. A. Solters (2009): Warum Babys weinen – die Gefühle von Kleinkindern.

31 F. Renggli, Analytiker und Körpertherapeut in Basel, Th. Harms, Körpertherapeut in Bremen.

32 Vgl. L. Reddemann – PITT-Kurs, Köln 2013, und L. Reddemann (2001): Imagination als heilsame Kraft.

33 Hinweis aus der Craniosacral-Therapie: »Die Saugbewegung beim Stillen fördert die Entwicklung und die Beweglichkeit des knöchernen Gaumens. Wenn dieser freier schwingen kann, überträgt sich das auch auf die Schädelbasis. Das wiederum hilft geburtsbedingte Verformungen und Einschränkungen des Kopfes auszugleichen. Quelle, mündlich: J. Lichtenberg, Craniosacral-Therapeut, Tübingen, Oktober 2015.

34 Quelle für feine Wolldecken für Babys: www.engel-natur.de, www.disana.de, www.maas-natur.de

35 Vgl. P. Spork (2014): Wake Up! Aufbruch in eine ausgeschlafene Gesellschaft.

36 Beratungsstellen siehe Anm. 7.

37 Wenn das Daumenlutschen später sehr lange anhalten sollte, ist es hilfreich herauszufinden, welche Art von Trost sich das Kind dadurch holt und wie man seinen Kummer besser, dem kindlichen Alter entsprechend, trösten könnte.

38 Quelle für ein gutes Tragesystem – siehe Anmerkung 24.

39 S. Chamberlain (1997) über die Spuren der Vergangenheit im Umgang mit kleinen Kindern: Adolf Hitler, die deutsche Mutter und ihr erstes Kind.

40 W. Bartens (2010): Körperglück – wie gute Gefühle gesund machen, S. 111.

41 Bezugsquellen: Bei dm-Märkten finden Sie entsprechende Sachen für Neugeborene; auch unter den Quellen für Wolldecken finden Sie z. T. an der Seite offene Bauwollkleidung für Babys.

42 J. Bauer (2009): Das Gedächtnis des Körpers.

43 P. Spork (2014): Wake Up! Aufbruch in eine ausgeschlafene Gesellschaft; Spork weist darauf hin, dass wir alle, auch die Erwachsenen, ein chronisches Schlafdefizit haben, das uns gesundheitlich vielschichtig schadet. Stoffwechselprozesse werden gestört, das Gehirn kann nicht optimal verarbeiten.

44 P. Spork (2014): a. a. O., S. 25 ff.

45 Sich durch Imagination einen »beruhigenden Raum« zu schaffen, hilft nachweislich. Mehr in: L. Reddemann (2001): Den inneren »sicheren Ort« schaffen, in: Imagination als heilsame Kraft.

46 Vgl. C. Croos-Müller (2014): Schlaf gut – das kleine Überlebensbuch.

47 Die Definition heißt: Wenn ein Baby über drei Stunden am Tag, an drei Tagen die Woche schreit und dies, länger als drei Wochen.

48 Z. B.: G. Hüther/U. Hauser (2014): Jedes Kind ist hochbegabt, u. M. Papoušek, vgl. Anm. 25.

49 D. W. Winnicott (1974): Reifungsprozesse und fördernde Umwelt.

50 Das »Elterngeld-Plus«, das die staatliche Unterstützung etwas länger aus-dehnt, ist kompliziert angelegt, gleichzeitig ist viel Alltags-Management damit verbunden. Es ist also empfehlenswert, sich kundig zu machen, ob die finanziellen Möglichkeiten im Einzelfall wirklich entlasten.

51 Kindertagesstätte, ab jetzt mit KiTa abgekürzt; so werden inzwischen alle Einrichtungen für Kinder vor Schulbeginn genannt, es ist also auch der Kindergarten gemeint.

52 J. Borchert (2013): Sozialstaatsdämmerung.

53 Der Film »Ziemlich beste Freunde« hat weltweit ein Millionenpublikum in die Kinos geholt; nicht zuletzt, weil mit viel Humor und Witz uns allen vor Augen geführt wird, was es bedeutet, ziemlich hilflos auf Betreuung angewiesen zu sein und diese mit viel Herz zu bekommen. Der Protagonist des Films, Philippe Pozzo di Borgo, der vor seinem Unfall vielbeschäftigter Manager war, tritt in seinem neuen Buch *Ich und Du – mein Traum von Gemeinschaft jenseits des Egoismus* (München 2015) wieder auf berührende Weise für eine Wertschätzung des menschlichen Füreinander-Daseins ein, für eine Abkehr vom Primat der Leistung.

54 Eine hoch interessante Studie hierzu findet sich in: E. Wagenhofer: Alphabet – Angst oder Liebe, www.pandorafilm.de

55 Vgl. A. Gruen (1987): Der Wahnsinn der Normalität, und sämtliche weitere Titel des Autors.

56 Siehe Anm. 4.

57 Aus der Beratungspraxis kommt die Erfahrung: Ein Umzug in verkehrsberu-higte, spielfreundlich angelegte Wohngebiete mit hoher Dichte von Familien mit Kindern, also kurzen Wegen zu anderen, hat schon manche Überanstren-gung von Eltern entscheidend verändert und professionelle Unterstützung und Hilfe für Eltern überflüssig gemacht.

58 Spork: Wake Up! Aufbuch in eine ausgeschlafene Gesellschaft, München 2014, S. 197 ff.

59 Vgl. P. Nathalniesz: Schwangerschaft: Wiege der Gesundheit, München 2003.

60 Vgl. hierzu E. Erikson (1973): Identität und Lebenszyklus.

61 O. F. Kernberg (2000): Schwere Persönlichkeitsstörungen.

62 Das Gesagte hilft als Kriterium auch bei älteren Kindern – solange Kinder nicht volljährig sind und somit nicht die volle Verantwortung übernehmen dürfen; nur sollten Eltern dann nicht zu ängstlich sein.

63 M. Mahler, F. Pine, A. Bergmann (1993): Die psychische Geburt des Men-schen.

64 N. Ewald (Funktionaloptometrist) in swr2.de/wissen: Denken in Bewegung – wie unser Gehirn die Welt versteht, Sendung am 24.10.2015, und J. Bauer: Immer schneller, immer oberflächlicher, Sendung swr2.de/wissen vom 14.12.2014.

65 »Das, was im Gehirn Erwachsener neue Strukturen hervorruft, wirklich starke Veränderungen bewegt, sind Kinder.« Gerald Hüther im Vortrag beim Kongress »Die Zukunft der Liebesfähigkeit«, Göttingen 2001.

66 Vgl.: I. Löbner (2012): Körpererleben u. Sexualität im Kindes- und Jugendalter.

67 Spiel mit Wasser bringt Freude und Ruhe, dennoch gilt: Man muss in der Nähe eines Kleinkindes bleiben, sobald es drinnen in einer großen (Bade-) Wanne mit Wasser spielt oder draußen Teiche in der Nähe sind. Auch – aus erwachsener Perspektive – niedriges Wasser kann einem kleinen Kind gefährlich werden.

68 Vgl. P. Spork (2014): Wake Up! Aufbruch in eine ausgeschlafene Gesellschaft.

69 A. Lindgren (1989): Nein, ich will noch nicht ins Bett!

70 A. Lindgren: (1957a): Die Kinder aus der Krachmacherstraße.

71 A. Lindgren (1977): Lotta kann fast alles.

72 A. Lindgren (1961): Madita.

73 A. Lindgren (1972): Michel aus Lönneberga.

74 A. Lindgren (1970): Die Kinder aus Bullerbü.

75 G. Pohl (2014): Kindheit – aufs Spiel gesetzt.

76 M. Hauch (2015): Kindheit ist keine Krankheit.

77 Dr. Katrin Adler; Forschungszentrum für Sport für Kinder, Karlsruhe, in swr2.de/wissen, 24.10.2015: »Je mehr Bewegung, umso mehr Chancen für die kognitive Entwicklung haben die Kinder. Was man auch weiß, ist, dass die Bewegungsmöglichkeiten möglichst vielfältig sein sollten, dass alle Sinne angesprochen werden sollten.«

78 Joachim Bauer in »Immer schneller, immer oberflächlicher«, in swr2.de/wissen, 14.12.2014.

79 A. Weber, GEO 8/2010, »Das Recht der Kinder auf Freiheit, Wildnis und Natur – Rauf auf die Bäume«.

80 Ebd.

81 A. Lindgren schrieb auch zahlreiche Geschichten, die von Kindersorgen erzählen. Jeder, der fühlen will, wie sehr ein Kind Beheimatung wünscht, lese z. B. die ersten Seiten von *Rasmus und der Landstreicher*. Ich habe in keinem pädagogischen Lehrbuch solch eine klare Schilderung gelesen, wie extrem einsam ein Kind sich fühlen kann. Ich empfehle auch *Mio mein Mio*, oder *Die Brüder Löwenherz* und viele weitere ihrer Erzählungen in dieser Hinsicht.

82 A. Lindgren (1977): Das entschwundene Land; M. Strömstedt (2001): Astrid Lindgren; J. Andersen (2015): Astrid Lindgren – ihr Leben.

83 »Frei im Kopf«, Artikel über A. Lindgren, Spiegel 39/2015.

84 Die Vielfalt weiterer Straßenspiele ist verschwunden; die Tradition der Weitergabe von einer zur anderen Kindergeneration ist mangels Draußen-Spiels abgebrochen.

85 Ich bin seit Jahren ganz regelmäßig für Elternabende- und Erzieher/Erziehe-rinnen-Gespräche unterschiedlicher Art in Kindertagesstätten in Städten und Dörfern zuständig.

86 Der Bewegungs- und Spielradius von Kindern hat sich im Vergleich zu frü-heren Zeiten auf nahezu Null reduziert. 1925 hatten Kinder einen Mobilitäts-radius von 6,5 Kilometern, 1950 von 1,5 Kilometern, 1975 von 500 Metern und im Jahr 2000 von 100 Metern, das hat eine Erhebung aus Schweden gezeigt. Vortrag J. Kraus, swr2.de/wissen, 13.09.2015. Das Thema taucht bei nahezu allen auf, die sich derzeit mit kindlicher Entwicklung beschäftigen, mehr dazu bei: http://www.playassociationhf.org.uk/new-charter-for-childrens-play.pdf; Hüther/Renz-Polster (2013): Wie Kinder heute wachsen; A. Weber in GEO 8/2010; R. Louv (2011): Das letzte Kind im Wald.

87 H. Renz-Polster (2014): Die Kindheit ist unantastbar.

88 »Denken in Bewegung – wie unser Gehirn die Welt versteht«, SWR2 wissen, 24.10.2015.

89 Weitere detaillierte Informationen zu den Hintergründen der derzeitigen frühen Bildung in KiTas, Argumente für Widerspruch, sehr von mir empfoh-len, in H. Renz-Polster (2014): *Die Kindheit ist unantastbar*. Die Wirtschaft prägt mit Unterrichtsmaterialien die Bildung unserer Kinder auch in den Schulen. T. Engartner, Professor für Didaktik der Sozialwissenschaft, Univer-sität Frankfurt/Main: »Pädagogisch bedenklich-problematische Unterrichts-materialien« auf www.swr2.de/wissen, 20.09.2015 und Der Spiegel, Nr.45/2015.

90 Hier sei verwiesen auf N. Postman, der konstatiert, dass Geheimnisse zwi-schen der Welt des Kindes und der Welt der Erwachsenen eine zentrale Vor-aussetzung für das Gefühl sind, Kind sein zu dürfen. So wie Kinder ihre den Erwachsenen verborgenen Spielwelten brauchen (sie in ihrer geheimnisvoll, kindlichen Welt sind), so ist es für das Gefühl, Kind sein zu können, fatal, wenn Kinder durch zu große Offenheit, Information und Medienpräsenz sehr früh von sämtlichen Geheimnissen bzw. Tatsachen der Erwachsenenwelt Kenntnis bekommen. N. Postman (1983): Das Verschwinden der Kindheit.

91 A. Lindgren (1970): Die Kinder aus Bullerbü.

92 Astrid Lindgren hat ihre Michel-Geschichten auch von Kindheits-Erzählun-gen ihres Vaters genährt. Ihr Vater war als Erwachsener sehr erfolgreich und hoch geschätzt in seinem Umfeld. In M. Strömstedt (2001): Astrid Lindgren; außerdem diverse frühere Interviews in Rundfunk und Fernsehen mit Astrid Lindgren.

93 G. Hüther (2012): Jedes Kind ist hochbegabt; G. Hüther (2001b): Die Ent-wicklung der Liebesfähigkeit, Vortrag bei der Tagung: »Die Zukunft der Liebesfähigkeit«.

94 G. Hüther (2001a): Bedienungsanleitung für ein menschliches Gehirn, Aus-gabe 2013.

95 Bei einer Langzeitstudie an 1.500 Kindern konnte gezeigt werden, wie sich derzeitige Unterrichtsformen auf Kinder auswirken, wie sich kindliches Denken und kindliche Antworten verändern, je nachdem, ob Kinder in Einrichtungen unterrichtet werden oder noch ausschließlich aus eigener Erfahrung schöpfen; zwischen drei und fünf Jahren gaben 98 % der an der Studie teilnehmenden Kinder noch sehr kreative, unkonventionelle, komplexe Antworten auf Fragen, die ihnen gestellt wurden; mit acht bis zehn Jahren hatten noch 32 % der Kinder diese Fähigkeit, mit 13 bis 15 Jahren gaben gerade noch 10 % der Kinder eigenständige, geniale Antworten auf gestellte Fragen; alle anderen antworteten, was sie für »richtig« hielten im Sinne der Fragenden; Studie in: E. Wagenhofer (2013): Alphabet – Angst oder Liebe.

96 A. Lindgren (1978): Märchen.

97 G. Hüther (2001a): Bedienungsanleitung für ein menschliches Gehirn; G. Hüther (2014): Jedes Kind ist hochbegabt.

98 Den Unterschied zum angeleiteten Unterwegssein können Sie folgendermaßen erkennen: Die meisten Erwachsenen haben in der Schule mit Lehrern eine Anleitung draußen erlebt, um die Natur zu verstehen; die Erfahrung dabei war völlig anders, als wenn man ohne Anleitung unterwegs war.

99 H. Renz-Polster/G. Hüther (2013): Wie Kinder heute wachsen, S. 80 ff.

100 G. Pohl (2014): Kindheit – aufs Spiel gesetzt, S. 52.

101 G. Pohl (2014), a. a. O.

102 GEO Heft 8/2010.

103 G. Pohl (2014): Kindheit aufs Spiel gesetzt, S. 51.

104 T. Engartner: »Pädagogisch bedenklich-problematische Unterrichtsmaterialien« auf www.swr2.de/wissen, 20.09.2015.

105 »Spiegel« Heft 39/2015, weitere Quellen in: G. Hüther/H. Renz-Polster (2013): Wie Kinder heute wachsen, S. 247.

106 P. Spork (2014): Wake Up! Aufbruch in eine ausgeschlafene Gesellschaft, S. 209 ff.

107 Bei der Ganztagsschule besteht das Problem, dass sie während der Woche die Zeit für Spiel stark begrenzt; sie müsste – wenn wir alles Beschriebene an uns heranlassen – große Freiräume für unbeaufsichtigtes Spiel bieten.

108 Wohin es für die Kinder, z. B. in China führt, dazu mehr in E. Wagenhofer (2013): Alphabet – Angst oder Liebe, www.pandorafilm.de

109 Vgl. U. Renz (2013): Die Tyrannei der Arbeit.

110 Manche Berufe erlauben, dass man (Handwerks-)Arbeit mit nach draußen nimmt; ich kenne Handwerker, die, Kinder hütend, an Holz und Musikinstrumenten schnitzten.

111 Manchmal, wenn man sich als Kind sehr nach etwas sehnt, passieren beim Säen und Ernten auch große Überraschungen. Lesen Sie nach in *Die Puppe Mirabell* von A. Lindgren, in A. Lindgren (1978b): Märchen.

112 In der Stadt Tübingen haben wir durch das »Bündnis für Familie« zahlreiche Elterntreffs an KiTas initiiert und wie wir feststellen, ist es für alle enorm bereichernd und unterstützend; Eltern wissen tatsächlich selbst, was allen Eltern guttut, sie brauchen allerdings Zeit dafür, die derzeit stark abnimmt.

113 In Tübingen haben Eltern so etwas begonnen: Hallo, ELKIKO mit allen Engagierten, ihr seid sehr wertvoll mit eurer Offenheit und Freiheit!

114 Je länger ich zum Thema »Kinder und Sexualität« arbeite, umso mehr nehme ich Abstand davon, Kindern früh Körperthemen genau zu erklären. Auch bei Aufklärung über Körperprozesse gilt, dass Kinder langsam sind und vieles an »nüchterner« Information erst später für sie hilfreich ist.

115 D. Goleman (1995): Emotionale Intelligenz.

116 Hierzu: I. Löbner: »Babysitterkurs im Sommerferienprogramm«, in E. Schneider (2008): Hebammen an Schulen. Dabei geht es mit Kindern im Grundschulalter nicht darum, sie schon zu Babysittern zu machen, sondern darum, ihnen spielerisch Raum für ihre Freude an Fürsorge und jüngeren Kindern zu geben.

117 Bei Babysitterkursen fragten Mädchen flehend: »Macht ihr noch einen Fortsetzungskurs? Dürfen wir wiederkommen?« Auf die Frage, was sie denn im Fortsetzungskurs am liebsten tun würden, war die sehnsüchtige Antwort: »Draußen mit dem Puppenwagen spazieren gehen.«

118 Zur Beruhigung, für die, die den Plan der »Frühen Bildung« beibehalten wollen: zuallererst Leidenschaft, gewürzt mit Feinmotorik beim Wahrnehmen und Abmessen von Mengen, Ineinander-Schütten von Zutaten; dazu Feinmotorik beim »Eindecken mit kleinem Geschirr« sowie genaues Zählen und Bestimmen von Gegenständen; Steuerung feiner Bewegungen beim Einschenken von Flüssigkeiten in kleine Tassen und Kannen etc., garniert mit Gefühlen und Empathie. Den Rest macht das kindliche Gehirn selbst.

119 Kürbisse bekommt man auch in der Stadt in jedem Supermarkt, große wie kleine; Kürbisgeister zu machen, geht schnell und gibt jedem Kind ein »warmes Herbstlicht«.

120 Weitere Anregungen in: S. Garsoffky/B. Sembach (2014): Die Alles ist möglich Lüge.

121 Neil Postman weist auf das Verschwinden von Kindheit hin, wenn Kinder vermehrt aller Art Nachrichten durch Medien ohne weiteres ausgeliefert sind. N. Postman (1983): Das Verschwinden der Kindheit.

122 Referenten z.B. der Polizei oder von Medien-Zentren der Landkreise; Info für Eltern: www.schau-hin.info/medien/internet.html

123 Für die Kinder kann es interessant sein, Fische und alles Leben in Bächen und Flüssen beobachten zu gehen; weil Kinder mit Tieren mitfühlen, stellen sie die Frage:»Was essen die da drin eigentlich?« Schon ist man durch konkrete Erfahrung mit Kindern beim Erzählen darüber, was Wassertiere alles mögen und was nicht.

124 A. Lindgren (1972): Pippi Langstrumpf, S. 23.

125 Sobald Kinder älter sind, bin ich sehr dafür, dass sie lernen, Arbeit »gerecht« mit zu übernehmen – aber im Vorschulbereich spürt man gut, ob man gerade Gnade vor Recht ergehen lassen muss, weil ein Kind nicht mehr kann, denn psychische Kräfte sind noch anders verteilt.

126 Vgl. H.Renz-Polster (2011), S. 39: Da in früheren Zeiten Kinder ab drei, vier Jahren vermehrt mit anderen Kindern und wenig mit den Erwachsenen unterwegs waren, hat die Evolution sie mit einem Schutzprogramm ausgestattet, nämlich der Vorsicht: Ein Kind hat Zurückhaltung in sich, so kann es sich nicht versehentlich giftige Blätter oder Beeren in den Mund stecken; es macht also bezüglich Grüngemüse und Früchte besser keine Experimente.

127 Die Idee stammt von Astrid Lindgrens Eltern. Astrid Lindgren erzählte, dass es in ihrem Elternhaus keinerlei Ärger ums Essen gab, im Zweifelsfall bekam ein Kind ein Butterbrot.

128 A. Lindgren: Die Kinder aus der Krachmacherstraße; a. a. O.

129 Lotta aus der Krachmacherstraße führt bezüglich ihrer Gedanken interessante Gespräche mit ihrem Teddy und ist entsprechend entsetzt, als Teddy plötzlich fehlt. Zum Glück verstehen die Großen, wie wichtig es für Lottas inneres Gleichgewicht ist, ihn wiederzufinden. A. Lindgren: Die Kinder aus der Krachmacherstraße.

130 P. Spork (2014): Wake Up! Aufbruch in eine ausgeschlafene Gesellschaft. Man kann heute zeigen, dass die PISA-Ergebnisse der deutschen Kinder nicht durch mehr und mehr Lernen hätten gelöst werden müssen, sondern einfach durch mehr Tageslicht für Kinder. Außerdem ist inzwischen klar, dass Schlafstörungen mit einem Mangel an ausreichendem Tageslicht zu tun haben. Gönnen Sie sich die Lektüre dieses Plädoyers für eine ausgeschlafene Gesellschaft; Sie werden nicht mehr an sich zweifeln, wenn Sie ahnen, dass unser Leben in geschlossenen Räumen tatsächlich Folgen für unser Befinden hat.

ABBILDUNGEN

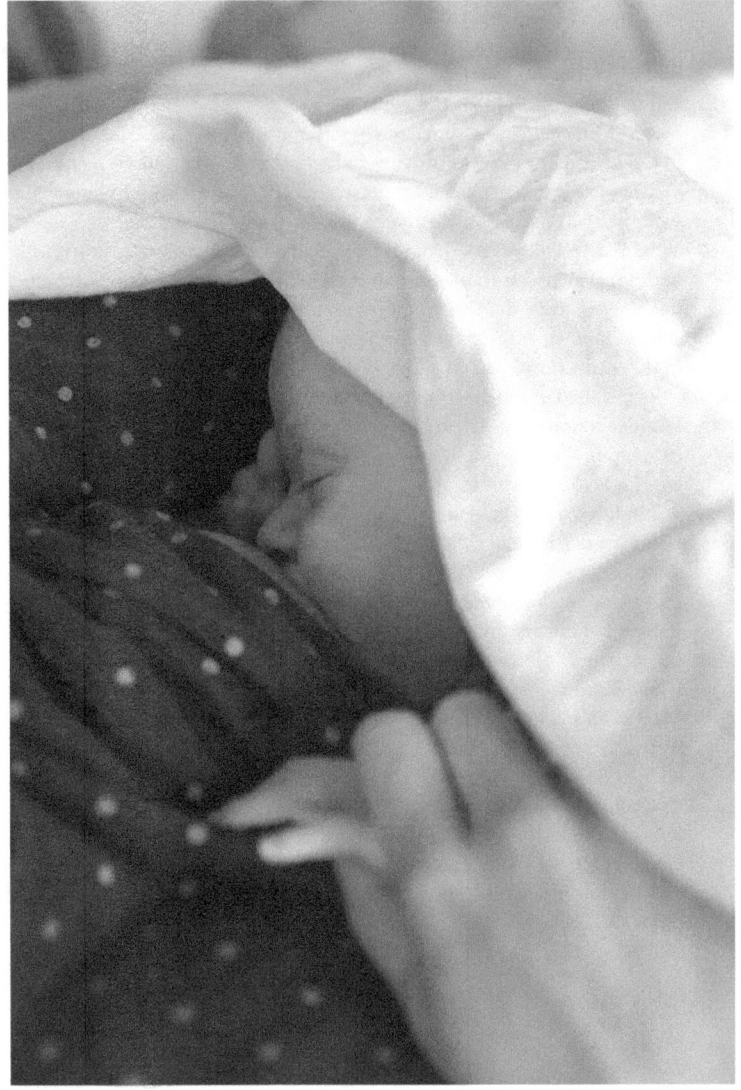

ABBILDUNG 1

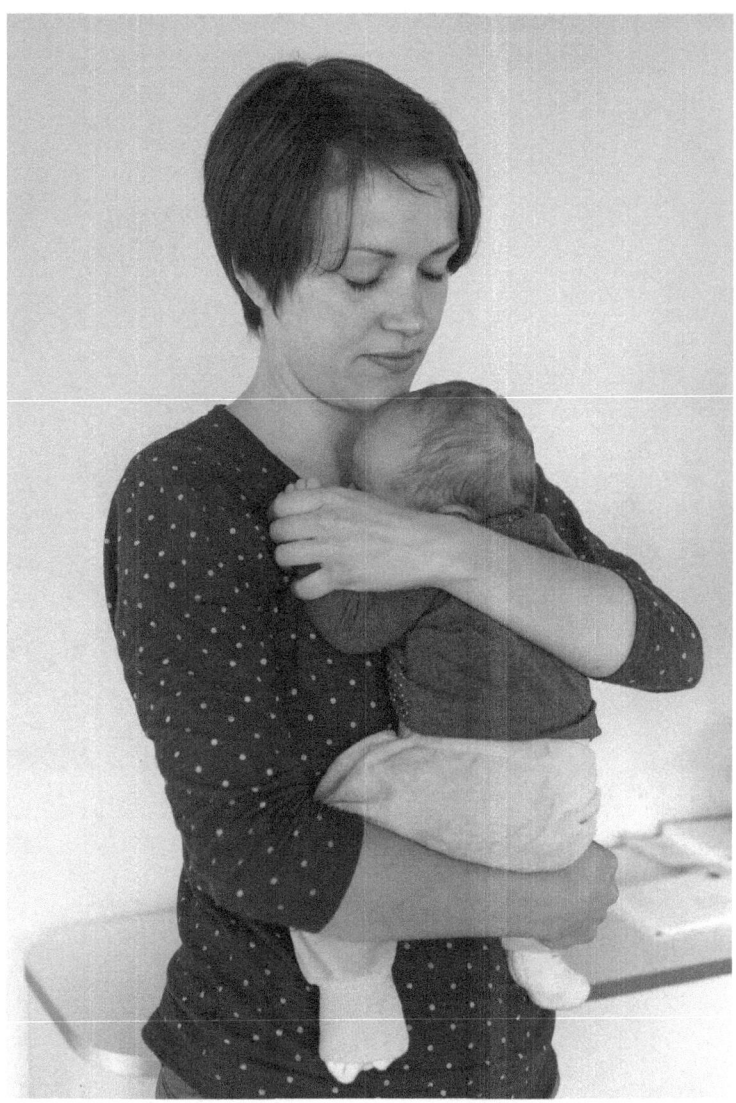

ABBILDUNG 2

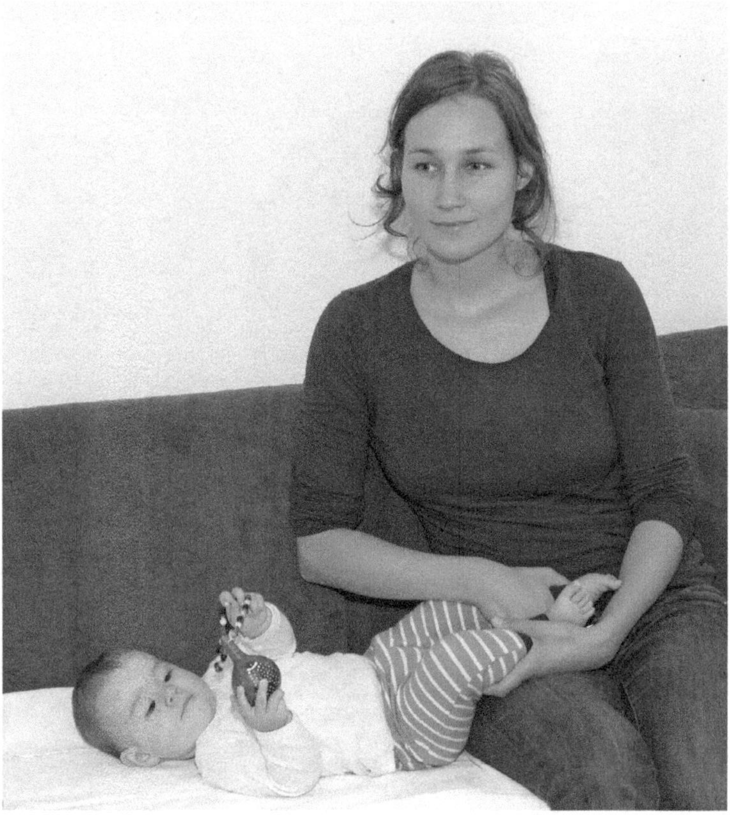

ABBILDUNG 3

Liebe Ingrid es war tol das ich bügeln dörfte nekstes mal wen du bügeln must dan rur mich an

ABBILDUNG 4

INTERESSANTE BÜCHER ZUM WEITERLESEN FÜR (WERDENDE) ELTERN

V. SCHMID: Der Geburtsschmerz, Stuttgart 2005

M. ODENT: Geburt und Stillen – über die Natur elementarer Erfahrungen, München 1995

G. HÜTHER/WESER: Das Geheimnis der ersten neun Monate, Weinheim/Basel 2015

H. JELLOUSCHEK/JELLOUSCHEK-OTTO: Familie werden – Paar bleiben, Bern 2014

G. HÜTHER/RENZ-POLSTER: Wie Kinder heute wachsen, Weinheim/Basel 2013

G. HÜTHER: Jedes Kind ist hochbegabt, München 2014

H. RENZ-POLSTER: Die Kindheit ist unantastbar, Weinheim/Basel 2014

U. RENZ: Die Tyrannei der Arbeit, München 2013

J. BORCHERT: Sozialstaatsdämmerung, München 2014

P. SPORK: Wake Up! Aufbruch in eine ausgeschlafene Gesellschaft, München 2014

W. WAGENHOFER: Alphabet, www.pandorafilm 2013

A. LINDGREN: Alle Titel, die Ihre Kindheitsgefühle aufleben lassen.

Die im Buch veröffentlichten Ratschläge wurden mit größter Sorgfalt und nach bestem Wissen von der Autorin erarbeitet und geprüft. Eine Garantie kann jedoch weder vom Verlag noch von der Autorin übernommen werden. Die Haftung der Autorin bzw. des Verlages und seiner Beauftragten für Personen-, Sach- oder Vermögensschäden ist ausgeschlossen.

LITERATURVERZEICHNIS

ANDERSEN, J. (2015): Astrid Lindgren – ihr Leben. Deutsche Verlags-Anstalt, München.

BARTENS, W. (2010): Körperglück – wie gute Gefühle gesund machen. Droemer/Knaur, München.

BAUER, J. (2009): Das Gedächtnis des Körpers. Piper, München.

BAUER, J. (2015a): In: Immer schneller, immer oberflächlicher, www.swr2. de/wissen 14.12.2014

BAUER, J. (2015b): In: Denken in Bewegung – wie unser Gehirn die Welt versteht, www.swr2.de/wissen 24.10.2015

BORCHERT, J. (2013): Sozialstaatsdämmerung. Goldmann, München.

CROOS-MÜLLER, C. (2014): Schlaf gut – das kleine Überlebensbuch. Kösel, München.

CHAMBERLAIN, S. (1997): Adolf Hitler, die deutsche Mutter und ihr erstes Kind. Psycho-Sozial, Frankfurt.

DER SPIEGEL, Hamburg, Heft 39 und 45/2015

EBBERFELD, I. (1998): Botenstoffe der Liebe. Campus, Frankfurt a. M.

ERIKSON, E. (1973): Identität und Lebenszyklus. Suhrkamp, Frankfurt a. M.

EWALD, N. (2015): In: Denken in Bewegung – wie unser Gehirn die Welt versteht, www.swr2.de/wissen 24.10.2015

ENGARTNER T. (2015): Pädagogisch bedenklich – problematische Unterrichtsmaterialien, www.swr2.de/wissen 20.9.2015

FISCHER, H. (2003): Atlas der Gebärhaltungen. Hippokrates, Stuttgart.

GARSOFFKY, S./SEMBACH, B. (2014): Die Alles ist möglich Lüge. Pantheon, München.

GEHRKE DA SILVA, A. (2003): Als Hebamme in Brasilien. Freies Geistesleben, Stuttgart.

GOLEMAN, D. (1995): Emotionale Intelligenz. Deutscher Taschenbuch Verlag, München.

GRUEN, A. (1997a): Der Wahnsinn der Normalität. Deutscher Taschenbuch Verlag, München.

GRUEN, A. (1997b): Der Verlust des Mitgefühls. Deutscher Taschenbuch Verlag, München.

GRUEN, A. (2002): Der Fremde in uns. Deutscher Taschenbuch Verlag, München.

GRUEN, A. (2013): Der Verrat am Selbst – die Angst vor Autonomie bei Mann und Frau. Deutscher Taschenbuch Verlag, München.

GRUEN, A. (2014): Dem Leben entfremdet – warum wir wieder lernen müssen, zu empfinden. Klett-Cotta, Stuttgart.

GRUEN, A. (2015): Wider den Gehorsam. Klett-Cotta, Stuttgart.

HARMS, T. (2000): Auf die Welt gekommen – die neuen Babytherapien. Leutner, Berlin.

HAUCH, M. (2015): Kindheit ist keine Krankheit. S. Fischer, Frankfurt a.M.

HEBAMMENFORUM, Geschäftsstelle DHV, 76006 Karlsruhe, Heft 1/2013 »Tragen«.

HÜTHER, G./WESER, I. (2015): Das Geheimnis der ersten neun Monate. Beltz, Weinheim/Basel.

HÜTHER, G. (2001a): Bedienungsanleitung für ein menschliches Gehirn. Vandenhoeck & Ruprecht, Göttingen.

HÜTHER, G. (2001b): Die Entstehung der Liebesfähigkeit. In: Rundbrief der Gesellschaft für Geburtsvorbereitung Nr. 1/2003, Göttingen.

HÜTHER, G. (2014): Jedes Kind ist hochbegabt. Knaus, München.

HÜTHER, G./RENZ-POLSTER, H. (2013): Wie Kinder heute wachsen; Beltz Weinheim/Basel.

JANUS, L. (2011): Wie die Seele entsteht. Mattes, Heidelberg.

JANUS, L./HAIBACH, S. (1997): Seelisches Erleben vor und während der Geburt. Lingua-Med, Neu-Isenburg.

JELLOUSCHEK, H./JELLOUSCHEK-OTTO, B. (2014): Familie werden – Paar bleiben. Huber, Bern.

KÄSTNER, E. (1961): Emil und die Detektive. Kinderbuchverlag, Berlin.

KERNBERG, O. F. (2000): Schwere Persönlichkeitsstörungen. Klett, Stuttgart.

KORCZAK, J. (1979): Von Kindern und anderen Vorbildern. Gütersloher Verlagshaus, Gütersloh.

LINDGREN, A. (1955): Kalle Blomquist. Oetinger, Hamburg.

LINDGREN, A. (1957a): Die Kinder aus der Krachmacherstraße. Oetinger, Hamburg.

LINDGREN, A. (1957b): Rasmus und der Landstreicher. Oetinger, Hamburg.

LINDGREN, A. (1961): Madita. Oetinger, Hamburg.

LINDGREN, A. (1964): Die Kinder aus Bullerbü. Oetinger, Hamburg.

LINDGREN, A. (1969): Pippi Langstrumpf. Oetinger, Hamburg.

LINDGREN, A. (1972): Immer dieser Michel. Oetinger, Hamburg.

LINDGREN, A. (1977): Das entschwundene Land. Oetinger, Hamburg.

LINDGREN, A. (1978a): Mio, mein Mio. In: Märchen. Oetinger, Hamburg.

LINDGREN, A. (1978b): Märchen. Oetinger, Hamburg.

LINDGREN, A. (1989): Nein, ich will noch nicht ins Bett! Oetinger, Hamburg.

LOUV, R. (2011): Das letzte Kind im Wald. Herder, Freiburg.

LÖBNER, I. (2012): Körpererleben und Sexualität im Kindes- und Jugendalter. Widelewedele, Reutlingen.

MAHLER, M./PINE, F./BERGMANN, A. (1993): Die psychische Geburt des Menschen. S. Fischer, Frankfurt a. M.

MEISSNER, B. (2012): Geburt – ein schwerer Anfang leicht gemacht. Selbstverlag, Winterthur.

NATHANIELSZ, P. (2003): Schwangerschaft: Wiege der Gesundheit. Mosaik, München.

ODENT, M. (1978): Die sanfte Geburt – die Leboyer-Methode in der Praxis. Kösel, München.

ODENT, M. (1995): Geburt und Stillen – über die Natur elementarer Erfahrungen. Beck, München.

ODENT, M. (2001): Die Wurzeln der Liebe – wie unsere wichtigste Emotion entsteht. Walter, Düsseldorf/Zürich.

ODENT M. (2013): Im Einklang mit der Natur. Mabuse, Frankfurt a. M.

ODENT, M. (2014): Es ist nicht egal, wie wir geboren werden – Risiko Kaiserschnitt. Mabuse, Frankfurt a. M.

PAPOUŠEK, M./SCHIECHE, M./WURMSER, H. (2004): Regulationsstörungen der frühen Kindheit. Huber, Bern.

POHL, G. (2014): Kindheit – aufs Spiel gesetzt. Springer, Berlin.

POSTMAN, N. (1983): Das Verschwinden der Kindheit. S. Fischer, Frankfurt a. M.

POZZO DI BORGO, P. (2015): Ich und Du – mein Traum von Gemeinschaft jenseits des Egoismus. Hanser, München.

RENGGLI, F. (2013): Das Goldene Tor zum Leben. Arkana, München.

RENZ, U. (2013): Die Tyrannei der Arbeit. Ludwig Buchverlag, München.

RENZ-POLSTER, H. (2011): Menschenkinder. Kösel, München.

RENZ-POLSTER, H. (2012): Kinder verstehen – Born to be wild. Kösel, München.

RENZ-POLSTER, H. (2014): Die Kindheit ist unantastbar. Beltz, Weinheim/Basel.

REDDEMANN, L. (2001): Imagination als heilsame Kraft. Klett-Cotta, Stuttgart.

SOLTER, A. (2009): Warum Babys weinen. Kösel, München.

SPORK, P. (2014): Wake Up! Aufbruch in eine ausgeschlafene Gesellschaft. Hanser, München.

SCHMID, V. (2005): Der Geburtsschmerz. Hippokrates, Stuttgart.

SCHNEDL, M./RUNGG, C./PERKHOFER, S. (2014): Auswirkungen von Stress auf Mutter und Kind. In: Die Hebamme. Hippokrates, Stuttgart.

SCHNEIDER, E. (2008): Hebammen an Schulen. Mabuse, Frankfurt a. M.

STRÖMSTEDT, M. (2001): Astrid Lindgren. Oetinger, Hamburg.

SZEJER, M. (1997): Platz für Anne. Kunstmann, München.

TERRY, K. (2014): Vom Schreien zum Schmusen, vom Weinen zur Wonne. Jentzsch, Wien.

TWAIN, M. (1952): Die Abenteuer des Huckleberry Finn. Droemersche Verlagsanstalt, Berlin.

VERNY, T. (1981): Das Seelenleben des Ungeborenen. Ullstein, München.

WAGENHOFER, E. (2013): Alphabet – Angst oder Liebe (Film).

WEBER, A. (2010): Das Recht der Kinder auf Freiheit, Wildnis, Natur – rauf auf die Bäume. In: GEO 8/2010. Gruner & Jahr, Hamburg.

WEBER, A. (2011): Mehr Matsch! Kinder brauchen Natur. Ullstein, Berlin.

WENDERS, W. (1987): Der Himmel über Berlin (Film).

WINNICOTT, D. W. (1974): Reifungsprozesse und fördernde Umwelt. Kindler, München.

ADRESSEN

Schwangerenberatungsstellen in Ihrer Nähe:
www.dajeb.de

Anlaufstellen für Eltern mit Säuglingen und Kleinkindern:
www.trostreich.de, www.gaimh.de, www.isppm.de,
www.emotionelle-erste-hilfe.org, www.franz-renggli.ch

Hilfe nach Kaiserschnitt:
www.kaiserschnitt-netzwerk.de oder www.isppm.de
oder www.nach-dem-kaiserschnitt.at oder www.kaiserschnitt.ch

Quelle für dünne Wolldecken/Woll-Overalls und Woll-/Baumwollkleidung
für Babys:
www.engel-natur.de oder www.disana.de oder www.maas-natur.de

Vorträge:
www.swr2.de/wissen, www.auditorium-netzwerk.de

Film:
www.pandorafilm.de

Unterstützung für Elternrechte:
www.elternklagen.de und www.deutscher-familienverband.de

Kinder und das Spiel draußen:
www.draußenkinder.info
www.bdja.org
http://www.playassociationhf.org.uk/new-charter-for-childrens-play.pdf

Kinder und Medien:
www.schau-hin.info/medien/internet.html

Fotos:
Susanne Gnamm, Tübingerstraße 77, 72762 Reutlingen
www.photostudio-gnamm-reutlingen.de

MATTHIAS FRANZ

ALLEINERZIEHEND, SELBSTBEWUSST UND STARK

MIT ZAHLREICHEN ÜBUNGEN DES *wir2*-BINDUNGSTRAININGS

14 x 22 cm, ca. 220 Seiten

ISBN 978-3-903072-21-3

IM LINKEN ARM DAS BABY, mit der rechten Hand bastelt sie fröhlich an der Karriere: Dieses Bild moderner alleinerziehender Mütter hat mit dem realen Leben so gut wie gar nichts zu tun. Kinder allein zu erziehen ist eine enorme Herausforderung.

Fachkundige Unterstützung bietet dieses eigens für Alleinerziehende entwickelte Trainingsprogramm. Seit vielen Jahren erprobt bieten die Übungen viele Hilfestellungen, um die inneren Stärken und Ressourcen von Müttern zu aktivieren und eine stabile Mutter-Kind-Bindung aufzubauen. In acht Fallgeschichten werden außerdem typische schwierige Alltagsszenarien dargestellt und Lösungswege aufgezeigt.

Ein Ratgeber, der Alleinerziehende einfühlsam begleitet, damit sie innerlich stark und zuversichtlich ihr Leben gestalten können.

fischer & gann

Das gesamte Verlagsprogramm finden Sie unter www.fischerundgann.com

WOLFGANG OELSNER | GERD LEHMKUHL

SPENDERKINDER

KÜNSTLICHE BEFRUCHTUNG, SAMENSPENDE, LEIHMUTTERSCHAFT UND DIE FOLGEN

WAS KINDER FRAGEN WERDEN, WAS ELTERN WISSEN SOLLTEN

14 x 22 cm, ca. 260 Seiten

ISBN 978-3-903072-16-9

IMMER MEHR PAARE NEHMEN DIE HILFE der Reproduktionsmedizin in Anspruch, Kinderwunschzentren boomen. Überglückliche Eltern, wenn es endlich klappt, doch was ist eigentlich mit den Kindern?

Was bedeutet es, ein Spenderkind zu sein? Mit großer Offenheit erzählen zehn Kinder von ihrer Suche nach dem Vater, ihren Phantasien, der Ohnmacht und Wut, aber auch von den Aussöhnungsversuchen mit den sozialen, mitunter auch den biologischen Vätern und Müttern.

Einfühlsam beschreiben die Autoren – ohne zu bewerten – die Befindlichkeiten der Kinder. Wie können Eltern verantwortlich damit umgehen? Denn eines ist gewiss: Diese Kinder werden Fragen stellen – und es ist viel Intuition gefragt, damit ein Dialog mit ihnen gelingt.

fischer **&** *gann*

Das gesamte Verlagsprogramm finden Sie unter www.fischerundgann.com

KARIN SCHREINER

EIN PAAR – ZWEI KULTUREN

SO GELINGT DIE LIEBE IN EINER GLOBALISIERTEN WELT

14 x 22 cm, ca. 230 Seiten

ISBN 978-3-903072-01-5

DANK DER GLOBALISIERUNG sind sie längst keine Seltenheit mehr: bikulturelle Paare. Was macht die Faszination und den Zauber einer solchen Beziehung aus? Was sind die Voraussetzungen, damit sie gelingt?

Wenn Partner aus zwei Kulturen kommen, stoßen zwei Wirklichkeiten aufeinander – zwei Lebenswelten mit ihren Traditionen, Prägungen und Werten. Meist erfordert es viel Empathie und Kompromissfähigkeit, um den Alltag gemeinsam zu leben. Wie geht man mit konträren Standpunkten um: etwa wenn es um autoritäre oder liberale Kindererziehung geht oder um den Einfluss der Großfamilie?

Anhand von Interviews mit Betroffenen und vielen konkreten Fallgeschichten erklärt Karin Schreiner die Besonderheiten von bikulturellen Partnerschaften. Sie zeigt Lösungswege bei Konflikten auf und gibt viele Tipps, wie man eine gute Gesprächskultur aufbaut – der Schlüssel für eine gelingende Paarbeziehung.

fischer **&** *gann*

Das gesamte Verlagsprogramm finden Sie unter www.fischerundgann.com